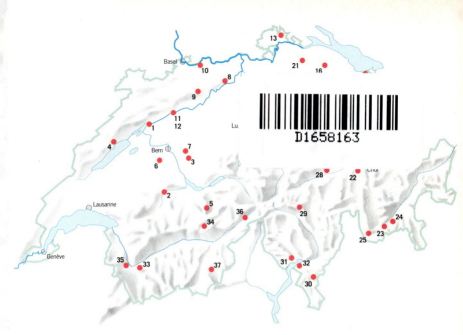

1	Villa Lindenegg Biel (S. 16)	20	Monte Vuala Walenstadtberg (S. 154)
2	Trogmatt Boltigen i. S. (S. 22)	21	Hitsch-Huus Fanas (S. 160)
3	Möschberg Grosshöchstetten (S. 30)	22	Pension Sternahaus Feldis (S. 170)
4	Auberge de l'Aubier Montezillon (S. 38)	23	Stiftung Salecina Maloja (S. 178)
5	Hotel Regina Mürren (S. 46)	24	Chesa Pool Sils Maria (S. 184)
6	Schloss Ueberstorf Ueberstorf (S. 54)	25	Stüa Granda Soglio (S. 192)
7	Rüttihubelbad Walkringen (S. 60)	26	Hof de Planis Stels (S. 200)
8	Herzberg Asp (S. 68)	27	Casa Selva Trin-Digg (S. 208)
9	Hotel Erica Langenbruck (S. 76)	28	Hotel Ucliva Waltensburg (S. 214)
10	Seminarhotel Schützen Rheinfelden (S. 82)	29	Albergo Acquacalda (S. 222)
11	Hotel Baseltor Solothurn (S. 88)	30	Albergo Bre Paese Bre s. Lugano (S. 230)
12	Kreuz Solothurn (S. 94)	31	Casa SoledAria Cavigliano (S. 240)
13	Schöpfe Büttenhardt (S. 102)	32	Sass da Grüm San Nazzaro (S. 248)
14	Lihn Filzbach (S. 110)	33	Hotel Beau-Site Chemin (S. 254)
15	Gasthaus Rössli Mogelsberg (S. 118)	34	Bietschhorn Kippel (S. 262)
16	Haus Neukirch Neukirch an der Thur (S. 126)	35	Hotel Balance Les Granges (S. 270)
17	Schloss Wartegg Rorschacherberg (S. 134)	36	Hotel Glocke Reckingen (S. 276)
18	Lindenbühl Trogen (S. 140)	37	Hohnegg Saas Fee (S. 284)
19	Gruebisbalm Vitznau (S. 146)		

DER ANDERE

HOTELFÜHRER

SILVIA MÜLLER
SABINE REICHEN

UMWELTFREUNDLICH LOGIEREN
IN DER SCHWEIZ

FOTOS
ROMAN KELLER

Rotpunktverlag.

DANK

Ohne die Beiträge der folgenden Personen und Institutionen wäre dieses Buch nicht zustande gekommen:

Markus Aerni, Gian Carle, Christof Dietler, Stefan Haas, Thomas Hohler, Fachverein für Arbeit und Umwelt Zürich, Dominik Siegrist, André Stähli, Annetta Steiner, Susanna Wernli, Matthias Meier, Stefan Forster, Jöri Schwärzel, Philipp Thalmann, Planungsbüro Jud, Ruedi Wipf, Simone Wüthrich, Philippe Wyss, Thomas Zobrist.

Ihnen, dem Team des Rotpunktverlags und allen anderen, die uns in irgendeiner Art unterstützt haben, danken wir ganz herzlich.

Die Deutsche Bibliothek – CIP-Einheitsaufnahme
Müller Silvia:
Der andere Hotelführer : Umweltfreundlich logieren in der Schweiz /
Müller Silvia und Sabine Reichen. Mit Fotos von Roman Keller. –
2. Auflage – Zürich : Rotpunktverl., 2001
ISBN 3-85869-195-X

UMWELTFREUNDLICH LOGIEREN IN DER SCHWEIZ

© Rotpunktverlag 2001
Alle Rechte vorbehalten
www.rotpunktverlag.ch

Gestaltung und Umschlag: Agnès Laube
Layout und Produktion: Andi Gähwiler
Karten: Thomas Zobrist
Information zur Mobilität: Planungsbüro Jud AG
Fachberatung: Elisabeth Zbinden
Druck: Clausen & Bosse

ISBN 3-85869-195-X
2. Auflage

HOTELFÜHRER
VORWORT

Ferien im Hotel sind ein Genuss. Weiterbildung in einer angenehmen Umgebung ist es ebenfalls. Wir schätzen den Komfort, die gute Atmosphäre, den zuvorkommenden Service und die kulinarischen Leckerbissen – kurz: wir genießen den Luxus.

Luxus bedeutet jedoch immer auch ein Stück weit Verschwendung von Ressourcen; und diese Verschwendung beeinträchtigt die Umwelt. Eine belastete Umwelt schmälert wiederum den Genuss der Ferien. Diesen Teufelskreis gilt es zu durchbrechen: Wie kann dem Gast ein Maximum an Qualität und Komfort geboten und trotzdem sorgsam mit den Ressourcen umgegangen werden? Wir haben uns auf die Suche nach Hotels gemacht, die diese Herausforderung angenommen haben.

37 umweltfreundliche Hotels in der Schweiz stellen wir Ihnen hier vor. Sie alle versuchen auf ihre Art, ein Konzept zu verwirklichen, das die Umwelt wenig belastet und den Gästen trotzdem – oder gerade deswegen – einen unvergesslichen Aufenthalt ermöglicht. Alle Hotels wurden anhand von Kriterien geprüft, die in der Einleitung festgehalten sind. Es geht uns in diesem Buch nicht darum, die Betriebe nach einer Skala zu bewerten. Ein Vergleich zwischen den äußerst unterschiedlichen Hotels ist praktisch nicht möglich. So bunt die Vielfalt der Betriebe ist, so unterschiedlich ist ihre Motivation, ökologisch zu wirtschaften. Für die einen ist der Anspruch, gute Qualität zu bieten, ausschlaggebend. Andere werden durch ein politisches und soziales Engagement geleitet. Oft ist es eine idealistische Haltung, Respekt vor dem Leben und der Natur, der die Hoteliers zum umweltfreundlichen Verhalten bewegt. Aber natürlich hilft auch die Einsicht, dass vielleicht gerade das ökologische Angebot

die Nische im breiten Tourismusangebot sein kann, die heute besonders gesucht ist.

Umweltfreundliche Hotels sind vielfältig. Von der Übernachtung in Mehrbettzimmern mit Gemeinschaftsdusche bis zum Hotel der Drei-Sterne-Kategorie findet man in diesem Buch alles. Vom Kultur- und Seminarübers Familien- und Ferienhotel bis zum Begegnungszentrum und zur Genossenschaftsbeiz mit Hotelzimmern ebenfalls. Den Betrieben ist gemeinsam, dass sie den Aspekt der Umwelt bei ihrem Qualitätsanspruch mit einbeziehen.

Damit der Gast das Hotel findet, das seinen Bedürfnissen am besten entspricht, haben wir versucht, möglichst viele Informationen zusammenzutragen: von der Anreise mit dem öffentlichen Verkehr über gastronomische Genüsse und Kinderangebote bis zu den Freizeitmöglichkeiten im und ums Hotel.

Leserinnen und Leser, die einen Blick hinter die Kulissen eines umweltfreundlichen Hotelbetriebs werfen möchten, sollen ebenfalls auf ihre Rechnung kommen. Im Anhang werden übergreifende Themen rund um die Hotellerie behandelt: Sie erklären etwa, was man von einem Biowein erwarten darf oder was unter baubiologischen Kriterien zu verstehen ist.

Jedes Hotel hat Geschichten zu erzählen. Die spannenden Geschichten tragen ebenso zur Atmosphäre des Betriebs bei wie das Frühstücksbuffet oder das Kursangebot. Deshalb soll dieses Buch auch nicht nur ein Hotelführer sein, der beurteilt, in welchem Bett man am weichsten liegt. Geschichten über illustre Gäste oder weitsichtige Hoteliers, über neue Ideen und Visionen können Sie hier ebenso entdecken wie Anekdoten aus der Tourismusentwicklung der Region oder der früheren Dorfgeschichte. Wir hoffen, damit auch Ihre Neugier auf weitere Geschichten zu wecken.

Ein Führer ist immer ein »work in progress«: Wir haben 37 von rund 6000 Hotels, Pensionen und Kurbetrieben der Schweiz ausgewählt, die in je unterschiedlichem Ausmaß umweltfreundliche Hotellerie betreiben. Für weitere Auflagen dieses Führers freuen wir uns über Kritik und Anregungen, wie unsere Auswahl allenfalls ergänzt werden könnte.

Bitte melden Sie sich beim Verlag:
Rotpunktverlag
Freyastraße 20
8026 Zürich
Tel. 01 241 84 34
Fax 01 241 84 74
E-Mail: info@rotpunktverlag.ch
www.rotpunktverlag.ch
www.oekohotel.ch

Zürich, im April 2000
Silvia Müller
Sabine Reichen

HOTELFÜHRER

5 VORWORT
10 EINLEITUNG

WESTSCHWEIZ 16 VILLA LINDENEGG **BIEL**
UND BERN 22 TROGMATT **BOLTIGEN I. S.**
30 MÖSCHBERG **GROSSHÖCHSTETTEN**
38 AUBERGE DE L'AUBIER **MONTÉZILLON**
46 HOTEL REGINA **MÜRREN**
54 SCHLOSS UEBERSTORF **UEBERSTORF**
60 RÜTTIHUBELBAD **WALKRINGEN**

NORDWEST- 68 HERZBERG **ASP**
SCHWEIZ 76 HOTEL ERICA **LANGENBRUCK**
82 SEMINARHOTEL SCHÜTZEN **RHEINFELDEN**
88 HOTEL BASELTOR **SOLOTHURN**
94 KREUZ **SOLOTHURN**

NORDOST- UND 102 SCHÖPFE **BÜTTENHARDT**
INNERSCHWEIZ 110 LIHN **FILZBACH**
118 GASTHAUS RÖSSLI **MOGELSBERG**
126 HAUS NEUKIRCH **NEUKIRCH AN DER THUR**
134 SCHLOSS WARTEGG **RORSCHACHERBERG**
140 LINDENBÜHL **TROGEN**
146 GRUEBISBALM **VITZNAU**
154 FRAUENHOTEL MONTE VUALA **WALENSTADTBERG**

GRAUBÜNDEN 160 HITSCH-HUUS **FANAS**
170 PENSION STERNAHAUS **FELDIS**
178 STIFTUNG SALECINA **MALOJA**
184 CHESA POOL **SILS MARIA**
192 STÜA GRANDA **SOGLIO**
200 HOF DE PLANIS **STELS**
208 CASA SELVA **TRIN DIGG**
214 HOTEL UCLIVA **WALTENSBURG**

INHALT

TESSIN	222	ALBERGO ACQUACALDA **ACQUACALDA**
	230	ALBERGO BRÈ PAESE **BRÈ S. LUGANO**
	240	CASA SOLEDARIA **CAVIGLIANO**
	248	SASS DA GRÜM **SAN NAZZARO**

WALLIS	254	HOTEL BEAU-SITE **CHEMIN**
	262	BIETSCHHORN **KIPPEL**
	270	HOTEL BALANCE **LES GRANGES**
	276	HOTEL GLOCKE **RECKINGEN**
	284	HOHNEGG **SAAS FEE**

MEHR ZUM THEMA	292	DER STOFF, AUS DEM DIE TRÄUME SIND
ÖKOHOTELLERIE	296	MOBILITÄT IM URLAUB
	300	HÖHERE WEIHEN FÜR BIORÜEBLI & CO.
	303	STEINBÖCKE ALS LABEL
	304	BIOWEIN SETZT SICH DURCH
	309	BAUBIOLOGIE
	311	WAS IST EIN NATURGARTEN?
	313	ERNEUERBARE ENERGIEN
	315	BEWUSST WASCHEN UND REINIGEN
	317	ABFALLREDUKTION
	320	ÜBER ÖKO-KREDITE UND ÖKO-GELD

324	BILDNACHWEIS

HOTELFÜHRER
EINLEITUNG

**VON SABINE REICHEN
UND SILIVA MÜLLER**

Der Schweizer Hotelier-Verein (SHV) hat in den vergangenen Jahren 20 000 Exemplare einer Liste mit Adressen von Ökohotels verschickt. Diese Adressliste war allderdings wenig benutzerfreundlich und nicht mehr aktuell. Auch von Seiten der Hoteliers ist verschiedentlich darauf hingewiesen worden, dass ein gemeinsamer Auftritt von umweltorientierten Hotels wünschenswert wäre. Diesen Bedürfnissen von Gast- sowie Gastgeberseite soll mit dem vorliegenden Hotelführer entsprochen werden.

Wir legten für verschiedene Betriebsbereiche Kriterien fest, die eine umweltorientierte Betriebsführung auszeichnen (vgl. nachstehende Abschnitte). Der Fragebogen wurde an ca. 200 Betriebe in der Schweiz verschickt. Die Auswahl der Betriebe basierte einerseits auf der Adressliste des SHV, andererseits auf verschiedenen mündlichen und schriftlichen Hinweisen, die wir erhalten haben.

Die Hotels, die uns aufgrund des eingeschickten Fragebogens interessierten, wurden schließlich besucht. Die wenigsten der hier beschriebenen Betriebe erfüllen alle aufgestellten Kriterien zu 100 Prozent. Zu unterschiedlich sind die Voraussetzungen der einzelnen Betriebe. Ein altes Holzhaus hat nun mal energetisch völlig andere Voraussetzungen als ein neu konzipiertes Nullenergiehaus. Doch alle aufgeführten Hotels sind ihren Möglichkeiten entsprechend ökologisch und deren Betreiberinnen und Betreiber beweisen, um dies zu erreichen, oft viel Idealismus und Engagement.

Die Arbeitsbedingungen für die Mitarbeiter und Mitarbeiterinnen wurden in diesem Zusammenhang nicht speziell untersucht. Gemäß Erfahrungen bei den Betriebsbesuchen wagen wir aber zu behaupten, dass das Arbeitsklima in den meisten Betrieben gut bis sehr

gut ist. Viele haben stabile Personalverhältnisse und
legen Wert darauf, Mitarbeiterinnen und Mitarbeiter
aus der Umgebung einzustellen. Einige sehr fortschrittliche Betriebe bieten ihren Leuten regelmäßige Weiterbildungsmöglichkeiten an, insbesondere auch im Umweltbereich.

Die nachfolgenden Kriterien umschreiben zugleich
übergreifende Sachfragen, die – mehr oder weniger –
alle in diesem Buch vorgestellten Betriebe betreffen.
Zu den meisten dieser Sachfragen verweisen wir auf die
vertiefenden Beiträge im Anhang.

KRITERIEN UND UMSETZUNGS-MÖGLICHKEITEN FÜR UMWELTFREUNDLICHE HOTELBETRIEBE

VERKEHR

- Es ist eine problemlose Anreise mit öffentlichen Verkehrsmitteln (ÖV) möglich.
- Das Benützen von ÖV während des Aufenthaltes wird unterstützt.

Gäste machen oft geltend, es sei zu kompliziert, mit
dem öffentlichen Verkehr in die Ferien zu fahren,
deshalb nehme man lieber das Auto. Da geringe Anreize, das Auto zu Hause zu lassen oder zumindest am
Ferienort nicht zu benützen, bereits viel bewirken,
haben auch die Hotelbetriebe mit ihrer Verkehrspolitik
einen entscheidenden Einfluss.

Die Anreise mit dem öffentlichen Verkehr kann erleichtert werden, indem Fahrpläne und Verbindungen den
Gästen bereits beim Buchen vermittelt werden. Falls
der Ort mit dem ÖV schlecht erschlossen ist, bieten
sich Gepäck- und Personentransport an, um die Anreise
mit dem ÖV attraktiver zu gestalten.

ABFALL

- Es werden laufend Maßnahmen zur Abfallvermeidung und -verminderung getroffen.
- Es erfolgt eine korrekte Trennung und Entsorgung der Abfälle.

In Hotelbetrieben fallen große Mengen von Abfällen an,
die größtenteils entweder wieder verwendet oder rezyk-

liert werden können. Wichtige Beispiele sind Rüstabfälle, Speisereste, Glas, PET, Papier, Karton und Öl. Produkte, deren Entsorgung auf konventionellem Weg (Kehrichtverbrennung) sehr umweltschädlich ist, sollen bei speziellen Sammelstellen abgegeben werden. Dazu gehören zum Beispiel elektronische Geräte, Batterien, Leuchtstoffröhren. Um die jeweils umweltfreundlichste Entsorgung gewährleisten zu können, ist es wichtig, dass die einzelnen Abfälle sauber getrennt werden.
In erster Linie sollte aber versucht werden, bei der Ursache des Abfallproblems anzusetzen, nämlich Abfälle wo möglich zu vermeiden. Diese Umsetzungsmöglichkeiten reichen von Einkauf in Großpackungen und Mehrweggebinden über Absprachen mit Lieferanten bis zum Vermeiden von Portionenverpackungen.

LEBENSMITTEL UND GETRÄNKE

- Es werden vorwiegend saisonale, regionale und biologische Lebensmittel und Getränke eingekauft.
- Das Angebot auf der Speisekarte wird dementsprechend deklariert.

Bei der Verwendung von Produkten aus der Region entfallen nicht nur die oft sehr langen (und damit energieintensiven) Transportwege, es ergeben sich auch Impulse für die Entwicklung regionaler Betriebe. Zudem fällt der Zwischenhandel häufig weg, was den Produzenten bessere Einkommen verspricht. Die Berücksichtigung der Saisonalität verfolgt ähnliche Ziele, die Produkte sollen nicht aus Übersee importiert, sondern dann gekauft werden, wenn der inländische Markt sie anbietet. Das biologische Produkt an sich sagt nichts über die Herkunft aus, jedoch werden an die Produktion bestimmte Voraussetzungen gestellt. Daraus entsteht oft das Dilemma, ob man den regionalen, konventionell hergestellten oder aber den biologischen Produkten, die allenfalls einen längeren Transportweg hinter sich haben, den Vorrang geben soll.

WASCHEN UND REINIGEN

· Es werden Maßnahmen zur Optimierung des Wasch- und Reinigungsmitteleinsatzes getroffen.

Einerseits ist es wichtig, möglichst umweltfreundliche, das heißt rasch und vollständig abbaubare Mittel zu verwenden. Auf der anderen Seite müssen sie auch richtig angewendet werden, damit mit einem Minimum an Reinigungsmittelverbrauch ein Maximum an Effektivität erreicht werden kann. Damit dies gewährleistet ist, müssen die Mitarbeiterinnen und Mitarbeiter gut instruiert werden.

ENERGIE UND WASSER

· Es werden Maßnahmen zur Optimierung des Wasser- und Energieeinsatzes getroffen.

Werden Energie und Wasser effizient genutzt, werden nicht nur Ressourcen geschont, es können auch beträchtliche Kosten gespart werden. Dabei kann man bereits bei den kleinen Dingen anfangen, etwa mit dem Einsatz von Stromsparlampen und Geräten mit geringem Energie- und Wasserverbrauch, Durchflussbegrenzer bei Lavabos und Spülstopp bei WCs. Größere Investitionen sind bei Systemen zur Wärmerückgewinnung oder dem Einbau eines Trennsystems für Brauch- und Trinkwasser notwendig.

Im Bereich Energie ist auch die Frage des Energieträgers von Bedeutung. Werden nicht erneuerbare Ressourcen wie Öl oder Kohle zum Heizen und zur Warmwasseraufbereitung verwendet, oder setzt man auf erneuerbare wie Holz oder Sonnenenergie?

BAU UND INNENEINRICHTUNG

· Bei Neuanschaffungen sowie Um- und Neubauten werden regionale und natürliche Materialien eingesetzt.
· Es wird für ein gesundes Raumklima gesorgt.

Regionale und natürliche Materialien haben eine ganze Reihe von Vorteilen: Sie haben kurze Transportwege, sind umweltverträglich, fügen sich besser in die Umgebung und lassen sich einfacher entsorgen. Zudem erzeugen natürliche Stoffe ein angenehmes Ambiente und ein gutes Raumklima. Das Raumklima kann zusätzlich durch Raumlüftung und Nichtraucher- und Raucherecken direkt beeinflusst werden.

GARTEN UND UMGEBUNG
· Das Hotel ist ans Orts- und Landschaftsbild angepasst und bietet eine naturnahe Umgebung.

Eine naturnahe Umgebung bedeutet sowohl die Gestaltung und Artenzusammensetzung des Gartens und der umliegenden Gebiete als auch die Art und Weise der Pflege dieser Räume. Für das Gebäude ist ein an die Umgebung angepasster Baustil wünschbar. Dazu ist bereits eine gute Voraussetzung vorhanden, wenn beim Bau Materialien aus der Umgebung verwendet werden.

FREIZEITANGEBOT
· Umweltverträgliche Freizeitbeschäftigungen werden gefördert.

Die Freizeitgestaltungsmöglichkeiten, die ein Hotel bietet, sind entscheidend für das Verhalten seiner Gäste. Umweltverträglicher Tourismus setzt denn auch auf Beschäftigungen, welche die Umwelt nur gering belasten: Kulturelles, Wandern, Velofahren, Naturerlebnisse. Der Hotelbetrieb kann umweltverträgliche Freizeitbeschäftigungen fördern, indem er einerseits die Gäste über die Möglichkeiten in der Umgebung informiert oder selbst ein Programm anbietet, und andererseits, indem Infrastruktur wie zum Beispiel eine Bibliothek, Fahrräder, Langlaufskis, Schlitten oder Wanderkarten zur Verfügung gestellt werden.

BÜRO
· Büroökologische Kriterien werden im Alltag und bei Neuanschaffungen berücksichtigt.

Büroökologische Kriterien betreffen Papierwahl und -verbrauch, Wiederverwendbarkeit von Produkten sowie Betrieb und Entsorgung von Bürogeräten. Recyclingpapier hat eine bessere Energie- und Rohstoffbilanz als weißes Papier, ebenso nachfüllbare Toner und Schreibmaterial im Vergleich zu Wegwerfprodukten. Bei Anschaffungen von Bürogeräten sind ferner Kriterien wie Energieverbrauch, Reparaturmöglichkeit, Materialverbrauch und Entsorgung zu berücksichtigen.

BETRIEBSFÜHRUNG

· Auf allen Stufen des Betriebes wird die Umweltverantwortung sichergestellt.

Die wichtigste Voraussetzung dafür, dass die Umweltverantwortung eines Betriebes wahrgenommen wird, ist die Einbindung der Thematik auf allen Stufen und Ebenen des Betriebs und des Personals. Dies ist sicherlich am besten dann gewährleistet, wenn eine Person oder Arbeitsgruppe im Hotel für die Umweltfragen zuständig ist. Die Umweltziele sollen formuliert und kommuniziert werden. Bei der Einführung neuer Maßnahmen und Produkte sind die Mitarbeitenden zu informieren. Die Transparenz und Kommunikation der Betriebsphilosophie sind weitere wichtige Aspekte.

VILLA
HOTEL BISTROT

440 m ü. M.

BIEL

LINDENEGG

WESTSCHWEIZ UND BERN

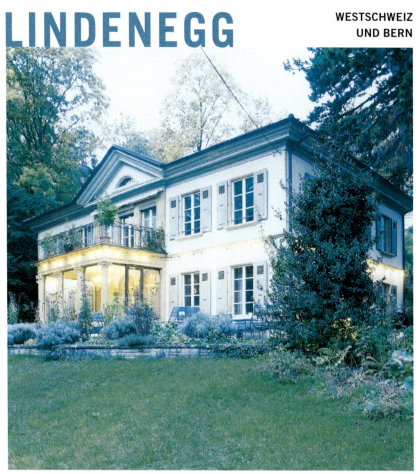

KONTAKT
Villa Lindenegg
Lindenegg 5
2502 Biel
Tel. 032 322 94 66
Fax 032 322 95 66

Die Villa Lindenegg liegt umgeben von einem schönen Garten gleich neben der Altstadt. Die Einrichtung ist eine gelungene Mischung von Alt und Neu. 1995 übernahmen Brigitte Balzli, Marianne Läng und Rosmarie Birchler das Haus von der Stadt, bauten es unter der Leitung des Architekturbüros Molari und Wick um und eröffneten es neu als gepflegtes Stadthotel. Ob man »nur« zum Abendessen in die Villa Lindenegg geht oder gleich die Nacht in einem der sieben Zimmer verbringt: Sowohl die Qualität als auch die Atmosphäre stimmen!

PREISE

6 Doppelzimmer zu Fr. 50.– bis
Fr. 105.– pro Person mit
Frühstück und ein Dreier-
Zimmer zu Fr. 60.– pro Kopf

ÖFFNUNGSZEITEN

Ganzjährig geöffnet. Das Bistrot
ist am Dienstag geschlossen.

MOBILITÄT VOR ORT

VELO
Hotel: 2 Citybikes,
für Gäste gratis
Weitere: Rent a Bike,
Bahnhof Biel

MOBILITY CARSHARING
5 x Biel

ÖFFENTLICHE
VERKEHRSMITTEL
Gut ausgebauter öffentlicher
Verkehr innerhalb der Stadt
8 Bus- und Postautolinien in die
nähere Umgebung mit mehr als
30 Kursen pro Tag
7 Bahnlinien mit guten Verbindungen in die ganze Schweiz

TAXI
Mehrere Taxiunternehmen
in Biel

INFRASTRUKTUR

- Ausgehtipps und Kulturangebot an der Pinnwand

ANREISE

Vom Bahnhof Biel mit dem Bus (2, 6) Richtung Altstadt, Haltestelle Mühlebrücke aussteigen und den
braunen Schildern folgen.
Reisezeit: Zürich–Biel/Bienne ca. 1 Std. 30 Minuten
(umsteigefrei), ca. 18 Kurse täglich;
Bern–Biel/Bienne ca. 25 bis 35 Minuten (umsteigefrei), über 30 Kurse täglich.
Gepäcktransport: Reisegepäcktransport bis Biel gewährleistet; restlicher Weg mit Bus oder Taxi.

INNENANSICHTEN

Drei Monate lang dauerten die Umbauarbeiten an der
alten Villa, als sie zum Hotel wurde. Das Resultat ist
äußerst gelungen. Der Charme des Herrschaftshauses
ist erhalten geblieben, die Atmosphäre wirkt aber frisch
und modern. Die alten Parkettböden passen gut zu den
grauen und blauen Möbeln. Die Zimmer haben alle
einen völlig unterschiedlichen Charakter: Vom einfachen Zimmer mit WC auf dem Gang bis zur Luxussuite
mit großer Terrasse ist alles zu haben.

KULINARISCHES

Ein Menü mit Fleisch und eines ohne stehen zur Wahl.
Dazu gibt es eine Auswahl an Vorspeisen und originellen
Desserts. Die Broccolimousse an Nusssauce schmeckte
hervorragend. Die Felchen sind frisch aus dem Bielersee. Topqualität. Ein Besuch lohnt sich! Das Frühstück
gibts für einmal nicht vom Buffet, sondern es wird
serviert. Bei schönem Sommerwetter auch draußen!

EXTRAS

Wunderschön ist es im Sommer in der Villa Lindenegg.
Essen kann man in der Gartenbeiz, umgeben von alten
Bäumen. Der große Garten ist die ideale Adresse für
ein gemütliches und exzellentes Abendessen.

VOR ORT

Biel ist eine unschweizerische Stadt in dem Sinne,

ANGEBOTE IM ORT

- Velotouren um den Bielersee
- mit dem Schiff auf die Petersinsel mit ihrem Kloster
- schöne Altstadt mit vielen Beizen
- Pasquart (Kunst und Kulturzentrum)
- unter www.pasquart.ch gibts weitere aktuelle Kulturtipps, so zum Beispiel das aktuelle Programm des Filmpodiums
- Baden im See (Seebad)
- oft nebelfreies Sportlerparadies Magglingen
- kleines Skigebiet in Prés-d'Orvin, beleuchtete Piste bis 22 Uhr, Langlauf, Schlitteln
- Taubenlochschlucht nordöstlich von Biel

dass noch nicht alles verplant ist und perfekt genutzt wird. Dieses Unperfekte, Unfertige macht die Atmosphäre der Stadt aus. Hingehen und entdecken!

FARBIGE TÜCHER AUS INDIEN

Anfang 19. Jahrhundert war die Stadt Biel geprägt von Uhrenindustrie, der Herstellung von Draht sowie von Stofffärberei und -druck. Die Fäden in der Hand hielten dabei einige Fabrikantenfamilien wie die Verdans, die Neuhaus oder die Bridels. Aus diesen vermögenden Fabrikantenfamilien stammten auch Albert Bridel und seine Frau Louise-Julie Neuhaus. Das junge Paar kaufte von Jean-Rodolphe Neuhaus, dem Vater von Louise-Julie, Anfang des 19. Jahrhunderts ein Stück Land, um sich ihre eigene Villa zu bauen: die Villa Lindenegg. Geldnöte kannte man nicht – das junge Paar hatte allen Grund, optimistisch in die Zukunft zu blicken und ein großzügiges Heim zu planen. Ihre Vorfahren und Verwandten hatten gut rentierende Unternehmen aufgebaut.

Die Europäer beobachteten im 16. Jahrhundert bei ihren Entdeckungs- und Eroberungszügen in Indien, wie Stoff mit waschechten Farben bemalt und bedruckt wurde. Diese Textilien wurden zu einer begehrten Handelsware. Um die bunten Stoffe erschwinglicher zu machen und nicht vom umständlichen Import abhängig

Stilvoller Esssaal

zu sein, begann man bald auch in Europa mit dem Bau von Färbe- und Druckfabriken. Die traditionellen Leinenweber und Wollfärber versuchten zwar, sich gegen die Konkurrenz zu wehren. Dies gelang ihnen in Frankreich sogar während einiger Zeit – von 1686 bis 1759 waren die »Indiennen«, wie man die Druckereien wegen ihrer Herkunft nannte, verboten. Doch auf die Dauer hatte dieses Verbot keine Chance. Im 18. Jahrhundert entwickelte sich der Stoffdruck zu einem der ersten vollständig zentralisierten Produktionszweige.

Die »Indienne«-Druckkunst wurde schließlich Ende des 17. Jahrhunderts durch die aus Frankreich fliehenden Hugenotten in der Schweiz eingeführt. Im 18. Jahrhundert wurde in Biel die »Indienne« François Verdan & Cie ins Leben gerufen.

Der Arbeitsalltag in der Fabrik war streng geregelt: einerseits durch die klare Hierarchie der Facharbeiter und andererseits durch die Fabrikglocke, die den Arbeitstag einem strikten Zeitregime unterwarf. Nur so glaubte man die verschiedenen komplizierten Arbeitsgänge aufeinander abstimmen und ein reibungsloses Funktionieren der Abläufe garantieren zu können.

Die Techniken, die Farben waschecht mit den Textilien zu verbinden, variierten je nach gewünschter Farbe. Bei der eigentlichen »Indienne«-Technik werden mithilfe einer Metalloxyd-Beize Rot-, Violett- und Brauntöne erzeugt. Bei der so genannten Reservetechnik wird der Stoff mit Indigo blau gefärbt, und die Türkischrotfärberei schließlich bezeichnet den Vorgang, bei dem das gewünschte Muster aus dem bereits rot eingefärbten Stoff herausgeätzt wird. Dies waren alles aufwändige und chemisch anspruchsvolle Verfahren. Erst in der zweiten Hälfte des 19. Jahrhunderts gelang es mit synthetischen Farben Textilien direkt zu färben.

Die bunt bedruckten Stoffbahnen aus der Bieler Fabrik François Verdan & Cie waren bekannt als Qualitätsware und erkennbar an den Initialen FV C.

Die Zeit der Bieler »Indienne« war allerdings bereits vor Mitte des 19. Jahrhunderts abgelaufen. Die Mittel für

Die sonnige Luxussuite mit der großen Terrasse

teurere Mehrfarbendruckmaschinen konnten nicht aufgebracht werden. Die Konkurrenz aus dem Ausland war enorm und so musste die Fabrik 1842 schließen. In den verbliebenen Fabrikgebäuden ist heute das Museum Neuhaus untergebracht. Dies ist eine Stiftung von Dora Neuhaus, einer Nachfahrin des Neuhaus-Verdan-Clans. Dort erfährt man mehr über die Geschichte der »Indienne«. Aber auch über Biel als Hochburg der Uhrmacher, oder die Geschichte des Kinos. Das Ehepaar Bridel-Neuhaus erlebte den Niedergang der Färberindustrie allerdings nicht mehr. Es konnte nicht einmal mehr die Villa Lindenegg beziehen. Louise-Julie starb 1831 erst 31-jährig noch während der Bauplanung. Albert Bridel war das Schicksal auch nicht gnädiger gesonnen: Nur ein Jahr später beim Umzug in die neu erbaute Villa entlud sich eine Pistole. Die Kugel traf den Villenbesitzer tödlich. Zurück blieb die Villa. Heute, nach etlichen Besitzerwechseln, ist sie lebendiger denn je.

AUSSTELLUNG
ZUM THEMA »INDIENNE«
Museum Neuhaus
Schüsspromenade 26
2502 Biel

BOLTIGEN I.S.

HAUS FÜR RUHE, ENTSPANNUNG UND ERHOLUNG

1040 m ü. M.

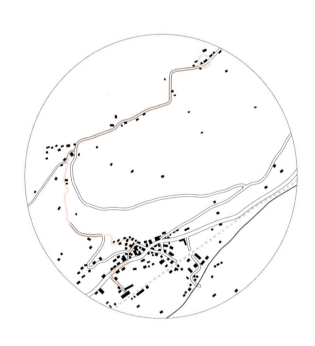

TROGMATT

WESTSCHWEIZ UND BERN

KONTAKT
Trogmatt
Haus für Ruhe, Entspannung
und Erholung
Adlemsried
3766 Boltigen im Simmental
Tel. 033 773 69 43
Fax 033 773 69 44
susanna.krebs@freesurf.ch

Das große Simmentaler Bauernhaus mit Familienanschluss liegt in Adlemsried, einer Terrasse oberhalb des Talgrunds, zu Fuß eine halbe Stunde vom Dorfzentrum Boltigen entfernt. Die Familie Pollak-Krebs geht sehr individuell auf die Bedürfnisse ihrer Gäste ein, sei es bezüglich Menüplanung, Freizeit- oder Übernachtungsmöglichkeiten. Wer eine Diätkur braucht, ein kleines Seminar organisieren will, Kräuterkurse besuchen oder ganz einfach Ferien zur Erholung machen möchte, ist in der Trogmatt willkommen.

PREISE

Die Übernachtung im Doppelzimmer mit Frühstück kostet Fr. 45.– pro Person. Kinder von 6 bis 16 Jahren kriegen 50% Ermäßigung.

2 Doppelzimmer mit Dusche/WC auf Etage, 1 Viererzimmer mit Dusche/WC. Bei größeren Gruppen werden 6 weitere Doppelzimmer bei Nachbarn vermittelt. Und wer sparen muss, aber trotzdem nicht auf einen gedeckten Tisch verzichten möchte, hat auch die Möglichkeit, im Garten sein Zelt aufzustellen.

ÖFFNUNGSZEITEN

ganzjährig geöffnet

MOBILITÄT VOR ORT

VELO
Hotel: Private Velos (Erwachsene und Kinder) auf Anfrage
Andere Hotels: Swiss Adventure (Hotel Bären), Boltigen, Mountainbikes
Weitere: Sputnik Shop, Zweisimmen; Rent a Bike, Bahnhof Zweisimmen

MOBILITY CARSHARING
Zweisimmen, Wimmis, 3 x Spiez

ANREISE

Boltigen erreicht man entweder mit der BLS ab Spiez oder ab Montreux mit der MOB via Zweisimmen oder mit dem Postauto von Bulle über den Jaunpass. Da vom Bahnhof nach Adlemsried gut 200 Höhenmeter und 2 km Fußweg zurückzulegen sind, werden die Gäste auf Anmeldung am Bahnhof abgeholt. Wer nicht viel Gepäck hat und die 30 bis 45 Minuten zu Fuß gehen möchte, folgt den braunen Wegweisern des Simmentaler Hauswegs vorbei an imposanten Kalkfelsen und am kleinen Weiler Tubetal.
Reisezeit: Spiez–Boltigen 25 bis 35 Minuten (umsteigefrei), ca. 28 Verbindungen täglich;
Bulle–Boltigen 1 Std. 20 Minuten (1- bis 2-mal umsteigen), ca. 4 bis 6 Kurse täglich.
Gepäcktransport: Reisegepäcktransport bis Boltigen gewährleistet. Restlicher Weg auf Anfrage im Hotel

INNENANSICHTEN

Die Trogmatt ist ein 100-jähriges heimeliges Simmentaler Bauernhaus. Sowohl Wände als auch Decken bestehen aus hellen, breiten Fichtenholzplanken. Die Zimmer werden bewusst schlicht gehalten; es hängen keine Bilder, die den Charakter des Holzes stören würden. Die Böden, ebenfalls hölzern, knarren bei jedem Schritt. Auf beiden Seiten des Hauses ist je eine Veranda mit großer Fensterfront angebaut. Die eine dient als Eingangsbereich, die andere als Essraum.

KULINARISCHES

Susanna Krebs legt Wert auf eine gesunde, einheimische und biologische Vollwertküche. »Vollwert« versteht sie im Sinne von »vollwertig verdaubar«, was für jeden Menschen etwas anderes bedeutet. Sie spürt, welches Essen ihre Gäste mögen, und passt so die Menüplanung den individuellen Bedürfnissen an. Als ausgebildete Ernährungsbegleiterin verköstigt sie sowohl AllergikerInnen als auch Fastende fachgerecht.
Das meiste, das in der Trogmatt auf den Tisch kommt,

ÖFFENTLICHE VERKEHRSMITTEL
1 Pendelbus Bahnhof Boltigen-Skigebiet Jaunpass (abhängig von Schneeverhältnissen, Anfragen bei Sportbahnen Jaunpass)
1 Postautolinie Boltigen–Bulle, 4 bis 6 Kurse pro Tag

TAXI
Samuel Stryffeler, Boltigen (Voranmeldung empfohlen)

INFRASTRUKTUR
- großer Gruppenraum mit Flügel
- 2 kleine Gruppenräume in Nachbarhäusern
- Kinderbetten
- großer Garten mit Pingpongtisch
- Kinderfahrräder, Spielsachen

ANGEBOTE IM ORT
- familienfreundliches Skigebiet am Jaunpass
- Skitouren (geführte Touren können vermittelt werden)
- Vermietung von »Schneegemel« (Schneevelo)
- Schlittelbahn
- Wandern
- Klettern
- Fahrradfahren

stammt aus dem eigenen Garten oder aus der Nachbarschaft: äußerst zartes Rindfleisch aus Mutterkuhhaltung zum Beispiel oder die unvergleichlich aromatischen Erdbeeren, die gleich hinter dem Haus wachsen. Was im Sommer zu viel ist, wird selbst eingemacht oder unter den Nachbarn ausgetauscht. Brot backt Susanna Krebs im Holzofen und gleich für das halbe Dorf; Dinkel- und Honig-Salzbrot sind die Dauerrenner.

EXTRAS
Susanna Krebs gibt ihr Wissen gerne an Leute weiter und bietet deshalb in der Trogmatt verschiedene Kurse an: So wird in einem eintägigen Brotbackkurs gelernt, mit verschiedenen Teiglockerungsmitteln wie Hefe, Sauerteig oder Honig-Salz umzugehen. Zudem besteht an zwei Wochenenden pro Jahr die Möglichkeit, einheimische Heilpflanzen kennen zu lernen, zu sammeln und sie als Tee, Pulver oder Tinktur aufzubereiten.

VOR ORT
Den Gästen, die sich für Kulturgeschichte interessieren und es gerne gemütlicher nehmen, bietet sich der Simmentaler Hausweg an. Entlang der Route wird auf besonders attraktive, vor allem aus dem 17. und 18. Jahrhundert stammende Simmentaler Häuser hingewiesen. Der Talweg führt in ca. 4 Stunden von Wimmis nach Weissenburg. Der Terrassenweg verläuft etwas oberhalb der Talsohle von Boltigen (über Adlemsried) nach Erlenbach und dauert ca. 5½ Stunden. Eine Broschüre vermittelt Informationen zum Weg und zu den einzelnen Häusern.

WASSER UND BROT
»Das Haus Trogmatt wurde vor 100 Jahren als Pension gebaut mit dem Zweck, Trinkheilkuren anzubieten. Deshalb weist es auch relativ große Räume auf«, erzählt Susanna Krebs. »Allerdings stellte man bald fest, dass hier die Wasserqualität dafür zu schlecht ist. Das Wasser weist zu viel Jod auf.« So wurde das Haus über

Jahrzehnte hinweg lediglich als Wohn- und Ferienhaus genutzt. Bis Mitte 90er Jahre Susanna Krebs und Gusti Pollak mit ihren drei Kindern einzogen und begannen, auch Ferien- und Seminargäste in ihrem Haus aufzunehmen. Allerdings ließ die Wasserqualität noch immer zu wünschen übrig. Zudem lagerte sich überall viel Kalk, so genannter Kesselstein, ab.
Bis Susanna Krebs auf die so genannte »Wasserbelebung« aufmerksam wurde. Wasser, so die Theorie der Wasserbelebung, besitzt von Natur aus eine Energie, die ihm eine natürliche Widerstands- und Selbstreinigungskraft verleiht. Das Wasser verliere diese Energie aber weitgehend dadurch, dass es durch Kanäle und Rohre geschleust wird und anderen Einflüssen wie Schadstoffen ausgesetzt ist. Die Einengung fördere die Entstehung von Clustern, indem sich die Wassermoleküle über Wasserstoffbrücken miteinander verbinden. Das Wasser wird träge. Susanna Krebs erklärt sich das so: »Ich stelle mir das vor wie eine Traube: Als Ganzes ist sie einigermaßen kompakt und unbeweglich. Werden aber die einzelnen Beeren abgelöst, rollen und purzeln alle in eine andere Richtung davon.«
Es gibt verschiedene Systeme für die Wasserbelebung, die zum Teil mit unterschiedlichen Energien funktionieren. Dazu wird das zu behandelnde Leitungswasser zum Beispiel durch einen leicht magnetisierten Metallkasten geleitet. Es wird dadurch einem Magnetfeld ausgesetzt, das die Cluster wieder aufbrechen soll. Die Moleküle können sich wieder frei bewegen, das Wasser wird lebendig.
Die Wissenschaft tut sich allerdings schwer mit solchen Erklärungen. Im Zusammenhang mit der Frage der Wasserentkalkung wurden schon in verschiedenen Versuchen physikalische Wasserbehandlungsgeräte untersucht, welche ohne chemische Hilfsmittel auskommen. Es konnte aber weder eine Hemmung noch eine Förderung der Kalkausscheidung nachgewiesen werden.
Susanna Krebs beschäftigt sich schon seit Jahren mit Wasser. Sie unterstützt die These, wonach der Mangel

Faulenzen auf der Veranda

an sauberem Wasser im nächsten Jahrhundert zu einer der Hauptursachen für Kriege wird. »Deshalb ist es wichtig, dass wir auch im kleinen Rahmen sorgfältig und bewusst damit umgehen«, meint sie. »Ich kann zum Beispiel nicht zuschauen, wenn jemand beim Zähneputzen den Wasserhahn laufen lässt. Wir müssen wieder lernen, dass Wasser nichts Selbstverständliches ist.« In der Trogmatt werden die Gäste dafür sensibilisiert: »Hier trinken die Leute plötzlich wieder mehr Wasser. Auch solche, die es sonst nicht mögen. Das kommt davon, dass das Wasser seine ursprüngliche Qualität oft verloren hat.« Eine Qualität, die nicht einfach nur den Trinkwassernormen genügt, sondern die quantitativ nicht messbare Lebendigkeit und Widerstandskraft beinhaltet. »Wir haben ein viel feineres Gespür.«

Mit der Installation eines Wiederbelebungssystems nach Grander hat Susanna Krebs nur gute Erfahrungen gemacht. »Die Kinder haben von sich aus festgestellt,

Kinderfreundliche Atmosphäre

dass das Wasser plötzlich viel besser war, ohne dass sie vom Einbau eines solchen Geräts gewusst hätten.« Das Wasser wird aber nicht nur besser, frischer und weicher, Susanna Krebs kann nun auch beträchtlich an Wasch- und Reinigungsmitteln sparen. Auch in der Küche bewährt sich die bessere Qualität: »Wenn ich Sauerteigbrot herstelle, so geht das einfach so nebenbei – früher war das eine mühsame Prozedur!«

QUELLE:
Theiler, Franz: Physikalische Wasserbehandlungsgeräte. Versuche und Stellungnahme der EMPA. Dübendorf, 1988

LITERATURTIPP:
Petrella, Riccardo: Wasser für alle. Ein globales Manifest. Rotpunktverlag, Zürich, 2000

»*Eine erstklassige Adresse für erstklassige Bioweine.*«

Die Weltwoche

Die meisten in diesem Hotelführer vorgestellten Gaststätten führen Weine aus dem Sortiment der Weinhandlung am Küferweg. Kehren Sie ein und geniessen Sie ein Glas!

Gratis

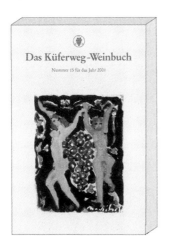

Oder verlangen Sie das Küferweg-Weinbuch. Es enthält auf 260 reich illustrierten Seiten viel Unterhaltsames und Wissenswertes über unsere Weine, deren Produzentinnen und Produzenten und über den biologischen Rebbau. Wir schicken Ihnen das Weinbuch gerne kostenlos und unverbindlich.

Weinhandlung am Küferweg
Küferweg 3 – 8912 Obfelden – Tel. 01 761 33 33
www.kueferweg.ch

SEMINAR- UND KULTURHOTEL

**GASTFREUNDSCHAFT IM HAUS
DER BIOBÄUERINNEN UND BIOBAUERN**

835 m ü. M.

GROSSHÖCHSTETTEN

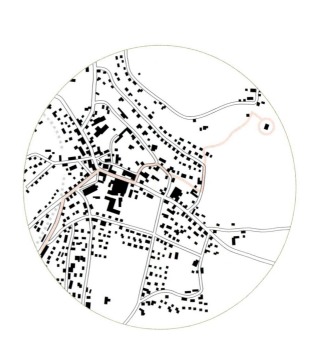

MÖSCHBERG

WESTSCHWEIZ UND BERN

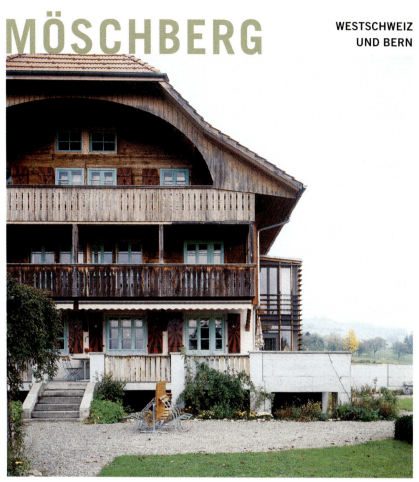

KONTAKT

Seminar- und
Kulturhotel Möschberg
3506 Grosshöchstetten
Tel. 031 710 22 22
Fax 031 711 58 59
info@moeschberg.ch
www.moeschberg.ch

Das ideologische Zentrum der Schweizer Biobauern und Biobäuerinnen liegt auf einem Plateau oberhalb von Grosshöchstetten im Emmental. Ab 1932 war es Zentrum für eine breit angelegte Bildungsarbeit in der Landbevölkerung. Nach dem 2. Weltkrieg wurde es eine der wichtigsten Institutionen zur Verbreitung der Idee des biologischen Landbaus. Mit dem umfassenden Umbau 1996 wurde das Emmentaler Holzhaus in ein modernes Seminarhotel umfunktioniert, aber auch Individualgäste sind sehr willkommen. Sehr gelungen

PREISE
Die Übernachtung im Doppelzimmer mit Frühstück kostet Fr. 53.– bis Fr. 60.– pro Person.
Kinder bis 6 Jahre gratis
5 Einzel- und 18 Doppelzimmer
41 Betten

ÖFFNUNGSZEITEN
ganzjährig geöffnet

MOBILITÄT VOR ORT
VELO
Mr. Feelgood, Worb

MOBILITY CARSHARING
Konolfingen, 2 x Burgdorf

ÖFFENTLICHE VERKEHRSMITTEL
Bahnlinie Burgdorf–Grosshöchstetten–Konolfingen–Thun, ca. 28 Kurse pro Tag
Postautolinie Grosshöchstetten–Worb, 11 bis 15 Kurse pro Tag
Regionalbus Oberthal–Zäziwil–Grosshöchstetten, ca. 3 bis 7 (während Schulzeit) Kurse pro Tag

TAXI
Transporte Wüthrich, Grosshöchstetten

ist die Kombination von alten Elementen und zeitgemäßer Architektur.

ANREISE
Grosshöchstetten erreicht man via Burgdorf oder Bern. In Burgdorf steigt man in den Regionalzug Richtung Hasle–Rüegsau–Thun und fährt bis Grosshöchstetten (in Hasle–Rüegsau manchmal umsteigen).
Über Bern Reisende nehmen den Schnellzug nach Luzern oder die S2 Richtung Langnau. In Konolfingen in den Regionalzug Richtung Burgdorf umsteigen und eine Station weiter fahren.
Der Möschberg liegt wie ein Nest oberhalb des Dorfkerns von Grosshöchstetten auf einer kleinen Terrasse. Zu Fuß ist er in ca. 20 Minuten erreichbar, den gelben Wanderwegweisern folgend findet man ihn problemlos. Auf Anmeldung werden die Gäste aber auch kostenlos vom Bahnhof abgeholt.
Reisezeit: Olten–Grosshöchstetten 60 bis 90 Minuten (1- bis 2-mal umsteigen), 30 Verbindungen täglich; Bern–Grosshöchstetten ca. 30 Minuten mit S-Bahn Nr. 2 (1-mal umsteigen in Konolfingen).
Gepäcktransport: Reisegepäcktransport bis Grosshöchstetten gewährleistet; restlicher Weg auf Anfrage beim Hotel.

INNENANSICHTEN
Der Umbau 1996 hat dem Emmentaler Bauernhaus aus den 30er Jahren keineswegs geschadet. Alte Elemente wie schöne Holzwände und -möbel wurden raffiniert mit modernen Elementen wie lichtdurchlässiger Treppe und blauen Linoleumböden kombiniert. Zusammen mit den weiß gestrichenen Zimmerdecken und der größeren Fensterfront konnte dem Gebäude mit an sich eher engen Räumlichkeiten zu viel mehr Helligkeit und Offenheit verholfen werden. Zuweilen wurden sehr geschickte Lösungen gewählt, um aus einer ehemals kleinen Rumpelkammer ein ansprechendes Zimmerchen herzurichten. Die Gästezimmer sind

INFRASTRUKTUR
- div. Kurse zu Biolandbau, Vollwerternährung, Kultur
- großer Gruppenraum mit technischer Infrastruktur
- 2 kleinere Gruppenräume
- Bibliothek
- behindertengerechte Einrichtungen
- großer Garten mit Kiesplatz, Pergola und Gartenhaus

ANGEBOTE IM ORT
- Wandern
- Fahrradfahren

nordseitig mit Lavabo, südseitig mit einer Laube ausgerüstet. Duschen und WCs befinden sich auf der Etage.

KULINARISCHES

Wie man es vom Haus der Schweizer Biobäuerinnen und Biobauern erwartet, ist seine Küche knospenzertifiziert. Einmal pro Tag können sich die Gäste an einem reichhaltigen, mit Gartenblumen dekorierten Salatbuffet bedienen. Dazu gibt es gutbürgerliche Schweizer Gerichte, in der Regel einmal täglich mit Fleisch (Vegetarisches gibt es auf Anmeldung).
Nach dem üppigen Mahl können sich Frau und Mann noch einen der diversen selbst gebrannten Schnäpse (Anis, Magen-bitter-süß, einen währschaftigen Pflümli oder Kirsch) genehmigen.
Brot und »Züpfe« sowie diverse wunderbare Konfitüren mit liebevoll bemalten Etiketten auf dem Frühstückstisch werden von Bauernfamilien aus der Umgebung hergestellt.

EXTRAS

Von der Bildungsoffensive (siehe »Impulsgeber«) für den Bauernstand in den 30er Jahren sind ca. 3000 Bücher erhalten geblieben. Darunter ist von Belletristik über geschichtliche und politische Schriften bis hin zu landwirtschaftlicher Fachliteratur aus dieser Zeit alles zu finden. Dieses umfassende Sammelsurium, das in gewissem Sinn die damalige Zeit widerspiegelt, ist im Keller des Möschberg archiviert und kann dort eingesehen werden.

VOR ORT

Auf Wunsch der Seminargäste werden diverse Aktivitäten in der Umgebung organisiert: Brunch oder Führung auf einem Biohof, Wanderungen, Pferdekutschenfahrten, Vollwertkochkurse, Besuche von Handwerksbetrieben wie Töpferei oder Handweberei.

IMPULSGEBER

Entstanden ist das Bildungszentrum Möschberg Ende der 20er Jahre aus einer Initiative der Bauern-, Gewerbe- und Bürgerpartei (BGB, heute SVP). Diese erkannte damals, dass das Bestehen und Gedeihen der Partei nicht allein vom politischen Erfolg abhängt, und forderte, dass die bäuerliche Jugend kulturell gebildet werde. Mit dieser Aufgabe wurde schließlich Parteimitglied und Sekundarlehrer Hans Müller beauftragt. Zentral war die Wissensvermittlung. Dazu diente einerseits eine Versandbibliothek mit mehreren tausend Bänden Sachliteratur und Belletristik, die bis in die entlegensten Haushalte gelangte. Andererseits entstanden vor allem in den protestantischen Teilen des deutschsprachigen Mittellands verschiedene Ortsgruppen, deren Mitglieder in erster Linie junge Bauern waren. Diese führten regelmäßig streng strukturierte Gruppenabende durch. Bei diesen Anlässen wurde über historische sowie aktuelle, politische und religiöse Themen diskutiert. So kamen sowohl Frauenthemen als auch die Frage der Dienstboten, Lenin und Gandhi, der neu gegründete Migros-Genossenschaftsbund oder der Bauernkrieg zur Sprache. Neben dem Vermitteln von Wissen waren auch die Charakterbildung und die Förderung der Kameradschaft wichtige Aspekte der Bewegung. Der Bauernstand bewegte sich zu dieser Zeit zwischen Minderwertigkeitsgefühl und Bauernstolz. Ein wichtiges Ziel der Bewegung war, die bäuerliche Tätigkeit aufzuwerten und aus dem Bauernstand gute Führungspersönlichkeiten heranzubilden. Ähnlich wie die Arbeiterbewegung versuchte sich hier eine Gesellschaftsschicht zu bilden. Sie versuchte aber nicht, sich die »hohe« bürgerliche Kultur anzueignen, man ließ es bei Gotthelf bewenden.
Als Höhepunkt dieser Bildungsoffensive eröffneten 1932 Hans und Maria Müller-Bigler mithilfe von Spenden die »Bauernheimatschule« Möschberg als Schulungs- und Bildungszentrum für junge Bäuerinnen und Bauern. Sie bestand aus vier Abteilungen: der

Auf der Veranda

Bauernvolkshochschule nach dem Vorbild des Dänen Grundtvig (vgl. »Der Weg zur Volksbildung« S. 71), der Hausmütterschule für junge Bäuerinnen, einem Erholungsheim für junge Bauernmütter sowie der Kinderstube für Säuglinge aus schwierigen Verhältnissen. Im Gegensatz zu den staatlichen landwirtschaftlichen Schulen wurde das Haus bewusst klein und einfach gehalten, damit es den Verhältnissen bei den jungen Bäuerinnen und Bauern zu Hause entsprach.

Die Betriebsleiterin Maria Müller-Bigler spielte eine wichtige Rolle. Einerseits übernahm sie bei Abwesenheit ihres Mannes die Geschäftsführung der Bewegung. Auf der anderen Seite brachte sie das Gedankengut des biologischen Landbaus auf dem Möschberg ein. Sie hatte sich schon früh mit den biologischen Zusammenhängen im Boden und der seit den 20er Jahren praktizierten biologisch-dynamischen Anbauweise auseinandergesetzt. Nach dem 2. Weltkrieg begann sie ihren Garten biologisch zu bewirtschaften und instruierte ihre

Gemütliche Nische

Schülerinnen. Hans Müller seinerseits sah im biologischen Landbau eine Möglichkeit zur direkten Selbsthilfe für die nach dem 2. Weltkrieg unter Preis- und Absatzdruck geratenen Bauern und veranstaltete auf dem Möschberg diverse Informationstagungen.
Somit wurde das Bildungszentrum Möschberg nach dem 2. Weltkrieg zum Pionier in der Verbreitung des Gedankenguts über den biologischen Landbau. Die auf dem Möschberg veranstalteten Informationsforen hatten bis in die 80er Jahre eine breite Wirkung. Die Bio-Gemüse AVG Galmiz, die Biofarm-Genossenschaft Kleindietwil sowie die größten Anbauverbände von Biobauern in Deutschland (Bioland) und Österreich

(Ernte für das Leben) haben ihren Ursprung auf dem Möschberg. Mit dem Umbau 1996 wurde dem Haus nun wieder neues Leben eingehaucht. Aus den veralteten Strukturen ist ein modernes Seminarhotel geworden, das seinen Schwerpunkt im landwirtschaftspolitischen Bereich behalten hat und sich bewusst von konventionellen Betrieben abheben will.

QUELLE:
Baumann, Werner; Moser, Peter: Bauern im Industriestaat: agrarpolitische Konzeptionen und bäuerliche Bewegungen in der Schweiz 1918–1968. Orell Füssli Verlag, Zürich, 1999

MONTÉZILLON

AUBERGE
FERIEN- UND SEMINARHOTEL MIT EIGENEM BAUERNHOF

735 m ü.M.

DE L'AUBIER

WESTSCHWEIZ UND BERN

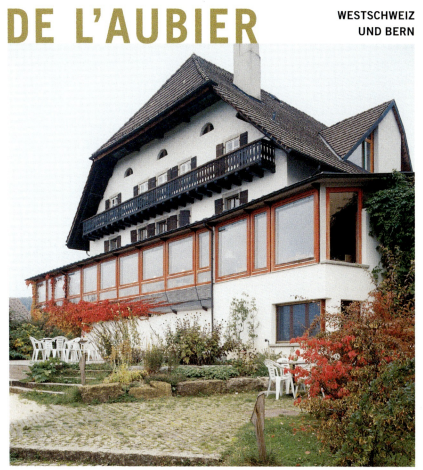

KONTAKT

Auberge de l'Aubier
2205 Montézillon
Tel. 032 732 22 11
Fax 032 732 22 00
contact@aubier.ch
www.aubier.ch

Die Auberge de L'Aubier liegt an der ersten Jurakette und bietet bei klarem Wetter eine grandiose Aussicht auf den Neuenburgersee und die Alpen vom Eiger bis zum Mont Blanc. Die Anfänge des Aubier liegen in den 70er Jahren, als ein paar junge Leute einen kleinen Bauernhof übernahmen und mit der Herstellung von biologisch-dynamischen Produkten begannen. Im Laufe der Jahre kamen Restaurant, Molkerei, Bioladen und Hotelbetrieb dazu. Heute trifft man in Montézillon einen anthroposophisch ausgerichteten, vielseitigen

PREISE

Die Übernachtung im Doppelzimmer mit Frühstück kostet Fr. 77.50 bis Fr. 97.50 pro Person; ab 5 Nächten wird 10% Ermäßigung gewährt.
Kinder bis 12 Jahre kriegen im Familienzimmer Fr. 20.– Rabatt.

25 Zimmer mit 45 Betten; Einzel-, Doppel- und Familienzimmer

ÖFFNUNGSZEITEN

2 Wochen Betriebsferien im Januar
Restaurant: von Januar bis März jeweils montags Ruhetag

INFRASTRUKTUR

- zwei Seminarräume mit technischer Infrastruktur
- Bioladen mit grossem Sortiment von Ziegenkäse über Biobier, Duftseifen, Spielzeug bis zu Schuhwerk und Kleider
- Fahrräder zum Ausleihen
- schöne Gartenterrasse, viel Umschwung und Spielplatz
- Kinderbetten, -sitze; Kindermenü
- behindertengerechte Einrichtungen

ländlichen Betrieb an, der sich sowohl für Seminare als auch zur Erholung eignet. Viele Gäste kommen auch nur zum Essen her. Die Wochenenden sind oft von Hochzeiten belegt – bei einem Bankett ist die Suite für das Hochzeitspaar inbegriffen.

ANREISE

Um nach Montézillon zu gelangen, steigt man in Neuchâtel in den Regionalzug Richtung Le Locle. An der Haltestelle Montmollin–Montézillon aussteigen und den Pfad entlang den Geleisen wenige hundert Meter zurückgehen, bis man beim Bahnübergang auf die Strasse kommt. Von da sind es noch ca. 100 m; der Weg zum Aubier etwas unterhalb der Bahnlinie ist signalisiert.
Reisezeit: Zürich–Montmollin–Montézillon ca. 2 Std. 20 Minuten (1-mal umsteigen), ca. 11 Verbindungen täglich; Bern–Montmollin–Montézillon ca. 60 Minuten (1-mal umsteigen), ca. 11 Verbindungen täglich.
Gepäcktransport: Reisegepäcktransport per Post am einfachsten. Auf Anfrage wird man auch am Bahnhof abgeholt.

INNENANSICHTEN

Anfang der 90er Jahre wurde die ehemalige Herberge umgebaut und neu mit Seminarräumen ausgestattet. Die Hotelzimmer wurden im neuen, angebauten Trakt eingerichtet. Sie sind individuell gestaltet und haben klingende Namen wie Terra Cotta, Clémentine oder Cariçaie (Gebiet am südlichen Ufer des Neuenburgersees). Dem Thema entsprechend sind die ausgestellten Accessoires und die dominierenden Farbtöne: von erdig braun über orange bis zu türkisblau. Einzelne Holzelemente sind farbig gebeizt, die Wände rauh verputzt. Alle Zimmer sind mit Bad und WC ausgerüstet, zum Teil auch mit Balkon. Alles in allem gemütliche Zimmer, jedes mit einem eigenen Charme.

ANGEBOTE IM ORT
- Wandern
- Reitmöglichkeit im Nachbardorf
- Langlauf (wenn es Schnee hat)

MOBILITÄT VOR ORT

VELO
Hotel: 5 Mountainbikes,
gratis für Hotelgäste
Weitere: Rent a Bike, Bahnhof
Neuchâtel

MOBILITY CARSHARING
3 x Neuchâtel,
2 x La-Chaux-de-Fonds

ÖFFENTLICHE
VERKEHRSMITTEL
1 Postautolinie Neuchâtel–
Montmollin–La Tourne–Le Locle,
ca. 8 Kurse pro Tag
1 Regionalbahnlinie Neuchâtel-
Montmollin–Montézillon–Le
Locle, ca. 11 Kurse pro Tag

TAXI
Mehrere Taxiunternehmen in
Neuchâtel

KULINARISCHES

Im Aubier isst der Gast auch mit dem Auge. Jeder Teller ist ein kleines Kunstwerk: Das Gemüse wird kunstvoll geschnitten und alles mit viel Liebe und Fantasie angerichtet. Das Essen im Restaurant des Aubier ist fein, weshalb vor allem am Wochenende viele Gäste aus dem Raum Neuchâtel zum Nachtessen kommen. Die Speisekarte ist abwechslungsreich und der Saison angepasst. Ob à la carte oder in Form eines Menüs mit 3 bis 5 Gängen gibt es eine vielseitige Auswahl an Vegetarischem, Fischgerichten und Fleisch vom Hof. Wer sich für keine der feinen Vorspeisen entscheiden kann, bedient sich am reichhaltigen Salatbuffet. Empfehlenswert zum Nachtisch: Blanc-manger mit Heidelbeercoulis. Das Frühstück ist »à la ferme«, mit eigenem Käse, göttlichem Früchtequark und selbst gebackenem Brot.

EXTRAS

Für landentwöhnte Städter lohnt sich ein Rundgang auf dem biologisch-dynamischen Landwirtschaftsbetrieb. Bei dieser Gelegenheit können quietschfidele Kälber und Schweine wieder mal aus nächster Nähe betrachtet und beschnuppert werden. Die Milch wird in der hofeigenen Molkerei zu drei verschiedenen Käsesorten verarbeitet sowie zu Quark, Joghurt und Glace in Demeterqualität. Wer Lust und überschüssige Energie hat, ist herzlich eingeladen bei der Arbeit auf dem Hof gleich selbst mit anzupacken.

VOR ORT

Montézillon befindet sich in der Nähe einiger eindrücklicher Naturdenkmäler. In einer Tageswanderung kann man die romantische Schlucht der Areuse mit der imposanten Creux-du-Van verbinden. In dieser halbrunden Felsenarena lassen sich Steinböcke aus nächster Nähe beobachten. Für Kulturelles ist auch Neuchâtel nicht weit. Informationen über Veranstaltungen sind im Aubier genügend vorhanden.

WEIZEN FÜR DIE BESTÄNDIGKEIT
FEST
Am Samstag, 2. Oktober 1999 ist es so weit. Ein Fest macht den Auftakt zum zwanzigjährigen Jubiläum der Auberge de l'Aubier mit einer Reihe von weiteren Veranstaltungen. Schon am Vorabend ist die aufgeregte Stimmung spürbar, die letzten Vorbereitungen werden in Angriff genommen. Der Sonderdruck der Aubier-Zeitung kündigt ein Frühstück auf dem Bauernhof, Marktstände von Lieferanten, Tag der offenen Tür in Hotel, Küche und Stall an. Clown Dimitri ist mit dabei, wenn es darum geht, mit all den Gästen von nah und fern ein Weizenfeld anzusäen.

GÄSTE
Die Leute kommen zahlreich, über den ganzen Vormittag verteilt treffen sie ein: Freunde, Bekannte, Nachbarn, Lieferanten und Gäste des Aubier; Alt und Jung, Französisch und Deutsch sprechend. Neben dem frisch gepflügten, zukünftigen Weizenfeld, 30 auf 150 Meter, sind auf einer mindestens ebenso großen Wiese die Autos parkiert.

EINSCHREIBEN
Da unser Schuhwerk für landwirtschaftliche Arbeiten nicht gerade geeignet ist, zögern wir etwas, uns am Infostand als »semeurs« einzuschreiben. Aber schließlich siegt die Neugier über die Vernunft und wir geben unsere Personalien preis. Dafür kriegen wir ein Zertifikat, das uns als Säerinnen auszeichnet, und im Verlaufe des folgenden Jahres regelmäßig Bescheid über die aktuelle Wuchshöhe und Befindlichkeit des Weizens. Gleichzeitig erhalten wir eine blaue Baseballmütze mit oranger Aufschrift »Aubier«, die zuerst als Kopfbedeckung, später dann als Saatgutbehälter dient.

SAATGUT
Gegen halb zwei Uhr werden die Anwesenden von zwei als Feen verkleideten Frauen langsam zusammenge-

Gästezimmer

trommelt und Richtung Weizenfeld getrieben. Wir stellen uns in die schnell gebildete Schlange, um eine Kelle voll Weizenkörner aus der umfunktionierten Milchkanne in unsere Mütze zu kriegen. Einige Male lassen wir die Körner durch die Finger rieseln und genießen das Gefühl, das einen ein bisschen an den Sandkasten aus der Kindheit erinnert.

MITTEILUNGEN
Ueli Hurter, Mitglied der Geschäftsleitung, erteilt die Anweisungen durchs Mikrofon, zuerst auf Französisch, dann auch noch auf Deutsch: Man soll sich hinter die alle paar Meter eingeschlagenen Pfosten beidseitig des Feldes aufstellen. Immer 7 bis 10 Leute in einer Kolonne. Die Menschen verteilen sich, so gut es in der Herde eben geht, viele stehen noch unschlüssig herum. Gegen zwei hören wir die Durchsage: »Es sind jetzt 512 Personen anwesend, genau so viele Hüte hatten wir nämlich.« Die Leute, welche jetzt noch dazustoßen, lassen sich einen Hemdzipfel, den Hut oder die hohle Hand mit Weizenkörnern füllen.

Wintergarten zwischen Hotel und Restaurant

EHRENGÄSTE

Jetzt werden die Ehrengäste begrüßt: die Leute des Aubier der ersten Stunde, einige Pioniere des biologischen Landbaus, der Züchter der hier verwendeten Weizensorte Asita, Peter Kunz, und, last but not least, Clown Dimitri mit seiner Frau. Letzterer möchte betont haben, dass er als normaler Mensch wie die anderen Gäste da ist und nicht als Clown. »Ich bin gegen jegliche Art von Genmanipulation«, ist seine Erklärung für die spontane Zusage. »Und ich habe noch nie mit 500 Leuten zusammen ein Feld angesät.«

ANSPRACHEN

Als die Reden endlich beginnen, sitzen die Kleinsten schon längst vor sich hin summend und brabbelnd im Ackergraben und spielen mit dem Dreck. »Etwas vom Schönsten, das ich in meinem Leben gemacht habe, ist Weizen säen«, erzählt Philippe Girardier, der vor 20 Jahren das erste Weizenfeld im Aubier angesät hat. Und ein anderer Initiant ergänzt, dass mit diesem symbolischen Akt die Saat der letzten 20 Jahre ins nächste Jahrtausend hinüber getragen werden soll. Für eine gemeinsame Zukunft von Mensch und Erde. Auch die Entwicklung des Saatguts brauchte seine Zeit: »Die Sorte Asita wurde in 12-jähriger Forschung speziell für den modernen ökologischen Landbau entwickelt und getestet«, sagt Peter Kunz.

KUNST DES SÄENS

Ueli Hurter erklärt, wie sich die Organisatoren das Säen mit 500 Leuten vorstellen. Es muss auf Anhieb funktionieren: Jede Gruppe überquert im Gänsemarsch das Feld, so dass sie genau zwischen zwei entgegenkommenden Gruppen durchkommt. Der erste der Gruppe sät die ersten 5 Meter, wenn er fertig ist, beginnt der zweite zu säen, und so weiter, bis der letzte seine Körner schließlich auf den letzten 5 Metern los wird. Alles klar? Eine weitere Hürde ist die Technik des Ausstreuens, des Säens eben. Ein älterer Landwirt

machts vor: mit bedächtigen Schritten, der ausladenden Gestik und einer Ruhe, wie sie nur ein erfahrener Bauer ausstrahlen kann – wie einem Gotthelffilm entsprungen. Nicht mal Dimitri schaffts so gut.
Die Ehrengäste führen zwei Probegänge durch; damit alle sehen, was man beim Säen alles falsch machen kann: zu früh oder zu spät mit Säen beginnen, zu viel oder zu wenig Körner aufs Mal ausstreuen, schräg gehen, damit man garantiert mit der von vis-à-vis kommenden Gruppe zusammenstößt... Von einer einigermaßen regelmäßigen Verteilung des Saatguts auf der Erde kann nicht die Rede sein.

AKT DES SÄENS
Mit ein paar Minuten Verspätung geht's los. Alle 500 Leute überqueren wie abgemacht das Feld. Von weitem sieht es aus wie auf einem Ameisenhaufen, ein heilloses Durcheinander, doch jetzt weiß jeder und jede, was zu tun ist. Zwar haben die einen schon nach 1 m keine Körner mehr, andere nach ihren paar Metern immer noch den halben Hut voll, aber es sind alle eifrig bei der Sache. Nach etwa einer Minute ist der Spuk auch schon vorbei. So rasch sich das Feld gefüllt hat, hat es sich auch wieder entvölkert. Kommt die Aktion wohl ins Guinness Buch der Rekorde? Jedenfalls werden die Weizenkörner nun ihrem Schicksal überlassen.

ERSTE NACHRICHT
Am 10. November flattert der erste Rundbrief an alle Beteiligten ins Haus: »Und die Samen haben gekeimt! Zehn Tage nach diesem denkwürdigen Augenblick sind die grünen Triebe aus dem Boden gewachsen – und so verbleiben sie über den Winter. Im Frühling werden sie dann mit neuer Kraft in die Höhe wachsen und, so hoffen wir, im August 2000 eine gute Ernte bringen.«
Die Schuhe sind längst geputzt und bereit für die nächste Aktion.

HOTEL
EHEMALIGES LUXUSHOTEL MIT GÜNSTIGEN PREISEN

1615 m ü.M.

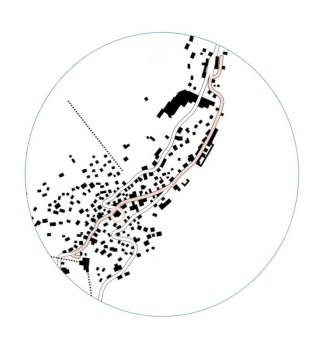

REGINA

WESTSCHWEIZ UND BERN

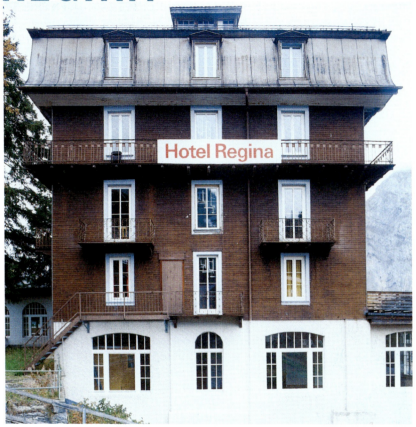

KONTAKT

Hotel Regina
3825 Mürren
Tel. 033 855 42 42
Fax 033 855 20 71
regina.muerren@swissonline.ch
www.muerren.ch/regina

Übernachten in einem ehemaligen Luxushotel aus der Jahrhundertwende? Und erst noch zu bezahlbaren Preisen? Das Hotel Regina mitten im Dorfzentrum Mürrens machts möglich. Die Philosophie ist einfach: Indem während dem Aufenthalt kein Zimmerservice geleistet wird, können viel günstigere Ferien angeboten werden. Äußerst familienfreundlich ist der Betrieb, können doch im Februar durchaus bis zu 50 Kinder anzutreffen sein. Wer es lieber etwas ruhiger hat, stattet dem Regina in der Zwischen- oder Sommersaison einen Besuch ab.

PREISE

Die Übernachtung im Doppelzimmer mit Frühstück kostet pro Person Fr. 70.– bis Fr. 97.50. Ab drei Übernachtungen ist die Halbpension inbegriffen. Kinder bis 3 Jahre bezahlen Fr. 20.–

49 Zimmer mit 110 Betten in 1- bis 4-Bett-Zimmern

ÖFFNUNGSZEITEN

Weihnachten bis Ostern sowie Juli und August geöffnet

MOBILITÄT VOR ORT

VELO
Verkehrsverein, Mürren
Schilthornbahn, Mürren

MOBILITY CARSHARING
2 x Interlaken

ÖFFENTLICHE VERKEHRSMITTEL
Luftseilbahn Stechelberg–Mürren–Schilthorn, ca. 30 Kurse pro Tag
Standseilbahn/Schmalspurbahn Lauterbrunnen–Grütschalp–Mürren, ca. 30 Kurse (Winter) resp. 45 Kurse (Sommer) pro Tag

TAXI
Stäger Transport, Mürren

ANREISE

Mürren ist ein autofreier Kurort (vgl. »G.A.S.T. für Gäste« S. 303) und entweder mit der Luftseilbahn von Stechelberg aus oder mit Standseil- und Eisenbahn von Lauterbrunnen via Grütschalp erreichbar.
In Interlaken Ost steigt man in die Bahn nach Lauterbrunnen um. Direkt gegenüber dem Bahnhof liegt die Talstation der Standseilbahn nach Grütschalp–Mürren. Anschließend folgt eine wunderschöne Panoramafahrt hoch über dem Lauterbrunnental mit Sicht auf das Jungfraumassiv. Wer viel Gepäck hat, kann sich bei der Bahnstation gegen eine Depotgebühr Handgepäckwagen ausleihen.
Um mit der Luftseilbahn nach Mürren zu gelangen, muss man in Lauterbrunnen auf das Postauto nach Stechelberg umsteigen. Es gibt eine Haltestelle direkt bei der Talstation.
Reisezeit: Bern–Mürren ca. 2 Std. (2-mal umsteigen), ca. 18 Verbindungen täglich.
Gepäcktransport: Gruppen können ein Transporttaxi bestellen.

INNENANSICHTEN

Hohe Räume, grandiose Panoramafenster, große Terrasse, Essraum, Ballsaal, Veranda, überall Parkettböden; dies alles sind Zeugen des ehemaligen Luxushotels. Die schweren Samtvorhänge sind verschwunden, vom einstigen Prunk zeugen – abgesehen von den hohen und großzügigen Räumen – auch noch die silbernen Kaffeekannen am Frühstückstisch. Es wurde sanft renoviert: In den Zimmern sind die alten Lavabos mit separatem Kalt- und Warmwasserhahn erhalten geblieben, ebenso die kunstvoll geschmiedeten Eisenbalkone und die Blümchentapete. Einige Zimmer haben ein eigenes Bad/WC, die meisten teilen es sich auf der Etage. Der verhältnismäßig günstige Preis kommt nur zustande, weil mit wenig Personal gearbeitet wird, dementsprechend darf auch nicht jeder erdenkliche Service erwartet werden: Statt Seife steht Putzmittel auf dem Lavaborand.

ALPENTAXI
Hans Gertsch, Grindelwald
Taxi Rubi, Grindelwald

INFRASTRUKTUR
- im Sommer Seminarmöglichkeiten
- großzügige Aufenthaltsräume
- Bücher und Spiele
- Kinderbetten, -sitze
- Garten, große Terrasse
- Gratiseintritte für Hallenbad und Eisbahn

ANGEBOTE IM ORT
- diverse Wintersportmöglichkeiten
- Wandern und Bergsteigen, Klettern
- Mountainbiking
- Sportzentrum mit Hallenbad und Wellnesseinrichtungen, Eisbahn, Tennisplätzen und Sporthalle
- Skisport- und Ballonmuseum

KULINARISCHES

Auf den Tisch kommen eher traditionelle, währschafte Gerichte, jeden zweiten Tag mit Fleisch und immer mit Suppe und Salat zur Vorspeise. Eine Spezialität des Hauses für VegetarierInnen ist hausgemachtes Seitan aus Weizeneiweiß mit einer Konsistenz zwischen Brot und Fleisch. Die Speisen, zum Beispiel mit Borretschblüten aus dem Kräutergarten verzierte Salate, werden von der Küchenchefin liebevoll angerichtet und schmecken auch gut.

Das Frühstück ist einfach, mit Brot, Butter und Konfitüre, gegen Aufpreis kann aber zusätzlich Saft, Müesli, Trockenwurst oder Alpkäse bestellt werden.

EXTRAS

Zu einem »Luxushotel« gehört natürlich auch eine Bar, wo man und frau sich vor oder nach dem Essen erfrischen kann und ab und zu auch Einheimische auf ein Bier vorbeikommen. Die Bar im Regina wurde von einer deutschen Künstlerin gestaltet. Die Neonröhren in den Farben Blau, Rot, Gelb und Grün verbreiten dezentes Licht und sind der Sonnenuntergangsstimmung in den Bergen nachempfunden.

VOR ORT

Mürren ist ein bekannter Kurort, dementsprechend wird fast alles angeboten, was sich der verwöhnte Feriengast wünscht. Wer sich etwas abseits des Rummels begeben will, dem sei ein halbstündiger Spaziergang nach Gimmelwald empfohlen. Das kleine verschlafene Nest unterhalb von Mürren besteht vorwiegend aus Landwirtschaftsbetrieben, hat aber ein erstaunliches Angebot an Hostels und Bed & Breakfasts. Bei vielen Höfen werden Fleischspezialitäten und Milchprodukte verkauft. Besonders empfehlenswert ist der »Gimmelwalder Stumpen«, eine feine Trockenwurst vom Biohof Johannes und Esther von Allmen.

DAS »LUXUSHOTEL« FÜR KLEINE LEUTE

»War früher das Motto, möglichst einfache und billige Übernachtungsmöglichkeiten anzubieten, so sind heute die Ansprüche schon etwas gestiegen«, meint Peter Burkhart, Geschäftsführer der Hotel Regina Mürren AG. »Es ist uns aber immer noch ein Anliegen, günstig zu sein und eine lockere Atmosphäre anzubieten.« Es sind heute in erster Linie Familien aus der Schweiz und Deutschland, die im Hotel Regina absteigen. Zum einen Teil weil sie von den günstigen Preisen angezogen werden, zum anderen Teil wegen der einzigartigen Atmosphäre.

Die spezielle Atmosphäre war es schon immer, welche die Gäste ins Hotel Regina gezogen hatte. In das ehemalige Luxushotel aus der Jahrhundertwende kam die internationale Klientel nicht nur wegen des Komforts wie fließendes Wasser, Badezimmer und Zentralheizung. Auch das Unterhaltungsprogramm stimmte: Bowlingbahn im Keller, pompöse Bälle mit Tanz und Musik. Man wollte schließlich gesellschaftlich gleich gestellte Leute treffen, sich amüsieren und nicht mit den Problemen der Welt belästigt werden. Für Abwechslung sorgte auch eine Bobbahn vom Allmendhubel hinunter ins Dorf Mürren. Die Zielgerade ging direkt neben dem Hotel Regina durch, so hatten die Gäste sozusagen die Logenplätze.

Allerdings war das Regina, das zum ersten Mal 1897 erwähnt wird und damals noch Hotel Regina Beau-Site hieß, nie die beste Adresse im Ort. Es stand immer etwas im Schatten des Grand-Hôtel Des Alpes, das heute nicht mehr existiert. Dort soll den Gästen der rote Teppich sogar über den Schnee ausgelegt worden sein, damit sie trockenen Fußes in den Ballsaal gelangen konnten.

Zu Beginn des 20. Jahrhunderts suchten Adlige, Politiker, Maler und Gelehrte in den Sommermonaten Erholung im Bergdorf Mürren. Konrad Adenauer soll sogar einmal auf der Terrasse des Hotel Regina eine Pressekonferenz abgehalten haben. Ansonsten kehrten

Intérieur anno dazumal

im Regina vor allem englische Touristen ein.
Nach dem 2. Weltkrieg bleibt die illustre, adlige Kundschaft in den noblen Kurorten aber teilweise oder ganz weg. So kommen viele der in der Belle Époque entstandenen Luxushotels immer mehr herunter. Die Hotelkästen verlieren ihren Glanz, die Fassade bröckelt. Der Unterhalt solcher Liegenschaften ist teuer, die Betriebe taugen deshalb bestenfalls noch als Spekulationsobjekte.

Burkharts Vater, einfallsreicher Hüttenwart des Naturfreundehauses in Grindelwald, kommt auf die Idee, solche Betriebe relativ günstig zu mieten und mit tieferen Preisen die wachsende Mittelschicht anzulocken. Mit dem Wirtschaftsaufschwung nach dem 2. Weltkrieg können sich viele Leute plötzlich mehr leisten als Wanderferien in Massenlagern. Luxuriöse Hotels gibt es zwar immer noch, aber Betriebe im mittleren Preisbereich fehlen. In den 50er Jahren eröffnet und führt Karl Burkhart gleichzeitig mehrere

Überbleibsel aus vergangenen Zeiten

derartige Betriebe in der Schweiz. Seine Stammgäste aus dem früheren Naturfreundehaus reisen ihm überall hin nach, sei es nach St. Moritz, Silvaplana, Davos, Pontresina, Engelberg oder Mürren. Sein Konzept funktioniert, allerdings sehr zum Leidwesen der einheimischen Bevölkerung. Diese trauert noch immer der wesentlich begüterteren Gästeschar nach.

Nachdem Karl Burkhart das Hotel Regina in Mürren einige Jahre lang gemietet hat, bietet sich die Gelegenheit, den Betrieb zu kaufen. Zusammen mit einer befreundeten Familie ersteht er in den 60er Jahren den Hotelbetrieb, der sich noch heute in deren Besitz befindet. »Zwar wurde in den letzten Jahrzehnten einiges zerstört, glücklicherweise aber vieles lediglich im Keller versorgt«, stellt Peter Burkhart nicht ganz ohne Erleichterung fest. So konnten viele Stühle, Tische und Lampen dort wieder aufgestöbert werden. Um die Tradition seines Vaters weiterzuführen, wehrt sich Peter Burkhart gegen zu viel Luxus: »Das geht nur auf Kosten der Atmosphäre. Wir haben zum Beispiel den Einbau von Badezimmern in Betracht gezogen. Heutzutage können aber alte Badezimmer nicht rekonstruiert werden und etwas Modernes würde den Charme zerstören.« So kommen halt diejenigen Gäste, die Burkhart sen. schon in den 50er Jahren anziehen wollte: Gäste, die mit WC und Dusche auf der Etage auskommen, dafür noch etwas vom Luxus des letzten Jahrhunderts spüren wollen.

UEBERSTORF

SCHLOSS
SEMINAR- UND KULTURORT

655 m ü. M.

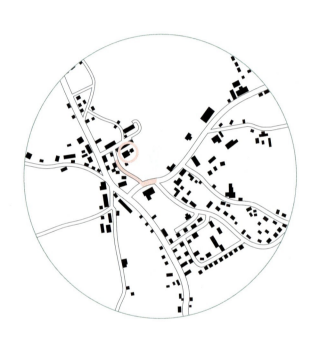

UEBERSTORF

WESTSCHWEIZ UND BERN

KONTAKT
Schloss Ueberstorf
3182 Ueberstorf
Tel. 031 741 47 17
Fax 031 741 47 94
schloss@datacomm.ch
www.schlossueberstorf.ch

Das 500-jährige Schloss Ueberstorf – das erste im Kanton Freiburg, das nicht mehr kriegerischen Zwecken diente – ist nach adligen, bäuerlichen und klösterlichen Zeiten zu einem Seminar- und Kulturort geworden. Man trifft sich dort zu ein- bis zweitägigen Seminaren, Selbsterfahrungskursen, Design-Essen im rosa Gewölbe, Vernissagen in der Gebetslaube, Konzerten in der angebauten Kirche oder zu Banketten auf dem Kiesplatz im alten Park. Das Schloss Ueberstorf bietet fast für jeden Geschmack etwas.

PREISE

Die Übernachtung im Doppelzimmer mit Frühstück kostet Fr. 75.– bis Fr. 90.– pro Person. Seminarpreise auf Anfrage

16 Zimmer mit 32 Betten, Einzel- und Doppelzimmer

ÖFFNUNGSZEITEN

ganzjährig geöffnet

MOBILITÄT VOR ORT

VELO
Riedo, Ueberstorf

MOBILITY CARSHARING
Schmitten, Düdingen, Schwarzenburg, Fribourg

ÖFFENTLICHE VERKEHRSMITTEL
Postautolinie Flamatt–Ueberstorf–Albligen, ca. 10 Kurse pro Tag

TAXI
Taxidienst durch das Hotel auf Anfrage
Eva-Taxi, Flamatt

ANREISE

Mit der S1 von Bern Richtung Laupen oder Freiburg. In Flamatt in das Postauto Richtung Albligen um- und bei der Haltestelle Ueberstorf-Dorfstraße aussteigen. Das Schloss liegt gleich auf der anderen Straßenseite, ca. 100 m von der Haltestelle entfernt. Die Postautokurse verkehren unregelmäßig und vor allem sonntags nicht sehr häufig. Auf Wunsch wird man vom Bahnhof Flamatt abgeholt.

Reisezeit: Bern–Ueberstorf (mit S1) ca. 25 Minuten (1-mal umsteigen), 6 bis 10 Verbindungen täglich.

Gepäcktransport: Reisegepäcktransport bis Flamatt gewährleistet; restlicher Weg auf Anfrage beim Hotel.

INNENANSICHTEN

Die Gästezimmer sind bewusst in klarem, schlichtem Design gehalten; ihre ruhige Ausstrahlung soll die für Seminare notwendige Konzentration unterstützen. Der einzige Wandschmuck ist japanische Raku-Kunst, Keramikbilder in dunklen Farbtönen, die sehr gut zum alten Gemäuer passen. Bis auf den Parkettboden und die einfachen Möbel in Schwarz oder Natur ist alles in Weiß gehalten. Die Zimmer verfügen mehrheitlich über eigene Dusche/WC. Äußerst vielseitig ist das Angebot an Veranstaltungsräumen, die alle eine ganz unterschiedliche Atmosphäre ausstrahlen: Cheminéeraum, Esssaal, Cafeteria, Seminarräume, Schlosskirche, Kapelle, Galerie, Wintergarten.

KULINARISCHES

Kultur bezieht sich im Schloss Ueberstorf auch auf Küche und Keller: Das Angebot reicht vom leichten Business-Lunch übers große Bankett an der langen Tafel bis zu farblich designten Kreationen (siehe auch »Sinnliche Tafelfreuden«).

Sind Seminare im Haus, wird am Mittag etwas Leichtes, z. B. ein Carpaccio mit Kressemousse oder hausgemachte Quiche, jeweils in einer süßen und salzigen Variante serviert, immer mit Suppe oder Salat zur

Design-Dinner im rosa Gewölbe

Vorspeise. Am Abend gibt es in der Regel Fleisch oder Fisch. Das kann ein Kalbsbraten de la région an Calvadossauce oder frische Forellenfilets aus Werners Teich mit Sauerampfermousse sein. Eine vegetarische Variante ist aber auch erhältlich. Zum Frühstück gibt es ein Buffet; erwähnenswert ist das ofenwarme Brot.

EXTRAS

Die Betriebsleiterin Rosmarie Schüpbach betont, dass die Kombination von alten, modernen und natürlichen Elementen das ganzheitliche Arbeiten fördert. Alte Elemente wie knarrende Holzböden oder Dachbalken wurden bewusst mit modernen Möbeln kombiniert. Für den natürlichen Aspekt sorgen wunderschöne, duftende Blumenbouquets, die in allen öffentlichen Räumen zu bewundern sind.

VOR ORT
Für die Nutzung der ans Schloss angebauten Kirche zu profanen Zwecken wie Ausstellungen, Konzerte, Seminare oder Feste gab kürzlich der Bischof höchstpersönlich seine Zusage.

SINNLICHE TAFELFREUDEN – DESIGN-DINNER IM SCHLOSS UEBERSTORF
Die Idee, das Essen zum Kultur-Event zu machen, stammt von Rosmarie Schüpbach-Furer und Gérard Widmer. Beide sind neben ihrer Arbeit im Schloss Ueberstorf künstlerisch tätig. So lag es nahe, dass sie 1997 damit begannen, in der kleinen, freistehenden Kapelle aus dem 17. Jahrhundert Design-Dinners anzubieten. Zur Rauminstallation gehören von Gérard Widmer entworfene Tische aus Glas. Die klare, zeitgenössische Möblierung hebt sich kontrastvoll von den rosa getünchten, langsam abblätternden Wänden, der alten gewölbten Decke und dem Sandsteinboden ab.
»Möchte jemand ein Design-Dinner organisieren, versuchen wir in einem vorangehenden Gespräch herauszufinden, was der Anlass dazu ist. Gibt es ein Thema, geht es um eine bestimmte Person oder steht eine Firma im Vordergrund? Eine Hochzeit ist nicht einfach eine Hochzeit – es stellt sich die Frage, wie die Menschen ihr Fest feiern möchten, welche Farben, Formen, Ereignisse und Töne ihnen wichtig sind«, erklärt Rosmarie Schüpbach. Mit dem Eindruck, der sich durch dieses Interview ergibt, wird von den beiden Künstlern ein entsprechendes Bild entworfen. Die Raumgestaltung, das Licht, der gedeckte Tisch, die Speisen werden zu einem persönlichen Kunstwerk komponiert. Gläser und Besteck haben nicht einfach ihren angestammten Platz, sondern werden zusammen mit Blumen und Dekoration ins Kunstwerk integriert. So wird das Essen zum multimedialen und multisensuellen Ereignis.
Längst hat sich das Design-Dinner von der kleinen Kapelle auf weitere Räume im Schloss ausgedehnt,

INFRASTRUKTUR
- auf Wunsch Seminare mit speziellem Begleitprogramm: z. B. Konzerte, Galerieführungen, Design-Dinner
- Ausstellungen, Konzerte
- Erlebnisgastronomie
- Räume und technische Ausrüstung für Seminare und Tagungen
- Kinderbetten/-sitze
- Cafeteria mit Selbstbedienung
- Wintergarten mit Bar
- großer Garten mit alten Bäumen, Sitznischen, Spielplatz

ANGEBOTE IM ORT
- Wandern
- Fahrradfahren
- Reiten
- Tennis
- Golf
- Kanu

Stilvolle, schlichte Gästezimmer

mitunter werden bis zu 80 Personen bedient. Mit Aktivitäten, die Künstlerisches, Sinnliches und Weltoffenes verbinden, möchten Rosmarie Schüpbach und Gérard Widmer einen Bogen zur früheren Geschichte des Schlosses Ueberstorf schlagen. Die positiven Aspekte der verschiedenen Epochen der Vergangenheit – adlige, geistliche und künstlerische Zeiten hat das Schloss hinter sich – wurden aufgenommen und ergeben einen neuen Ort: ritterliches Tafeln, sinnliche Momente, Kunst und Kultur in einem.

HOTEL

ANTHROPOSOPHISCHES HOTEL, RESTAURANT UND TAGUNGSZENTRUM IM EMMENTAL

730 m ü.M.

WALKRINGEN

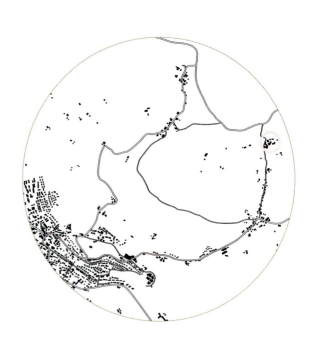

RÜTTIHUBELBAD

WESTSCHWEIZ UND BERN

KONTAKT

Hotel, Restaurant und Tagungszentrum Rüttihubelbad
3512 Walkringen
Tel. 031 700 81 81
Fax 031 700 81 90
hotelrestaurant@
ruettihubelbad.ch
www.ruettihubelbad.ch

Nach dem Niedergang des ehemaligen Kurbetriebs Rüttihubelbad im Emmental erwarb 1985 die Stiftung Rüttihubelbad die Liegenschaft. Sie baute hier ein Sozial- und Kulturwerk nach anthroposophischen Grundsätzen. Dem modernen Seminarzentrum und Restaurant sind ein Betagtenheim, eine Werkstätte mit Arbeitsplätzen für Behinderte und ein biologischdynamischer Gemüseanbaubetrieb angegliedert. Regelmäßig finden Konzerte, Theater und Ausstellungen statt und immer mehr Gäste kommen wegen der

PREISE

Die Übernachtung im Doppelzimmer mit Frühstück kostet Fr. 70.– bis Fr. 97.50 pro Person. Ab 3 Tagen gibt es den günstigeren »Ökoservice« mit verringertem Zimmerservice. Zuschlag für Halbpension Fr. 36.–
Die Preise für Kinder von 2 bis 12 Jahren im Zimmer der Eltern sind je nach Alter zwischen Fr. 20.– und Fr. 40.–.

30 Zimmer mit 48 Betten, Einzel- und Doppelzimmer

ÖFFNUNGSZEITEN
ganzjährig geöffnet

MOBILITÄT VOR ORT
VELO
Hotel: 6 bis 8 Mountainbikes zum Ausleihen (gratis für Hotelgäste)

MOBILITY CARSHARING
2 x Worb, 2 x Bolligen, Ittigen, Gümligen

ÖFFENTLICHE VERKEHRSMITTEL
Hotelbus nach Worb Dorf, 11 Kurse pro Tag

TAXI
Hoteltaxi auf Anfrage
Edimo, Worb
Stern-Taxi, Worb

guten Küche. Der Hotelbetrieb beherbergt sowohl Seminar- als auch Feriengäste, dementsprechend findet sich ein breites Publikum im Rüttihubelbad ein.

ANREISE

Damit die Erreichbarkeit des Rüttihubelbad mit dem öffentlichen Verkehr gewährleistet ist, verkehrt zum Tarif von Fr. 5.– zwischen 7 und 17 Uhr stündlich ein Kleinbus von Worb Dorf zum Tagungszentrum. Am schnellsten nach Worb gelangt man ab Bern mit dem Regionalverkehr Bern–Solothurn (RBS, Linie W bis Endstation).
Reisezeit: Bern–Worb Dorf (mit RBS) ca. 24 Minuten (ohne Umsteigen), ca. 60 Verbindungen täglich (alle 15 bis 30 Minuten).
Gepäcktransport: Reisegepäcktransport mit der Bahn bis Worb Dorf oder Walkringen möglich; restlicher Transportweg mit Abholdienst ab Walkringen (auf Anfrage) und ab Worb Dorf (mit Kleinbus oder auf Anfrage) für Fr. 5.– pro Person.

INNENANSICHTEN

Das Restaurant befindet sich im wieder aufgebauten Bauernhaus; rustikal und mit viel hellem Holz. Die nebenan stehenden Hotel- und Seminargebäude sind in anthroposophischem Baustil erbaut und Geschmackssache. Die Räume weisen kaum rechtwinklige Ecken auf und sind nach dem Farbkonzept von Goethe leicht getönt. Die Farbkombinationen sollen das Wohlbefinden steigern. Moderne, helle Räume mit Holzmöbeln, Parkett und großer Fensterfront prägen die Gästezimmer im Hoteltrakt »Sans Souci«. Alle Zimmer verfügen über Telefon und Dusche/WC und teilweise über einen Balkon. Zum Wohl der Gäste wurden überall Netzfreischalter installiert.

KULINARISCHES

Das Essen ist eine der Attraktionen des Rüttihubelbad. Hier beweist die Vollwertküche, dass sie nicht nur ein

Einer der zahlreichen Seminarräume

einfaches »Körnchenpicken«, sondern ein kulinarischer Genuss sein kann. Die große Auswahl an fantasievollen, abwechslungsreichen Gerichten macht einem die Wahl fast zur Qual. Sogar beim Halbpensionsmenu kann bei jedem Gang zwischen 2 bis 4 Varianten ausgewählt werden. So gibt es beispielsweise mit gebratenen Auberginenscheiben umwickelten Mozzarella auf pikanter Tomatensauce, Baumnussravioli mit Saisongemüse und einen Beerengratin mit Vanilleglace – alles äußerst delikat. Dazu einen feinen Tropfen aus dem großen Angebot an biologisch produzierten Weinen – vom Dôle bis zum auserlesenen Spitzenwein – und eine Karaffe frisches Quellwasser. Zum Frühstück bedienen sich die Gäste am Buffet mit drei Sorten selbst gebackenem Brot, Gipfeli, Müesli, Früchten und Demetersäften.

EXTRAS

Wer im Rüttihubelbad nächtigt, sollte unbedingt einen Augenschein im ca. 1 ha großen betriebseigenen

INFRASTRUKTUR
- Kurse auf anthroposophischer Grundlage
- Konzerte, Theater und Ausstellungen
- Räume und technische Ausrüstung für Seminare und Tagungen (für 10 bis 80 Personen)
- Festsaal mit Konzertbestuhlung für 430 Personen
- verschiedene Aufenthaltsräume
- behindertengerechte Einrichtungen
- Kinderbetten und -sitze, Kindermenüs
- Bibliothek
- Cafeteria
- kleiner Laden mit hausgemachten Produkten wie Kräutertees und Gewürze, mit Geschenkartikeln und Literatur zu Anthroposophie
- große Gartenterrasse, viel Umschwung und Kinderspielplatz
- Fahrräder zum Ausleihen
- Tankstelle für Elektrofahrzeuge
- Elektrofahrzeug zum Mieten

ANGEBOTE IM ORT
- Wandern (auch geführte Wanderungen)
- Fahrradfahren

Gemüse- und Kräutergarten nehmen. Er wird biologisch-dynamisch bewirtschaftet, ist sehr gepflegt und besonders im Spätsommer äußerst farbig und vielfältig. Das Gemüse wird zu einem großen Teil an das Restaurant geliefert, die Kräuter werden getrocknet, als Tee und Gewürz verkauft und die Blumen schmücken den Tisch.

VOR ORT
Für Sportliche empfiehlt es sich, das Emmental mit dem hauseigenen Mountainbike zu erfahren. Auch die Stadt Bern ist nicht weit entfernt.

UND SIE BADETEN UND FRASSEN
»Sie bauten das neue Haus und fügten ihm ein mit Gebet und Sorgfalt das alte Holz.« Mitte der 80er Jahre wird das über 200-jährige Bauern- und Kurhaus mit seinen Dépendancen auf dem Rüttihubel abgerissen – womit eine fast ebenso lange Epoche des Rüttihubelbad als Kurort abgeschlossen wird. Einige alte, dunkle Dachbalken werden wie in Gotthelfs »Schwarzer Spinne« in den Neubau übernommen. Vielleicht ebenfalls um den Geist des alten Hauses hinüberzuretten, damit »der alte Segen auch im neuen Hause« ist. Peter Schüpbach lässt 1756 das Bauernhaus am Rüttihubel erbauen. Einige Jahre später entdeckt er in der Nähe des Hauses eine Quelle und stellt sofort fest, dass diese mineralhaltig ist. Noch im gleichen Jahr richtet er in einer einfachen Hütte einige Badekästen ein. Als das Baden mehr in Mode kommt, entsteht 1810 das erste Badhaus, weitere Ausbauten folgen im Laufe des Jahrhunderts. Nachdem zu Beginn des 19. Jahrhunderts vor allem ärmere Leute zur Kur kommen, entwickelt sich das Rüttihubelbad bald zu einem allseits beliebten Kurort mit rund 90 Gästebetten. Das Bad bleibt jedoch weiterhin einer breiten Bevölkerungsschicht zugänglich. So hält E. A. Türler in seinen Beschreibungen über das Rüttihubelbad von 1885 fest: »Wie leicht zu begreifen, kann das Bad, das nur

Ess-Stübli

für anspruchslosere Gäste eingerichtet ist, sich keinesfalls mit den fashionablen, geräuschvollen Kurorten des Berner-Oberlandes, des Vierwaldstätter-Sees, des Engadins messen.« So gibt es denn zu seiner Erleichterung auch »keine befrackten, glattrasirten Kellner mit nichtssagender Miene; die Bedienung besorgt dort außer den Wirthsleuten irgend ein munteres Vreneli, Gritli oder Röseli in der üblichen Berner-Landestracht«. Denn nicht nur zum Baden kommen die Gäste, sie lassen sich auch verwöhnen. Von leichter Küche aber, wie sie heute beim Kuren üblich ist, kann damals keine Rede gewesen sein. Der im Volksmund bekannte Name für das Rüttihubelbad als Emmentaler »Fressbedli« deutet es bereits an. So kommen Ende des 19. Jahrhunderts mittags jeweils zwei Fleischgerichte – am Sonntag gar vier – mit Gemüse auf den Tisch und zur Nachspeise eine süße Platte. Abends gibt es nach der Suppe nochmals ein- bis zweimal Fleisch sowie Gemüse und Brot. Noch bis Mitte des 20. Jahrhunderts

Das wieder aufgebaute Bauernhaus beherbergt das Restaurant kehrt man gerne dort ein, um eine üppige Bernerplatte mit Siedfleisch, Schinken, Würsten, Sauerkraut und anschließend eine »Merängge« zu genießen.
Heute ist das Rüttihubelbad kein Kurbad mehr, das Quellwasser sickert aber nach wie vor durch die 200 m dicke Nagelfluhschicht. Eisenhaltig ist das Wasser mittlerweile nicht mehr, als Mineralwasser kommt es im Rüttihubelbad aber heute noch auf den Tisch.

QUELLEN:
Gotthelf, Jeremias: Die Schwarze Spinne. 1842
Türler, E. A.: Das Rüttihubelbad bei Bern und seine Umgebungen. Paul Haller, Bern, 1885

BioMilk

Unser Angebot:
Bärner BioJoghurt aus Kuh- und Schafmilch, Flanino und Rahm.

Erhältlich in Ihrem Biofachgeschäft.

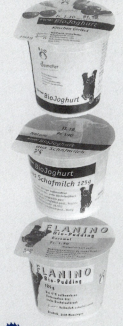

BioMilk
3110 Münsingen
Tel. 031 721 64 20
Fax 031 721 47 30

SEMINAR UND KURSZENTRUM
HAUS FÜR BILDUNG UND BEGEGNUNG

750 m ü. M.

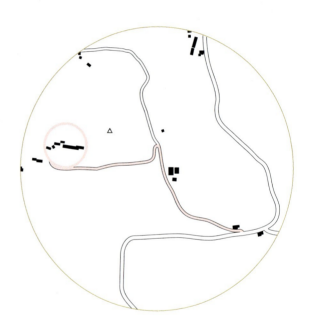

ASP

HERZBERG

NORDWESTSCHWEIZ

KONTAKT

Stiftung Herzberg
Tagungszentrum
5052 Asp
Tel. 062 878 16 46
Fax 062 878 11 76
info@herzberg.org
www.herzberg.org

Das Kurs- und Seminarzentrum Herzberg liegt nahe der Jurapasshöhe Staffelegg, ruhig und idyllisch mitten im Grünen. Es bietet eigene Kurse zu den unterschiedlichsten Themen und stellt die Infrastruktur für Gastseminare zur Verfügung. Die freundliche Atmosphäre und die schöne Lage mitten im Faltenjura mit Blick auf Mittelland und Alpen machen es einem leicht, den Alltag etwas zu vergessen und sich auf den gebuchten Kurs, das organisierte Seminar zu konzentrieren.

PREISE
Von Fr. 53.– bis Fr. 145.– pro
Person mit Vollpension.
Tagesseminarpauschale
Fr. 50.– bis Fr. 60.– pro Person,
je nach Anzahl Teilnehmer.
39 Zimmer mit 70 Betten
und ein Matratzenlager für
12 Personen, 3 Zimmer sind
rollstuhlgängig
50 % Ermässigung für Kinder
von 4 bis 14 Jahren

ÖFFNUNGSZEITEN
ganzjährig geöffnet

MOBILITÄT VOR ORT
VELO
Weitere: Rent a Bike,
Bahnhof Aarau und Frick

MOBILITY CARSHARING
Frick, 9 x Aarau

ÖFFENTLICHE
VERKEHRSMITTEL
Postautolinie
Aarau–Küttigen–Staffelegg–
Frick–Laufenburg (Linie 135),
20 bis 28 Kurse täglich
Postautolinie Aarau–Benker-
joch–Frick (Linie 136),
16 bis 20 Kurse täglich

TAXI
Mehrere Taxiunternehmen
in Aarau
Uschi-Taxi, Frick

Das Kursprogramm auf dem Herzberg reicht von
Musikwochen (Bach-Woche, Mozart-Woche, Fagottiade),
Tanzkursen, Familienferienwochen, Kursen zur Persön-
lichkeitsbildung bis zu Umweltseminaren mit dem
Schwerpunkt Nachhaltigkeit.
Übernachten kann man natürlich auch als Privatper-
son ohne einem Kurs oder Seminar anzugehören.

ANREISE
Von Aarau oder Frick mit dem Postauto (Linie 135) bis
auf die Jurapasshöhe Staffelegg. Von dort entweder 15
Minuten zu Fuß den Wegweisern folgen oder den
Herzberg-Bus bestellen. Eine fast gleich lange Variante
mit ebenfalls guten Verbindungen ist die Postautolinie
über das Benkerjoch (Linie 136); der Fußweg soll sehr
schön sein.
Reisezeit: Aarau–Staffelegg ca. 12 Minuten
(umsteigefrei), ca. 21 Kurse täglich;
Basel–Staffelegg ca. 45 Minuten (1-mal umsteigen),
ca. 16 Verbindungen täglich.
Gepäcktransport: Reisegepäcktransport bis Aarau
gewährleistet. Restlicher Weg mit Postauto (für Gruppen auf Anfrage Abholdienst in Aarau).

INNENANSICHTEN
Vor allem die zwei neueren Gebäudetrakte erinnern
etwas stark an die eigene Schulzeit. Die
Seminarräume mit den Klavieren wirken etwas gar
pädagogisch. Die Zimmer sind eher funktional, aber
nicht ungemütlich. Eindeutig am schönsten sind der
Garten und die Grünfläche ums Haus herum mit Teich,
Blumendickicht und alten Bäumen.

KULINARISCHES
Im Herzberg gibt es fixe Menüs, eines vegetarisch, das
andere mit Fleisch, am Mittag mit großem Salatbuffet.
Die Quark-Lasagne schmeckt hervorragend. Alles ist
liebevoll zubereitet und angerichtet. Der allergrößte Teil
der Lebensmittel stammt aus Biobetrieben, die Milch-

INFRASTRUKTUR
- Sauna
- Garten, viel Platz im Grünen
- Klaviere sind im ganzen Haus verteilt
- Töggelikasten
- Behindertengerechte Zimmer
- Familienfreundliche Ausstattung
- Breites Kursangebot

ANGEBOTE IM ORT
- Wandern

produkte sind direkt vom zum Haus gehörenden, biologisch-dynamisch bewirtschafteten Bauernhof. In der Cafeteria kann man sich jederzeit mit Getränken und Knabbereien eindecken.

EXTRAS
Die Bibliothek ist zwar eine ziemlich verstaubte und chaotische Angelegenheit, es finden sich jedoch unterhaltsame Kuriositäten aus dem ganzen Jahrhundert, Strandgut, das mal liegen geblieben ist, oder Werke für eine bessere Welt.

VOR ORT
Der Kultur Buur Natur-Lehrpfad rund ums Haus zeigt auf einfache Art den Wert von Natur- und Kulturlandschaft auf. Dient als guter Einstieg, um die Umgebung etwas genauer zu erkunden!

DER WEG ZUR VOLKSBILDUNG
»Ich möchte, dass der Katholik ein besserer Katholik, der Protestant ein besserer Protestant, der Freidenker ein besserer Freidenker, der Sozialist ein besserer Sozialist, der Kommunist ein besserer Kommunist, der Freisinnige ein besserer Freisinniger wird.« Dies ist einer der Grundsätze des Mannes, auf dessen Initiative das Bildungszentrum Herzberg – oder Volksbildungsheim, wie es damals noch hieß – entstand: Fritz Wartenweiler. Dieser Ausspruch ist typisch für ihn: unkonventionell, unbequem und vorurteilslos.

Der 1889 im Oberthurgau geborene Sohn eines Fabrikanten studierte in Berlin und Kopenhagen alte Sprachen. Das Studium in Dänemark prägte seine Zukunft, denn dort lernte er die Idee der Volkshochschulen kennen. Der Däne Nicolai Frederick Severin Grundtvig hatte sich zum Ziel gesetzt, Bauern und Arbeitern eine breite Allgemeinbildung zu ermöglichen. In vier- bis fünfmonatigen Kursen in speziell dafür eingerichteten Heimen wurden zu unterschiedlichsten Themen Seminare abgehalten. Von dieser Idee zutiefst beeindruckt begann Wartenweiler bereits in den zwanziger Jahren in Frauenfeld ähnliche Kurse durchzuführen. Der politische und religiöse Hintergrund der Kursteilnehmer, die da über längere Zeit zusammen leben und lernen sollten, war sehr unterschiedlich, was dem engagierten Pädagogen oft als subversiv oder gottlos angekreidet wurde. Das Ziel war aber, allen jungen Menschen aus den unterschiedlichsten Kreisen der Bevölkerung eine ganzheitliche Weiterbildung zu ermöglichen.

Schon bald begannen Fritz Wartenweiler und seine GesinnungsgenossInnen nach einem geeigneten Haus oder Bauplatz zu suchen, um den Traum eines eigenen Bildungszentrums wahr werden zu lassen. Oberhalb der Passhöhe Staffelegg im Aargauer Jura wurde man fündig: Zentral, aber doch ruhig gelegen, der weite Blick übers Mittelland bis zu den Alpen, war der Herzberg als zukünftiger Standort für ein Bildungsheim prädestiniert. 1935 bis 1936 baute die Vereinigung der Freunde Schweizer Volksbildungsheime das Bildungszentrum Herzberg. In den folgenden drei Jahren fanden im neuen Haus Weiterbildungskurse für junge Männer statt. Parallel dazu gab es Hilfsaktionen für Kinder und Flüchtlinge aus dem Spanischen Bürgerkrieg. Mit dem Ausbruch des 2. Weltkriegs wurden die Kurse unterbrochen, da Militär einquartiert wurde.

Nach dem Krieg begann dann der eigentliche Aufbau des Herzberger Kursprogrammes. Im Vordergrund des Angebots standen nicht die berufsgerichtete Weiterbildung, sondern Kurse zur allgemeinen seelischen und geistigen Entwicklung. So war zum Beispiel Musik schon von Anfang an ein wesentlicher Bestandteil des Herzberg-Programms. Bereits in den vierziger Jahren wurde zum ersten Mal die heute noch jährlich stattfindende Bach-Woche durchgeführt.

Man stößt auf unzählige Zitate und Geschichten von und über Fritz Wartenweiler, welche die außergewöhnliche Persönlichkeit, sein Engagement für eine bessere Welt und das konsequente Vorleben seiner Prinzipien loben.

Der schlichte Speisesaal

Sein Sohn Fritz G. Wartenweiler wirft aus der unmittelbaren Umgebung ein etwas weniger mystifiziertes Licht auf den zweifellos außergewöhnlichen Mann und zeigt auch, dass Wartenweiler seine Arbeit nicht alleine bewältigte: »Man kann nicht über meinen Vater schreiben, ohne auch an seine Frau Elsa zu denken. Wohl kein Verlag hätte seine Bücher herausgebracht, wenn nicht Mutter die überflüssigen oder störenden zwei Drittel im Manuskript gestrichen hätte. (...)«

Auch war das pädagogische Engagement wohl nicht immer ganz leicht zu ertragen: »Ich erinnere mich nicht, Vater einfach fröhlich gelöst und ohne spürbaren erzieherischen Hintergrund erlebt zu haben, außer in seinen letzten Lebensjahren vielleicht. Sein eiserner Wille, uns Söhne pausenlos zu bilden, hatte allerdings auch Vorteile. Wir bekamen zu einer Weihnacht ein Pathé-Baby Heimkino mit Handkurbelantrieb geschenkt. Die Filme faszinierten uns! Die Stube war jeweils voller Kinder. Obschon Vater als ›pädagogische

Am schönsten ist es im großen
Garten des Herzbergs

Intensivstation‹ unsere Bildung also auch mit modernsten Mitteln betrieb, hat sich bei mir eine tiefsitzende Abneigung gegen alle gezielten Bildungsbestrebungen eingenistet. Sie betrifft vor allem auch Biographien hervorragender Menschen, leuchtender Beispiele, deren Leben zur Nachahmung empfohlen wird. Wie schmerzlich dies für Vater war, hat er mir nicht gesagt. Jedenfalls bekamen wird trotzdem jedes neue Buch von ihm mit Widmung (vom Verfasser) und Sinnspruch.«
Heute ist der Herzberg ein modernes Kurs- und Bildungszentrum. Margrit Bühler und Claudia Zanetti, die nun den Herzberg führen, haben die früher revolutionären, heute allerdings etwas verstaubt anmutenden Bildungs- und Seminarhausgrundsätze der heutigen Zeit angepasst.

QUELLE:
Gedenkschrift Fritz Wartenweiler, Herzberg

bio für alle
bio für mich

Ihr Garten ohne Kunstdünger, Spritzmittel und Schneckenkörner – ein natürliches Erlebnis! Bioterra unterstützt Sie dabei - mit der vierfarbigen Zeitschrift «bioterra», mit Broschüren und Merkblättern, mit einem vielfältigen Kursangebot in Ihrer Region. Dazu steht Ihnen der Bioterra-Bodenprobenservice und das Gartentelefon zur Verfügung

☐ **Ich werde Mitglied von Bioterra** (Fr. 50.– pro Jahr inkl. Zeitschrift)
☐ **Ich abonniere die Zeitschrift «bioterra, der biologische Land- und Gartenbau»** (Fr. 50.– pro Jahr)

Name:

Strasse:

PLZ/Ort:

Unterschrift:

Bitte ausschneiden und senden an: Bioterra, Dubsstrasse 33, 8003 Zürich, Tel. 01/463 55 14, Fax 01/463 48 49, eMail: bioterra@swissonline.ch

LANGENBRUCK

HOTEL
KLEINES SEMINAR-, KULTUR- UND BANKETTHAUS

740 m ü. M.

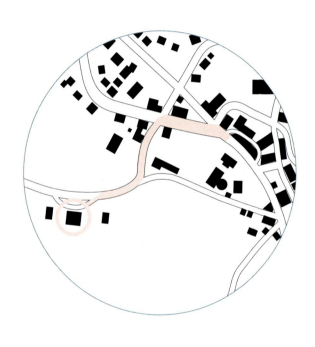

ERICA

NORDWESTSCHWEIZ

KONTAKT

Hotel Erica
Erikaweg 7
4438 Langenbruck
Tel./Fax 062 390 11 17

Das Hotel Erica liegt etwas oberhalb des 1000-Seelen-Dorfes Langenbruck im Baselbieter Jura. Das Haus stammt aus der Zeit, als das Juradorf einen internationalen Ruf als Luftkurort hatte und gut betuchte Gäste beherbergte. Heute ist es als Genossenschaft organisiert. 1994 schloss sich eine Gruppe von Leuten aus dem Dorf und der näheren Umgebung zusammen mit dem Ziel, einen Gastrobetrieb zu eröffnen. Um sich gegen die 12 (!) bereits vorhandenen Restaurants im Dorf abzugrenzen, positionierten sich die Genossen-

PREISE
Tagespauschale im Doppelzimmer ab Fr. 103.– pro Person mit Vollpension, Begrüßungskaffee
18 Zimmer mit 32 Betten

ÖFFNUNGSZEITEN
ganzjährig geöffnet

MOBILITÄT VOR ORT
VELO
Rent a Bike, Bahnhof Liestal und Olten

MOBILITY CARSHARING
5 x Liestal, 5 x Olten

ÖFFENTLICHE VERKEHRSMITTEL
Buslinie Olten–Allerheiligenberg–Langenbruck (Linie 55), ca. 8 Kurse pro Tag
Buslinie Waldenburg–Langenbruck–Balsthal (Linie 94), 18 bis 22 Kurse auf Strecke Balsthal–Langenbruck, 23 bis 27 Kurse auf Strecke Waldenburg–Langenbruck
Auf Anfrage im Hotel spezieller Fahrplan für Langenbruck erhältlich

TAXI
Ueli Gerber, Langenbruck

schafterInnen schon bald im Seminarbereich. Auch Hochzeiten und Festanlässe machen einen festen Anteil am Programm des Hotels aus. Angenehm dabei ist, dass meist das ganze Haus einer Gruppe zur Verfügung steht.
Auch als Einzelgast kann man im Erica essen oder übernachten, allerdings aus organisatorischen Gründen nur nach Anmeldung.

ANREISE
Von Olten nach Oensingen (Richtung Solothurn), dort umsteigen und mit der OeBB nach Balsthal. Weiter mit dem Postauto nach Langenbruck.
Von der anderen Seite des Juras her erreicht man Langenbruck via Liestal und von dort mit dem Waldenburgerbähnchen (WB) nach Waldenburg. Weiter ebenfalls mit dem Postauto nach Langenbruck. Vom Dorfplatz aus etwa 100 Meter in Richtung Liestal (bergauf) und dann links den Berg hinauf zum etwas oberhalb des Dorfes gelegenen Hotel.
Es existiert auch ein Abholdienst mit einem privaten Kleinbus ab Olten.
Reisezeit: Olten–Langenbruck ca. 45 Minuten (2-mal umsteigen), ca. 8 Verbindungen täglich; Liestal–Langenbruck ca. 35 Minuten (1-mal umsteigen), ca. 22 Verbindungen täglich.
Gepäcktransport: Reisegepäcktransport bis Langenbruck gewährleistet.

INNENANSICHTEN
Die als Seminarräume benützten Zimmer des alten Hauses mit den knarrenden Parkettböden sind relativ klein, aber gemütlich. Der Kachelofen im Esszimmer sorgt für Wohnzimmerstimmung. Die Zimmer sind einfach und nicht sehr geschmackvoll eingerichtet. Die selbst gebastelten Spanplattengestelle verschönern das Bild auch nicht gerade.

INFRASTRUKTUR
- Seminarausrüstung
- Garten
- Fernsehzimmer
- behindertengerechte Einrichtung
- Spielplatz und Kinderbetten, -sitze

VOR ORT
- Ökozentrum Langenbruck
- Skifahren
- Langlauf
- Schneeschuhwandern
- Schlitteln
- Wandern
- Klettern
- Reiten
- Tennis
- Fahrräder

KULINARISCHES
Abwechselnd gibt es Menüs mit oder ohne Fleisch. Auf Wunsch gibts aber auch ausschließlich vegetarisches Essen. Viele Zutaten sind selbst gemacht. Der Rioja aus der Hausbar ist gut.
Man gibt sich Mühe, möglichst regionale Produkte oder Biologisches zu verwenden. Im Seminarbereich wird dies allerdings nicht immer konsequent verwirklicht. Auf Wunsch kommt aber ausschließlich biologisch Produziertes auf den Tisch.

EXTRAS
Viermal pro Jahr finden vom eigenen Kulturverein organisierte kulturkulinarische Anlässe statt. So gibt es zum Beispiel einen Italien-Abend, mit italienischem Essen, Musik und vielleicht einem Film. Auch eine indische Variante ist vorgesehen.

WEITERBILDUNG IM JURA
Der Begrüßungskaffee ist willkommen. Schließlich sind wir schon seit längerem aus den Federn. Im Esssaal mit dem alten Kachelofen essen wir dazu ein Gipfeli und unterhalten uns mit unseren TischnachbarInnen: Etwa 20 meist noch müde, größtenteils unbekannte Gesichter.
Getroffen haben wir uns bereits im Postauto von Balsthal, denn wir waren die einzigen Fahrgäste. Unser gemeinsames Ziel war das Hotel Erica in Langenbruck. Im kleinen Juradorf angekommen, fanden wir das oberhalb des Dorfes thronende Hotel auf Anhieb. Früher, als der Jura ein beliebtes Ziel für Luftkurgäste aus ganz Europa war, logierten im Erica gut betuchte Gäste. Heute dient es in erster Linie als kleines Seminarhotel. Ein Kurs ist auch der Grund unserer Reise nach Langenbruck.
Nach dem Kaffee gilts ernst, der Kurs beginnt. Wir lassen uns auf den harten Holzstühlen nieder und schenken dem Kursleiter unsere Aufmerksamkeit. Sein Stil passt zum Hotel: unkompliziert und frei von techni-

schem Schnickschnack. Auch der Kursraum selber ist schlicht eingerichtet, der Parkettboden sorgt aber für eine seminar-untypische Gemütlichkeit. Trotzdem sind wir froh um die kurzen Pausen, wo man die Beine vertreten und sich mit Äpfeln, Mineralwasser und Kräutertee erfrischen kann. Die zweifellos gesunde Teemischung vermag allerdings nicht alle gleich zu begeistern.

Zum Mittagessen begeben wir uns hungrig ins Esszimmer, froh, den ersten Kursteil hinter uns zu haben. Die Gemüselasagne schmeckt, und das Teilen der Mineralwasserflasche fördert den unkomplizierten Sozialkontakt.

Der Nachmittag verläuft ähnlich wie der Morgen — mit dem gleichen Kräutertee in den Pausen. Die Raucher treffen sich für ihre Zigarette draußen an der frischen Juraluft und genießen den Ausblick auf die bereits verschneiten Jurahöhen. Gern würde ich loslaufen und zu Fuß die Wälder der Umgebung erkunden. Doch der Kurstag ist noch lang. Als er sich schließlich doch dem Ende zuneigt, ist das Abendessen höchst verdient. Die »Gschwellten« finden dann aber nicht ganz bei allen Anklang, obwohl sie von gutem Käse begleitet werden – das feine Marronidessert umso mehr. Der ausgezeichnete Wein trägt zur Lockerung der Stimmung bei. So ist denn auch schnell beschlossen, noch die Beizenszene von Langenbruck auszukundschaften.

Am nächsten Morgen macht sich bereits früh eine allgemeine Betriebsamkeit im Haus breit. Den Wecker kann man so aber getrost zu Hause lassen: Wenn im Hotel Erica jemand aufsteht, erwacht das ganze Haus. Schlimm ist dies in einem Seminarhotel ja nicht, denn aufstehen müssen sowieso alle etwa zur gleichen Zeit. Ich bleibe noch eine halbe Stunde im Bett liegen und lausche der angeregten Konversation aus dem Nachbarzimmer, von der ich fast jedes Wort verstehe.

Nach dem Frühstück gehts im Seminarraum wieder weiter. Die Pausen werden jetzt länger und vermehrt zu kleinen Spaziergängen rund ums Haus genutzt. Die

Der Speisesaal ist bereit für die hungrigen Kursteilnehmerinnen

wenigsten finden sich früher als nötig im Seminarraum ein.
Wieder ist das Mittagessen gut und willkommen. Diesmal mit Fleisch, was einigen Kursteilnehmern, die bereits erste Mangelerscheinungen befürchten, äußerst zusagt. Nach dem Kaffe ist dann auch der Nachmittag nicht mehr allzu lang und es heißt bereits Abschied nehmen vom Hotel Erica.
Schon bald sitzen wir wieder im Postauto. Noch einmal ziehen am Fenster die spektakulären Kalkfelsen der Klus von Balsthal vorbei und vor dem inneren Auge das Hotel Erica: der Kachelofen im Esszimmer, die unkomplizierte Bedienung und der Blick auf die Wälder der Jurahöhen!

SEMINARHOTEL

KUR-, SEMINARHOTEL UND VELOTEL

275 m ü. M.

RHEINFELDEN

SCHÜTZEN

NORDWESTSCHWEIZ

KONTAKT

Seminarhotel Schützen
Bahnhofstrasse 19
4310 Rheinfelden
Tel. 061 836 25 25
Fax 061 836 25 36
www.hotelschuetzen.ch

Der Schützen wurde vor 151 Jahren als Kurhotel eröffnet. Das riesige Gebäude stammt aus Zeiten, als Rheinfelden ein international bekannter Ferien- und Kurort war. Heute dient das stattliche Haus am Rande der Altstadt vor allem als Seminarhotel und Unterkunft für Teilnehmer der großen Messen in Basel. Als Velotel beherbergt es allerdings im Sommer auch radelnde Familien. Auch zur Rehabilitation nach Knochenbrüchen sowie bei psychischen Schwierigkeiten oder Essstörungen kann der Weg in den Schützen führen.

PREISE
Doppelzimmer mit Frühstück Fr. 90.– pro Person inkl. Eintritt ins Soleschwimmbad. Kinderpreise auf Anfrage.
35 Zimmer mit insgesamt 45 Betten

ÖFFNUNGSZEITEN
ganzjährig geöffnet

MOBILITÄT VOR ORT
VELO
Rent a Bike, Bahnhof Rheinfelden

MOBILITY CARSHARING
5 x Rheinfelden

ÖFFENTLICHE VERKEHRSMITTEL
Stadtbuslinie Nr. 85 (innerhalb Rheinfelden)
Grenzbuslinie Rheinfelden Bahnhof–Rheinfelden (Deutschland) Bahnhof
4 Postautolinien: Rheinfelden-Maisprach-Gelterkinden (Linie 100), 19 bis 27 Kurse; Pratteln–Kaiseraugst–Rheinfelden (Linie 83/84), 7 bis 20 Kurse täglich, ohne Sonntag; Rheinfelden–Möhlin–Wegenstetten, 14 bis 20 Kurse täglich
Bahnlinie Basel–Rheinfelden–Brugg–Baden–Zürich, ca. 18 Kurse täglich
Bahnlinie Basel–Rheinfelden–Stein–Säckingen–Laufenburg/Frick, ca. 20 Verbindungen

Denn in den ersten zwei Stöcken ist eine Privatklinik untergebracht.

ANREISE
Der stündlich verkehrende Schnellzug Zürich–Brugg–Basel hält in Rheinfelden. Vom Bahnhof aus geht man in Richtung Altstadt und steht nach etwa 3 Minuten vor dem Schützen.
Reisezeit: Zürich–Rheinfelden ca. 55 Minuten (umsteigefrei), ca. 18 Kurse täglich; Bern–Rheinfelden ca. 1 Std. 45 Minuten (1-mal umsteigen), ca. 16 Verbindungen täglich.
Gepäcktransport: Reisegepäcktransport bis Rheinfelden gewährleistet.

INNENANSICHT
Der Stilmix im Haus zeugt von den verschiedenen Besitzern in der Vergangenheit, die alle ein bisschen daran herumgebaut haben. Auch heute sind Renovationen und Umbauten im Gange: Zum Teil kommt schöner Parkett unter den Spannteppichen hervor, zum Teil aber auch unansehnliches Billigmaterial.
Die Jugendstileinrichtung der Seminarräume ist Geschmacksache. Nichts allzu Spezielles haben die Zimmer zu bieten. Die vielen Balkone werten das nicht übermäßig originelle Interieur aber etwas auf.

KULINARISCHES
Im Schützen legt man Wert darauf, nicht nur die Gäste aus der Müesliecke zufrieden zu stellen. Mit seiner fantasievollen, mediterranen Küche heimst der Küchenchef viele Komplimente ein. Vor allem Vegetarisches und viel Fisch stehen auf der Speisekarte. Auch das große Angebot an Wein aus der Region findet regen Anklang.

EXTRAS
Dem Hotel ist ein italienischer Spezialitätenladen »Pane Amore e Fantasia« angegliedert. Von feiner

TAXI
Taxi Bryner, Rheinfelden

INFRASTRUKTUR
· Seminarräume mit moderner technischer Ausstattung
· Bibliothek
· Garten
· Fahrräder stehen den Gästen gratis zur Verfügung
· Solbad
· Den als Theaterkeller umgebauten ehemaligen Weinkeller kann man auch für private Anlässe mieten

ANGEBOTE IM ORT
· Kurzentrum Rheinfelden: Großes Solebad mit Bade- und Saunalandschaft
· Regelmäßige Stadtführungen
· Schautöpferei
· Brauerei Feldschlösschen
· Schifffahrten auf dem Rhein (z. T. mit Unterhaltungsprogramm)
· Museen: Fricktaler Museum, Heimatmuseum, ehemaliges Bohrhaus der Saline Riburg
· Römische Ruinen und Museen im nahen Augusta Raurica
· Reiten
· Tennis
· Wassersport
· Kanu
· Wandern

Artischockenpaste über exklusives Olivenöl ist alles zu haben, was Italien an Köstlichkeiten zu bieten hat. Besonders empfehlenswert sind die extra langen, extra dicken Spaghetti!

VOR ORT
Die älteste Zähringerstadt der Schweiz mit den alten Stadtmauern und Türmen ist einen Besuch wert. Die verkehrsfreie Altstadt mit ihren zum Teil uralten, krummen Häusern und engen Gässchen sowie die direkte Lage am Rhein mit dem Grenzübergang haben ihren Charme. Im Winter lohnt sich ein Punsch im Café Domino mit Aussicht auf die Brücke nach Deutschland und den Rhein. Im Sommer lädt dieser zum Bade: Vom »Inseli« aus ins Wasser springen und beim Strandbad wieder aussteigen. Allerdings: Nichts für kleinere Kinder und ungeübte Schwimmer! Der Rhein führt hier bereits beachtliche Wassermassen mit sich!

SALZ – DAS WEISSE GOLD
Der Deutsche Friedrich Glenck erregte großes Aufsehen, als er 1836 in Muttenz nach etlichen Fehlbohrungen auf Salz stieß. Salz war nämlich damals keineswegs die selbstverständlichste Sache der Welt. Bis 1836 lieferte in der Schweiz lediglich eine Saline in Bex die begehrte und lebenswichtige Würze – gerade genug um den Bedarf des Kantons Waadt zu decken. Nun kam also endlich Hoffnung auf, in Zukunft auf das teure Importgut verzichten zu können. Man beeilte sich mit Bohren und bereits ein Jahr später öffnete die Rheinsaline Schweizerhalle ihre Tore. Nur wenige Jahre später stieß man dann auch in Rheinfelden auf den begehrten Rohstoff. Dies war nicht nur der Anfang eines bitter nötigen wirtschaftlichen Aufschwungs der Region, sondern auch die Geburtsstunde des Solbadkurorts Rheinfelden.
Dass Salzwasser aus natürlichen Quellen Heilkräfte besitzt und auch gesunden Menschen gut tut, war längst bekannt. Geschäftstüchtige Wirte der Stadt

setzten dieses Wissen sofort um: Nur zwei Jahre nach der Entdeckung des Salzes in Rheinfelden war der damalige Wirt des Schützen, Josef Frommherz, als Erster in Besitz einer Konzession für ein Solbad. Weitere Wirte in Rheinfelden folgten kurz darauf seinem Beispiel. Damit mauserte sich das Städtchen Rheinfelden schon bald zu einem florierenden Kurort mit internationaler Klientel.

Der Balneologe Johann Baptist Bürgi aus Magden, ein auf Bäderkuren spezialisierter Arzt, kaufte 1854 den Schützen auf. Er baute den Betrieb zu einem führenden Solbad aus und warb kräftig für seinen Betrieb: »In der Anstalt befinden sich zur bequemen Aufnahme von wenigstens 60 bis 70 Gästen freundliche vorzüglich meublierte Zimmer mit angenehmer Aussicht auf Gärten und Wiesen oder auf das reizende Rheinthal, zwei grosse Speisesääle, ein Gesellschafts-, Audienz-, Billard- und Lesezimmer mit entsprechender Lectüre und musikalischen Instrumenten und endlich zweckdienliche heitere Badezellen mit Douche-Apparaten neuster Art und mit einem Appartement zur Anwendung von Soole-, Mutterlauge- und Fichtennadeldampfbädern.«

Es folgte die Blütezeit des Luxushotels, das zwar während des deutsch-französischen Kriegs einen vorübergehenden Einbruch erlitt, sich aber bald wieder erholte. Eine illustre Gästeschar aus dem In- und Ausland kam in den Schützen zur Kur.

Als dann aber während und nach dem 2. Weltkrieg die Gäste ausblieben, begann die Zahl der Hotels in Rheinfelden zu schrumpfen. Um nicht ganz von der Bildfläche zu verschwinden, verlagerten die ehemaligen Luxuskurhotels ihr Angebot immer mehr in medizinisch-therapeutische Richtung. Das moderne Kurzentrum und die Solbadklinik wurden eröffnet.

Auch heute noch wird in den Rheinsalinen Salz abgebaut; in Rheinfelden allerdings nur noch, um Sole für die zahlreichen Bäder zu gewinnen. Obwohl sich die Technik natürlich stark entwickelt hat, wird bei der

Zimmer mit Balkon

Salzgewinnung immer noch nach dem gleichen Prinzip wie vor 150 Jahren vorgegangen: Bis zu 400 Meter tief muss man bohren, um auf eine Salzader zu stoßen. Durch das Bohrloch wird Wasser in die Tiefe gepumpt. Das Wasser löst das Salz auf und wird wieder an die Oberfläche hinauf befördert. Dort wird die Sole, die etwa 300 Gramm Salz pro Liter Wasser enthält, entweder direkt für die Bäder verwendet oder erhitzt und zentrifugiert, um reines Kochsalz zu erhalten.
Zurück bleiben Hohlräume im Boden. Eine tückische Sache, wie man vor einigen Jahren feststellen musste, als eines Nachts plötzlich die Hauptstraße zwischen Rheinfelden und Möhlin um ein paar Meter absackte. Doch dadurch wird die jahrhundertealte Tradition in keiner Weise gefährdet: Der Schaden wurde behoben und Salz wird weiterhin gefördert.

SOLOTHURN

HOTEL
RESTAURANT UND HOTEL

440 m ü. M.

BASELTOR

NORDWESTSCHWEIZ

KONTAKT

Restaurant Hotel Baseltor
Hauptgasse 79
4500 Solothurn
Tel. 032 622 34 22
Fax 032 622 18 79
baseltor@solnet.ch
www.baseltor.ch

In der Hauptgasse gleich neben der St. Ursenkathedrale liegt das Hotel Restaurant Baseltor. Ein zehnköpfiges Wirtekollektiv führt den genossenschaftlich organisierten Betrieb. Einen Namen gemacht hat sich das sympathische Stadthotel vor allem mit der vorzüglichen Küche. Mit 13 Punkten ist das Baseltor-Küchenteam 1999 im Gault Millau aufgeführt. 1995 erhielt das Baseltor die Auszeichnung »umweltfreundlichstes Stadthotel der Schweiz«. Auffällig ist das durchmischte Publikum im Restaurant. Das Baseltor

PREISE
Doppelzimmer mit Frühstück ab
Fr. 77.50 pro Person;
Familienzimmer für 2 Erwachsene und 1 bis 2 Kinder
Fr. 215.–.
9 Zimmer für 1–4 Personen,
16 Betten

ÖFFNUNGSZEITEN
ganzjährig geöffnet

MOBILITÄT VOR ORT
VELO
Rent a Bike, Bahnhof Solothurn

MOBILITY CARSHARING
5 x Solothurn

ÖFFENTLICHE
VERKEHRSMITTEL
Gut ausgebauter öffentlicher
Verkehr innerhalb der Stadt
7 Bus- und Postautolinien in die
nähere Umgebung mit mehr als
30 Kursen pro Tag
5 Bahnlinien mit guten Verbindungen in die ganze Schweiz

TAXI
Soltaxi, Solothurn (mit
Biogas angetriebene Taxis)

INFRASTRUKTUR
· kleines Gärtchen mit Tischen im Sommer
· Bar im hinteren Teil des Restaurants

bezieht seine Kundschaft nicht nur aus »normalen« Genossenschaftsbeiz-Besuchern, sondern zieht breitere Gesellschaftsschichten in seinen Bann. So schreibt die Neue Zürcher Zeitung in einem Artikel über das Baseltor zielgruppenorientiert, dass das Risiko, das Lokal mit einem Schlips zu betreten, durchaus eingegangen werden könne.

ANREISE
Vom Bahnhof Solothurn Richtung Altstadt, über die Kreuzackerbrücke spazieren. Geradeaus bis zur Hauptgasse und dann rechts bis zum Hotel Restaurant.
Reisezeit Zürich–Solothurn ca. 60 Minuten (umsteigefrei), ca. 20 Verbindungen täglich;
Bern–Solothurn ca. 40 Minuten (umsteigefrei mit RBS), über 30 Verbindungen täglich.
Gepäcktransport: Reisegepäcktransport bis Solothurn gewährleistet; restlicher Weg mit Taxi.

INNENANSICHTEN
1992 baute die Genossenschaft Löwen, die bisher das Restaurant Löwen führte, das Baseltor um. Dies ist mit viel Stil und Geschmack geschehen. Das alte Gemäuer verleiht dem Hotel einen besonderen Charme. Die Zimmer sind hell und freundlich, aber schlicht eingerichtet. Graublaue Farbtöne verleihen den sonst weiß gestrichenen Räumen eine kühle, stilvolle Atmosphäre. Alle Zimmer verfügen über eigene Dusche/WC und TV. Drei Zimmer sind in einem Seitentrakt des alten Stadttors gegenüber dem Restaurant gelegen. Die Aussicht auf die Stadt und die Aare macht sie zu den begehrtesten und schönsten Zimmern des Baseltor.
1993 erhielt das Hotel die SIA-Auszeichnung »Priisnagel« für die gelungene sanfte Renovation durch den Architekten Gérard Staub!

KULINARISCHES
13 Gault-Millau-Punkte hat sich das Baseltor verdient. Das Küchenteam bietet verschiedene internationale

ANGEBOTE IM ORT
- interaktives Naturmuseum am Klosterplatz 2 (Montag geschlossen)
- Solothurner Puppen- und Spielzeugmuseum
- Kunstmuseum
- Museum Altes Zeughaus für Leute, die sich für alte Rüstungen und Uniformen begeistern können
- Schloss Waldegg, in dem man die patrizische Wohnkultur und den barocken Garten bestaunen kann
- (Für weitere Tipps siehe S. 94 »Kreuz«)

Spezialitäten beispielsweise aus dem Mittelmeerraum oder Indien an. Auch ausgezeichnete Vegi-Gerichte sind zu haben. Die Zutaten sind frisch, etwa die Hälfte stammt aus biologischem Anbau. Beim Fleisch sind es gar 99 Prozent. Deshalb ist das Baseltor mit der Bio-Knospe zertifiziert.

Die Weinkarte setzt auf Spezielles zu erschwinglichen Preisen. Die Flaschenweine sind auch offen erhältlich. Besonders attraktiv ist die Küche mit dem Glasfenster, wo man alle Leckereien bestaunen kann und so richtig Appetit bekommt.

Das Baseltor hat zwar 120 Plätze zum Essen, da es aber überaus beliebt und gerade zur Mittagszeit meist voll ist, empfiehlt sich eine Reservation!

EXTRAS
Das Küchenteam des gediegenen Catering Services kocht vor den Augen der Gäste auf Baseltor-Niveau.

VOR ORT
Die barocke Altstadt von Solothurn ist einen gründlichen Augenschein wert. Um dabei auch den historischen Hintergrund mitzubekommen, empfiehlt sich ein geführter Stadtrundgang. Informationen dazu gibts bei Solothurn Tourismus an der Hauptgasse 69, etwa 100 Meter vom Baseltor entfernt.

GEDIEGENE GENOSSENSCHAFT
Das barocke Städtchen Solothurn verfügt über zwei alte Stadttore: Das Bieltor öffnet die Altstadt gegen Südwesten, das Baseltor gegen Nordosten. Das Baseltor wurde 1504–1535 vom Werkmeister Hans Gibelin gebaut. Als nach dem Schwabenkrieg der Festungsgürtel verstärkt werden sollte, ersetzte man das vormalige Stadttor aus Eichenholz durch das massivere Baseltor. Zusätzlich wurden vier Ecktürme in die Stadtmauer eingebaut. Bis ins 18. Jahrhundert war die Stadt Solothurn französische Ambassadorenresidenz. Dies brachte der Stadt Ansehen und Reichtum. Aus dieser

Zeit stammt die alles dominierende barocke Architektur des Städtchens. Wer die Stadt etwas aufmerksamer betrachtet, stellt fest, dass die Zahl 11 eine besondere Rolle spielt: 11 Kirchen und Kapellen, 11 alte Brunnen, 11 Türme, 11 Altäre und 11 Glocken in der St. Ursenkathedrale, und deren Freitreppe ist in Absätze mit 11 Stufen eingeteilt. Dies ist kein Zufall. Solothurn stiess 1481 als 11. Stand zur Eidgenossenschaft. Dieser Tatsache zu Ehren baute man in der Folge alles 11-mal. Das Wohnhaus und heutige Hotel Restaurant Baseltor an der Hauptgasse stammt aus dem 17. Jahrhundert. 1813 wurde der Wohnsitz zahlreicher Patrizierfamilien vom St. Ursenstift erworben und bis zur Stiftsaufhebung 1874 von Domherren bewohnt.
Heute hat sich die Szene im Baseltor etwas verändert. Das Hotel und Restaurant wird von der Genossenschaft Löwen geführt. Das Kollektiv umfasst 38 Mitarbeiter, ein Fünftel davon ist seit dem Anfang, das heißt seit 1977 dabei. Damals setzten sich einige innovative Leute das Ziel, die Solothurner Beizenszene um ein gastronomisch hoch stehendes Lokal zu bereichern. Wie im bereits existierenden Kreuz (Siehe S. 94) wünschte man sich einen Begegnungsort für die unterschiedlichsten Leute, die sich zusammen an einen Tisch setzen, essen, trinken und reden sollten. 1978, nachdem die Löwen-Leute bereits das Haus an der Löwenstrasse 15 erworben hatten, gründeten sie die Genossenschaft Löwen und führten fortan die Beiz unter diesem Namen weiter. Der Löwen etablierte sich und machte sich vor allem mit der guten Küche einen Namen. 1992 übernahm die Genossenschaft Löwen schließlich das bisherige Chez Derron an der Hauptgasse. Das Restaurant gleich neben dem Touristenmagneten St. Ursenkathedrale erwies sich als das ideale neue Lokal. Das etwa 350-jährige Haus wurde in kurzer Zeit umgebaut, renoviert und der altbekannte Name Baseltor wieder belebt. Bereits Mitte April weihte die Genossenschaft Löwen ihr neues Lokal ein.

Das Restaurant – bekannte Adresse in der Solothurner Altstadt

Um das expandierende Unternehmen optimal zu führen und nicht zu viele Reibungsverluste durch die etwas schwerfällige Struktur zu erleiden, wurde ein Wirtekollektiv gegründet, das sich um die betrieblichen Fragen des Baseltor kümmert.

Gegenüber, beim alten Stadttor in einem alten Wohnhaus, liegt zusätzlich die Dependence des Hotels: 1999 konnte die Genossenschaft Löwen das Haus mieten und drei weitere Hotelzimmer darin einrichten. Die enge Treppe knarrt auf dem Weg in den dritten Stock und man hat das Gefühl, es sei direkt der Befestigungsturm, den man erklimmt. Beim Blick auf Aare und Altstadt wähnt man sich zurückversetzt in die Zeit des Schwabenkriegs. Bequemer ist es heute allerdings – und friedlicher.

SOLOTHURN

GENOSSENSCHAFT

ALTSTADT-GENOSSENSCHAFTSBEIZ MIT KULTURKOLLEKTIV UND HOTELBETRIEB

435 m ü. M.

KREUZ

NORDWESTSCHWEIZ

KONTAKT

Genossenschaft Kreuz
Kreuzgasse 4
4500 Solothurn
Tel. 032 622 20 20
Fax 032 621 52 32
kreuz@solnet.ch

Die älteste Genossenschaftsbeiz der Schweiz im 400-jährigen Haus in der Altstadt von Solothurn ist meist gut besucht von einem bunten Publikum. Die Solothurner Alternativszene hat sich dort ihre öffentliche Stube und einen Dorfbrunnenersatz eingerichtet. Man trifft unter den Stammgästen auch auf bekannte Persönlichkeiten. So ist zum Beispiel der Schriftsteller Peter Bichsel ein treuer Gast im Kreuz. Im Kreuzsaal finden vielfältige Kulturanlässe statt. Unkomplizierte, sympathische Atmosphäre.

PREISE
im Doppelzimmer Fr. 42.50
bis Fr. 45.– pro Person mit
Frühstück
für Kinder bis 14 Jahre
50% Rabatt
12 Zimmer mit 24 Betten

ÖFFNUNGSZEITEN
ganzjährig geöffnet

MOBILITÄT VOR ORT
VELO
Rent a Bike, Bahnhof Solothurn

MOBILITY CARSHARING
5 x Solothurn

ÖFFENTLICHE
VERKEHRSMITTEL
Gut ausgebauter öffentlicher
Verkehr innerhalb der Stadt
7 Bus- und Postautolinien in die
nähere Umgebung mit mehr als
30 Kursen pro Tag
5 Bahnlinien mit guten Verbindungen in die ganze Schweiz

TAXI
Soltaxi, Solothurn (mit Biogas
angetriebene Taxis)
mehrere Taxiunternehmen in
Solothurn

ANREISE
Vom Bahnhof Solothurn geht man Richtung Altstadt, über die Kreuzackerbrücke und dann die erste Gasse links.
Reisezeit Zürich–Solothurn ca. 60 Minuten (umsteigefrei), ca. 20 Verbindungen täglich;
Bern–Solothurn ca. 40 Minuten (umsteigefrei mit RBS), ca. 40 Verbindungen täglich.
Gepäcktransport: Reisegepäcktransport bis Solothurn gewährleistet. Abholdienst am Bahnhof auf Anfrage im Hotel möglich.

INNENANSICHTEN
Das Haus ist etwa 400 Jahre alt. Immer wieder wird und wurde umgebaut und renoviert. Die Zimmer sind schlicht eingerichtet und dank den wunderschönen alten Parkettböden äußerst gemütlich. In einer einfachen Küche können sich die Gäste nach Bedarf selber ihren Tee kochen oder die Maggi-Suppe aufwärmen. Die niedrige Gaststube ist etwas düster, aber meist gut besucht. Laue Sommerabende genießt man draußen auf der Gasse.

KULINARISCHES
Eine große Auswahl mit viel Vegetarischem steht auf der Speisekarte. Zum Teil originelle Kreationen. Insider lassen wissen, dass die Qualität unterschiedlich ist, von hervorragend bis selten auch einmal durchschnittlich. Ein Besuch lohnt sich aber eigentlich immer. Frühstück gibts im ersten Stock, es sei denn man sei der einzige Gast. Dann gibts das Zmorge in der Gaststube, damit man sich nicht so einsam fühlt!

EXTRAS
Etwa 100 Meter vom Kreuz entfernt findet man die Café-Bar Landhaus. Die gemütliche Bar wird auch vom Kreuz-Kollektiv geführt und verwaltet. Hingehen und ein Bier oder einen Milchkaffee im Glas bestellen!

INFRASTRUKTUR

- Anlässe des Kulturkollektivs
- Räume und technische Ausrüstung für Seminare und Tagungen
- Fernsehzimmer
- familienfreundliche Ausstattung
- Küche für Selbstversorger-Gäste

ANGEBOTE IM ORT

- Wochenmarkt am Mittwoch- und Samstagmorgen
- Baden in der Aare (in der Badi oder aareabwärts nach der Velobrücke)
- Solothurner Filmtage
- Literaturtage

(Siehe auch Hotel Baseltor S. 88)

VOR ORT

Von Solothurn gelangt man mit der Solothurn-Moutier-Bahn in 12 Minuten nach Oberdorf, von wo man mit einem antiquierten Sessellift auf den Weissenstein gemütlich dem winterlichen Hochnebel oder der sommerlichen Mittellandschwüle entrinnen kann. Im Winter empfiehlt sich für mutige und geübte SchlittlerInnen die rasante Abfahrt nach Oberdorf. Im Sommer lockt in der Klus von Oberdorf der Fels die SportkletterInnen. Natürlich sind auch zahlreiche Wanderungen im Weissensteingebiet möglich.

DIE ANDERE LEBENSFORM

»In dieser Beiz verkehren Gammler und Hascher.«
»Man wird Leute sehen, die gerade haschen, und Besoffene, die auf dem Boden liegen. Wenn man da reinkommt, geht gleich eine Messerstecherei los.«
So klang es, als 1977 eine Schulklasse bei der Solothurner Bevölkerung Gerüchte und Meinungen zur Genossenschaftsbeiz Kreuz sammelte. Denn vier Jahre zuvor hatte sich die konventionelle Stadtkneipe unerwartet in ein zukunftsweisendes Sozialexperiment verwandelt: eine genossenschaftlich organisierte Beiz. Ein Großteil der Solothurner Bevölkerung wusste noch nicht so genau, was sie von diesem Versuch halten sollte, und stand der Idee entsprechend skeptisch gegenüber.
Für das Altstadthaus an der Aare waren dies allerdings bei weitem nicht die ersten unruhigen Zeiten. Im Jahre 1601 erhält Jacob Vesperleder die Bewilligung für ein Wirtshausschild »Zum Chrütz« und bringt es an »sines Vatters sälign Hus« an. Kein nobler Gasthof war da entstanden, sondern eine düstere Hafenspelunke. Gleich gegenüber beim Landhaus legten nämlich die Schiffe an und löschten ihre Fracht beim Kornumschlagplatz von Solothurn.
Während den folgenden Jahrhunderten wechselten zwar die Besitzer und es wurde um- und ausgebaut, aber am Stil der schlichten Hafenkneipe änderte sich wenig.

Auch der schlechte Ruf blieb erhalten. Bis dann 1973 alles etwas anders wurde.

Im Sommer zuvor hatten in Solothurn einige 68er Bewegte die Gesellschaft zur Förderung von Heimstätten gegründet. Deren Zweck war »...die Errichtung von Heimstätten zu fördern um Personen jeden Alters (...) ohne Ansehen von Konfession oder politischer Gesinnung fürsorgerisch zu betreuen und Lokale für bildende und gesellige Veranstaltungen sowie Wohn- und Arbeitsstätten bereitzustellen«. Gesucht waren nun also Immobilien, die sich für das Projekt eigneten.

Schon bald ergab sich für den Verein die günstige Gelegenheit, das alte Wirtshaus Kreuz an der Aare zu kaufen. Kurzerhand wurde die Genossenschaft Kreuz Solothurn ins Leben gerufen. Die GründerInnen hatten genug von den herrschenden Gesellschaftsformen und von entfremdeter Arbeit. Die eigenen Vorstellungen und Utopien sollten endlich gelebt werden! Zur Verwirklichung ihrer Ideale stellten sich die GenossenschafterInnen eine Beiz vor, die als öffentliche Stube, als Ersatz des Dorfbrunnens dienen sollte. Es schwebte ihnen ein Ort der Begegnung vor, wo Gäste und Arbeitende Spaß haben und sich die unterschiedlichsten Menschen näher kommen können. Die Beiz sollte selbst verwaltet sein und demokratisch funktionieren. In der Küche stehen nicht gelernte Köche, sondern einfach Leute, die aus frischen Produkten wohlschmeckende Gerichte zubereiten.

Die Ziele der Gründungsmitglieder der Genossenschaft waren hoch gesteckt, die Erwartungen riesig. Konflikte und Probleme ließen dann auch nicht lange auf sich warten. Es stellte sich bald heraus, dass sich doch alle ein bisschen etwas anderes unter der neuen Lebensform vorstellten. Und die harte Knochenarbeit, welche die Beiz den zum Großteil unerfahrenen GastgeberInnen abverlangte, hatten wohl auch die meisten unterschätzt. So schrieb Lis, eine Genossenschafterin der ersten Stunde, anlässlich des zehnjährigen Jubiläums der Beiz über ihren ersten Arbeitstag: »Ja, der Inhalt

Die Café-Bar Landhaus wird auch vom Kreuz-Kollektiv verwaltet

der Betriebsverfassung war wirklich gut, ebenfalls die Genossenschaftsstatuten, doch eben die Praxis, der Inhalt meiner Arbeit am ersten Tag, das war harte, unbekannte Arbeit...«

Anfänglich war auch die Skepsis der SolothurnerInnen und vor allem der Behörden groß und die Gerüchte über das Treiben in der Genossenschaftsbeiz zahllos. Immer wieder gab es Vorwürfe und Kontrollen durch die Polizei. Doch mit der Zeit nahmen auch die Ordnungshüter zur Kenntnis, dass die Kreuz-BetreiberInnen zwar vieles etwas anders anpackten als der vorherige Wirt, aber dass es alles in allem weniger Schlägereien und Probleme gab als zuvor.

1976 entschied man sich, das gelegentliche Theater- und Konzertangebot zu professionalisieren und ein Kulturkollektiv zu gründen. Der uralte Saal des Kreuz war schon seit Jahrhunderten für kulturelle Anlässe genutzt worden – früher als einfache Tanzbühne, heute als Theater- und Konzertlokal oder auch als Kinosaal.

Die einfachen Zimmer

Mit der Zeit stellte sich heraus, dass die anfängliche Idee, Wohnen und Arbeiten zu verbinden, auf die Dauer nicht ideal war. Zuerst dienten die oberen Stockwerke als Wohnung für die GenossenschafterInnen. Bald aber stellte man fest, dass die Privatsphäre fehlte und es enorm schwierig wurde, sich gegen das Kollektiv abzugrenzen. Die meisten hatten auch irgendwann die Nase voll von all dem Beizenrummel und mochten nicht auch noch den Feierabend am gleichen Ort verbringen. Deshalb wurde 1985 der Entscheid gefällt, die Wohnungen wieder zu Hotelzimmern umzufunktionieren. Nur noch eine Wohnung dient einer WG als trautes Heim.

Krisen gab es viele. Doch immer wieder kamen neue Leute hinzu und alte GenossenschafterInnen verließen den Betrieb. Irgendwie ging es weiter.

Bald 30 Jahre nach der Gründung gibt es das Kreuz immer noch. Viel hat sich verändert, wurde professioneller, Ideale wurden der Zeit angepasst oder auch aufgegeben. Inzwischen ist das Kreuz natürlich längst nicht mehr die einzige Genossenschaftsbeiz. Aber immer noch ist es etwas Besonderes und immer wieder einen Besuch wert!

LITERATURTIPP:
Niederhauser, Rolf: Das Ende der blossen Vermutung. Luchterhand, Darmstadt, 1978

SEMINARHAUS
FORTBILDUNG MIT STIL

660 m ü. M.

BÜTTENHARDT

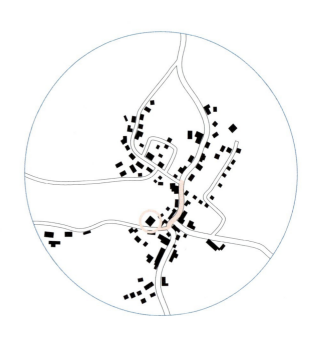

SCHÖPFE

NORDOST- UND INNERSCHWEIZ

KONTAKT

Seminarhaus Schöpfe
8236 Büttenhardt
Tel. 052 645 05 05
Fax 052 645 05 00
info@schoepfe.ch
www.schoepfe.ch

Nördlich von Schaffhausen im kleinen Bauerndorf Büttenhardt liegt das Seminarhaus Schöpfe. Aus einem alten Bauernhaus und einer Remise wurden die modernen, großzügig gestalteten Häuser Schöpfe und Bütte. Sei es die Fortbildung für die ganze Firma oder das Bankett zum besonderen Anlass: In der Schöpfe gibt es seit 1996 den Platz und die nötige Infrastruktur. Die fünf Seminarräume sind zum Teil riesig, ums Haus herum gibt es den Naturgarten zu entdecken, und der Kiesplatz zwischen den zwei Häusern

PREISE
Seminarpauschale pro Person
mit Vollpension ab Fr. 120.– im
Doppelzimmer
25 Zimmer mit 43 Betten

ÖFFNUNGSZEITEN
ganzjährig geöffnet

MOBILITÄT VOR ORT
VELO
Hotel: 6 Mountainbikes
Weitere: Rent a Bike, Bahnhof
Schaffhausen

MOBILITY CARSHARING
4 x Schaffhausen

ÖFFENTLICHE
VERKEHRSMITTEL
Postautolinie Schaffhausen–Büttenhardt–Barzheim, 15 bis 18
Kurse pro Tag

TAXI
Mehrere Taxiunternehmen
in Schaffhausen

INFRASTRUKTUR
· Seminarausrüstung
· Gymnastikmatten
· Meditationskissen
· Massagetische
· Bibiliothek
· Tischtennis
· Billardraum
· Mountainbikes zum Mieten
· Naturgarten mit Arbeitsnische und Liegewiese

lässt sich auch zum Openair-Hör- oder Esssaal umfunktionieren. Beim Umbau des alten Bauernhauses wurde der Ökologie ein großer Stellenwert eingeräumt. Sonnenkollektoren, Grauwasserspülung und Holzschnitzelheizung sind Bestandteil des ökologischen Konzepts der Schöpfe. Auch bei der Betriebsführung legt man auf ökologische und soziale Lösungen Wert. Nachhaltigkeit ist in der Schöpfe kein leeres Schlagwort!

ANREISE
In Schaffhausen steigt man aufs Postauto um. Die Postautohaltestelle liegt beim Hinterausgang des Bahnhofs (nicht auf der Altstadtseite!). In 20 Minuten fährt das Postauto ins kleine Dorf Büttenhardt.
Die Parkplätze hinter dem Seminarhaus sind gebührenpflichtig. Mit diesen Parkgebühren wird den mit dem Postauto Anreisenden eine Vergünstigung ermöglicht.
Reisezeit: Zürich–Büttenhardt ca. 65 bis 80 Minuten (1-mal umsteigen), 9 bis 16 Verbindungen täglich; St. Gallen–Büttenhardt ca. 2 bis 2½ Stunden (1- bis 2-mal umsteigen), ca. 12 bis 15 Verbindungen täglich.
Gepäcktransport: Reisegepäcktransport bis Schaffhausen gewährleistet. Auf Anfrage vergünstigtes Taxi (Reservation über Hotel).

INNENANSICHTEN
»Bauen so gut wie nötig und mit sinnvoller Perfektion«. Nach diesem Prinzip wurde 1992 der Umbau des alten Bauernhauses und der daneben stehenden Remise in Büttenhardt geplant. Bestehende Strukturen sollten so weit wie möglich erhalten bleiben und mit neuen Elementen ergänzt werden. Ökologisch und ökonomisch sinnvolle technische Anlagen wurden eingebaut. So wird zum Beispiel das Wasser durch Sonnenkollektoren erhitzt und die Räume werden mit einer Holzschnitzelheizung gewärmt.
Die einzig wirklich neuen Gestaltungslemente sind die Raumfolgen aus Holz, die großflächigen Fenster und

ANGEBOTE IM ORT
· Ausflüge nach Schaffhausen
· Rheinfall

die horizontalen Holzlamellen an der Außenfassade. So werden die Räume hell und luftig. Die designten Recyclingstühle und Einrichtungsgegenstände schaffen eine kühle, aber stimmungsvolle Ambience. Die Farbe Graublau kombiniert mit hellem Holz gibt den modernen Touch. Farbige Sofas in der Bibliothek verbreiten Gemütlichkeit. Der alte Kachelofen spendet etwa einmal pro Woche Wärme, dann nämlich, wenn darin frisches Brot gebacken wird.

Die 25 (mehrheitlich) Doppelzimmer sind einfach, aber gemütlich und mit Hüsler-Nestern mit ungefärbter Baumwollwäsche ausgestattet. WCs und Duschen gibts auf dem Gang.

1997 wurde das Seminarhaus mit dem »Innovationspreis Öko-Design« ausgezeichnet.

KULINARISCHES

Die Vollwertküche der Schöpfe versucht vor allem saisongerechte und biologisch produzierte Produkte aus der Region zu verwenden. Das Angebot, Bankette zu veranstalten, hat sich in der Region herumgesprochen und wird rege benutzt.

Beim großen Frühstücksbuffet stärkt man sich für den Seminartag, etwa einmal pro Woche wird im Kachelofen frisches Brot gebacken. Der Süßmost wird aus den Äpfeln des eigenen Gartens gepresst!

EXTRAS

Die holzbeheizte Sauna lädt zur gesunden Entspannung nach einem Tag anstrengender Kopfarbeit oder dem strapazierenden Tanzseminar. Im Liegeraum mit Aussicht oder auf der Liegewiese erholt man sich von der Hitze.

VOR ORT

Immer lohnenswert sind Spaziergänge in der Umgebung. An der Rezeption sind Karten und Tipps für Veloausflüge, Wanderungen, Spaziergänge oder Joggingrouten erhältlich.

SIEBEN GÄRTEN

Wer an die Ordnung und Gliederung von »normal« gestalteten und gepflegten Gärten gewöhnt ist, muss etwas umdenken und die Wahrnehmung umkrempeln, wenn er oder sie sich in den Garten des Seminarhauses Schöpfe begibt. Der Garten, oder besser gesagt die Gärten, sind nämlich konsequente Naturgärten. Sie wurden vom Naturgartengestalter Peter Richard aus Frauenfeld angelegt und den Bedürfnissen der zukünftigen BenutzerInnen angepasst: Der blaue Hof mit den farbigen Stühlen und Bänken zwischen den Gebäuden dient den Gästen der Schöpfe als Treffpunkt. Der Duftgarten mit diversen wohlriechenden Kräutern bietet in der entsprechenden Jahreszeit der Nase und dem Auge Genuss, der alte Ziehbrunnen mit der langsam heranwachsenden Lindenlaube wird in einigen Jahren Schatten spenden, der Obstgarten lädt zu einem Spaziergang. Der Senkgarten dient als Rückzugsort, der Nutzgarten ergänzt die kulinarischen Genüsse des Hauses und die Liegewiese vor der Sauna dient schließlich der Entspannung. Durch die Naturwiesen werden Wege gemäht, damit man deren lebendige Vielfalt auch von nahe genießen kann.

Die Idee eines Naturgartens ist es, eine Brücke zwischen den Menschen und der Natur zu schlagen. Es soll also nicht nur das ordnungsliebende, zivilisationsgeschulte Auge des Menschen auf die Rechnung kommen, sondern einer Vielzahl von Pflanzen und Tieren eine Lebensgrundlage geboten werden. Der Garten darf keinen Kontrast bilden, sondern muss auch der landwirtschaftlich genutzten Umgebung angepasst sein. Vorwiegend einheimische Bäume und Sträucher, die den unterschiedlichsten Tieren Versteck und Nahrung bieten, bilden die Grundbepflanzung der verschiedenen Gartenabschnitte. Nicht alles was im Naturgarten wächst, hat der Gärtner eigenmächtig in den Boden gesetzt. Die Wege und Plätze sind so angelegt, dass das Regenwasser versickert und die Pflanzen wachsen können. Entlang dieser Kies- und Mergelwege stellt

Viel Platz für die Seminarteilnehmer in der Schöpfe

sich bereits nach kurzer Zeit eine so genannte Pioniervegetation ein. Sie besteht aus Pflanzen, die einen neuen Standort als Erste besiedeln, aber auch wieder als Erste verschwinden. Neue Standorte entstehen in der Natur zum Beispiel durch Flüsse, die ihren Lauf ändern, durch Erdrutsche oder in den Bergen die Gletscher. In der Kulturlandschaft bieten Äcker oder Kiesgruben ähnliche Bedingungen. Da aber in unserer Agrarlandschaft oft auch jeder noch so kleine Flecken intensiv genutzt wird, außer den Kulturpflanzen in den Feldern nichts erwünscht ist und Kiesgruben während langer Zeit als Abfalldeponien dienen mussten, sind mittlerweile viele dieser Pionierpflanzen selten geworden oder gar stark gefährdet. Diese Vegetation ist aber lebenswichtig für eine große Zahl von Schmetterlingen, Wildbienen, Hummeln und weiteren Insekten, die ihrerseits wiederum eine Aufgabe im komplizierten Netz von gegenseitigen Abhängigkeiten im Ökosystem zu erfüllen haben.

Ammoniten aus der Umgebung als Schlüsselanhänger

Ein weiteres Element im Naturgarten sind Totholz- und Asthaufen. Statt die abgestorbenen Pflanzenteile zu entfernen, schichtet man sie auf und schafft so wieder einen natürlichen Lebensraum für Amphibien, Reptilien, Insekten und andere Kleintiere.
Im Obstgarten, wo in Büttenhardt die Apfel- und Birnbäume für den eigenen Hausmost stehen, wird darauf geachtet, dass nicht nur die alten Bäume gepflegt, sondern rechtzeitig auch junge gepflanzt werden, die den Fortbestand des Gartens längerfristig garantieren. Obstgärten sind vor allem für eine große Zahl von Vögeln wichtige Nahrungs- und Nistplätze. Zwischen den einzelnen Gartenabschnitten sind Hecken aus einheimischen Sträuchern gepflanzt, um die einzelnen Elemente räumlich abzutrennen. Sie bilden bereits nach wenigen Jahren ein undurchdringliches Dickicht, das wiederum der Tierwelt dient.
Klar ist es, dass in einem Naturgarten weder Pestizide noch künstliche Düngemittel zum Einsatz kommen. Doch wer im Sommer die Gärten der Schöpfe besucht und deren Farbenvielfalt bewundert, sieht ein, dass es diese auch gar nicht braucht.

DAS BESTE NACH DEM ÖFFENTLICHEN VERKEHR!

0848 824 814
www.mobility.ch

Lassen Sie Ihr Geld nachhaltig wirken, statt es ständig um den Globus zu hetzen.

Alternative Bank ABS, Leberngasse 17, Postfach,
4601 Olten, Tel. 062 206 16 16,
contact@abs.ch, www.abs.ch

Banque alternative BAS, rue du Petit-Chéne 38,
1003 Lausanne, tél. 021 319 91 00,
info@bas-info.ch, www.bas-info.ch

ALTERNATIVE BANK
Die andere Bank in der Schweiz.

KURS- UND FERIENZENTRUM

**BLAUKREUZ-FAMILIEN- UND SEMINARHOTEL
MIT GROSSER INFRASTRUKTUR**

750 m ü.M.

FILZBACH

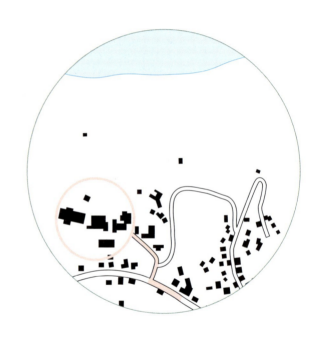

LIHN

NORDOST- UND INNERSCHWEIZ

KONTAKT

Lihn
Blaukreuz-Kurs- und
Ferienzentrum
8757 Filzbach
Tel. 055 614 13 42
Fax 055 614 17 07
www.lihn.ch
info@lihn.ch

Auf einer Terrasse am Kerenzerberg mit Blick über den Walensee liegt das Kurs- und Ferienzentrum Lihn des Blauen Kreuzes. Es lädt sowohl zur Erholung als auch zur Weiterbildung ein – ohne Alkohol, versteht sich. Die Größe des Betriebs bietet eine gewisse Anonymität, dafür sind die Möglichkeiten vielseitig: Von Orchesterproben und Tanzseminaren über Schulungen, Führungstrainings, Geburtstags- und Hochzeitsfeiern bis hin zu Behindertenlagern und Familienferien lässt sich im Lihn alles durchführen. Die Liegenschaft bietet viel Umschwung und Bewegungsfreiheit.

PREISE

Die Übernachtung im Doppelzimmer mit Vollpension kostet pro Person Fr. 75.– bis Fr. 93.–, im Jugendherberghaus Fr. 59.–. Die zwei ältesten Kinder bis 12 Jahre bezahlen je nach Alter 30% bis 60% des Erwachsenenpreises.

44 Zimmer mit 120 Betten; Einzel-, Doppel- und Familienzimmer

ÖFFNUNGSZEITEN

1 bis 2 Wochen vor Weihnachten geschlossen

MOBILITÄT VOR ORT

VELO
Hotel: 2 Mountainbikes
Weitere: Menzi-Sport, Filzbach

MOBILITY CARSHARING
Glarus, Lachen, Uznach

ÖFFENTLICHE VERKEHRSMITTEL

Postautolinie mit drei Strecken:
Näfels/Mollis–Filzbach–Obstalden, ca. 9 Kurse
Näfels/Mollis–Filzbach–Obstalden–Mühlehorn, ca. 3 Kurse
Filzbach–Obstalden–Mühlehorn, ca. 4 Kurse, (3 nur an Schultagen)

TAXI

Hauenstein, Näfels und Mollis
Thoma, Näfels

ANREISE

Von Ziegelbrücke mit dem Regionalzug Richtung Glarus/Schwanden bis Näfels/Mollis oder mit dem Regionalzug Richtung Sargans bis Mühlehorn. Von beiden Bahnhöfen aus fährt ein Postauto bis Filzbach Post. Das Ferienzentrum befindet sich ca. 100 m von der Haltestelle entfernt und ist mit Wegweisern gekennzeichnet.
Reisezeit: Zürich–Filzbach ca. 70 Minuten (2-mal umsteigen), 13–15 Verbindungen täglich.
Gepäcktransport: Reisegepäcktransport bis Näfels/Mollis gewährleistet. Transport auf Anfrage durch Hotel.

INNENANSICHTEN

Im Lihn kann anspruchsvoll im Hotelzimmer mit eigenem Badezimmer und Telefon, etwas einfacher im Zimmer mit Lavabo und Etagendusche oder am einfachsten in der Jugendherberge im Mehrbettzimmer übernachtet werden. Das Haus wurde in verschiedenen Bauphasen immer wieder erweitert. Entsprechend sind auch die Gästezimmer aus verschiedenen Epochen: Bei den älteren Zimmern überwiegt Holz, die modernen von 1991 sind hell und nach baubiologischen Kriterien gebaut, mit Materialien wie Metall, Holz und Backstein.

KULINARISCHES

Wie es sich für ein Blaukreuz-Zentrum gehört, gibts keinen Alkohol. Dafür auf Wunsch vegetarische Vollwertküche und nach Bedarf Lunchpakete. Das Gemüse kommt zum großen Teil aus dem Anbau gleich nebenan (siehe »Hand in Hand«, S. 114), Brot und Teigwaren werden selbst hergestellt. Am Morgen steht ein Frühstücksbuffet mit feinem Müesli und Beerenjoghurt für die Gäste bereit.

EXTRAS

Das Lihn verfügt über eine gute Infrastruktur für Seminare und Tagungen. Es stehen sechs Räume zur Verfü-

INFRASTRUKTUR

- »Grotte der Sinne« mit natürlichem Felsuntergrund
- Ferien für Alleinstehende, Kurse in Kreistanzen
- kleine Bibliothek
- Fernsehzimmer
- Pingpongraum
- behindertengerechte Einrichtungen
- Spielzimmer, Spielsachen, Kinderbetten, diverse Utensilien für Kleinkinder
- Cafeteria mit Selbstbedienung
- Internetzugang (auch-Einführungskurse)
- großer, naturnah gepflegter Garten mit Spielplatz
- Fahrräder zum Mieten
- Esel, Schafe, Kaninchen

ANGEBOTE IM ORT

- kleines Skigebiet und Schlittelbahn
- Skitouren/Schneeschuhwandern
- Langlauf
- Wandern und Bergsteigen
- Mountainbiking
- Hallenbad mit Sauna
- Hallen-Minigolf

gung, die zwischen 10 und 120 Personen fassen. Damit das Seminar multimedial nicht zurückstehen muss, fehlt es auch an technischen Einrichtungen nicht: Video-Großbildprojektoren, 16-mm-Filmapparat, Dia- und Hellraumprojektoren sind nur einige Beispiele von Hilfsmitteln, die vorhanden sind.

VOR ORT

Obwohl ein Nordhang, liegt auch am Kerenzerberg im Sommer kein Schnee mehr. Schlitteln kann man trotzdem. Während im Winter 7,5 km konventionelle Schlittelbahn abenteuerliche Abfahrten garantieren, sorgt im Sommer eine 1,3 km lange Rodelbahn für ein rasantes Vergnügen. Hinauf gehts jeweils mit der Sesselbahn, die zwei Skilifte und ein vielfältiges Wandergebiet erschließt.

Spektakuläre Outdoor-Murmelbahn

HAND IN HAND

Eine eigene Teigwarenproduktion, Biogemüse vom Hof gleich nebenan und eine angegliederte Bäckerei, die Biobrot und Süßwaren herstellt – davon können die meisten Hotelbetriebe nur träumen. In vielen Regionen der Schweiz sind Bioprodukte, vor allem frisches Gemüse oder Früchte, rar und nur schwer erhältlich. Umständliche Bestellungen und Lieferbedingungen sind die Folge. Nicht so im Kurs- und Ferienzentrum Lihn. Es wird vom angegliederten Menzihuus, einer sozialtherapeutischen Wohn- und Arbeitsgemeinschaft, teilweise versorgt.

»Früher hat man jeden im Kanton Glarus, der ein Alkoholproblem hatte, für ein paar Tage ins Lihn geschickt«, erzählt Matthias Güdel, Leiter des Bereichs Landwirtschaft im Menzihuus. Sie konnten dort ausnüchtern und bekamen für ein paar Tage oder Wochen eine Arbeit. Mit der Zeit merkte man aber, dass damit weder den Alkoholkranken noch den Gästen gedient war, und die Betriebsleitung kam auf die Idee, beide Bereiche zu professionalisieren. Dies führte 1992 zur Geburtsstunde des Menzihuus, wo Alkoholkranke seither spezielle Betreuung bekommen, und des modernen Kurszentrums Lihn. Gemeinsame Dachorganisation ist die Genossenschaft sozial-diakonischer Werke. Das Menzihuus bietet heute therapeutisch begleitete Wohn- und Arbeitsplätze für zwölf sucht- und psychisch kranke Menschen an. Sie kommen auf verschiedenen Wegen ins Menzihuus: Die einen fragen selber an, andere kommen auf Empfehlung von Ärzten, Kliniken und Spitälern. Menschen mit Alkohol- und Drogenproblemen haben in der Regel einen Entzug hinter sich. Durch die Mitarbeit in verschiedenen Arbeitsbereichen werden die Bewohnerinnen und Bewohner auf eine neue Selbstständigkeit vorbereitet. Wie lange sie bleiben, ist individuell verschieden; es können Monate, aber auch Jahre sein.

In den ersten Jahren des Menzihuus wurden verschiedene Betriebsbereiche aufgebaut: Bäckerei, Gemüsean-

Vielfältige Seminarinfrastruktur

bau und eine Kleinviehhaltung mit Kaninchen, Zwergziegen, Hausschweinen, Schafen, Eseln und Hühnern. Das Angebot konnte laufend erweitert werden, 1995 wurde dem Menzihuus auch die Wäscherei des Lihn übertragen. Die Teigwarenherstellung schließlich wurde eigentlich als »Lückenbüßerin« ins Leben gerufen, um in Jahreszeiten, wo die Gäste ausbleiben, die Kapazitäten der Bäckerei besser auszulasten. Doch längst hat das vielfältige Sortiment von Hörnli, Nudeln, Müscheli über Teigwaren aus Dinkelmehl bis zu Ravioli mit allerlei Füllungen viele Liebhaber und Liebhaberinnen gewonnen.

Der Landwirtschaftsbetrieb ist mittlerweile knospenzertifiziert: »Ich bin halt schon ein Biofreak! Wenn man einmal so produziert hat, kann man gar nicht mehr anders«, erklärt Matthias Güdel. In erster Linie dienen Gemüse und Brot zwar zur Versorgung des Menzihuus und des Lihn. Es werden aber auch der Dorfladen, Bioläden der Umgebung sowie umliegende Hotel- und

Frisches aus der hauseigenen Bäckerei

Restaurantbetriebe beliefert. »Die Gastrobetriebe sind sehr dankbare Abnehmer. Sie stehen zwar nicht unbedingt auf Bio, freuen sich aber über qualitativ gutes und frisches Gemüse«, erzählt Matthias Güdel. »Und wenn der Dorfladen allzu lange keine Produkte von uns im Sortiment hat, schreiten auch mal die Kunden ein«, schmunzelt er.

Bei all den anfallenden Arbeiten helfen die Bewohnerinnen und Bewohner des Menzihuus tatkräftig mit. Je nach physischer Konstitution, Fähigkeiten und Wünschen füttern sie die Tiere und pflanzen Gemüse, sie jäten den Garten, backen Brot oder waschen die Hotelwäsche. Nach einigen Monaten wird das Arbeitsfeld meist gewechselt, gezwungen wird aber niemand. »Wir betrachten die Arbeit nicht als Therapie. Es ist wichtiger, dass die Leute am Abend ein Resultat sehen«, meint Kurt Wernli, Leiter des Menzihuus. Dabei wird Wert darauf gelegt, dass die Betreuer aus den jeweiligen Fachbereichen kommen, in der Backstube zum Beispiel eine gelernte Bäckerin zuständig ist. »Wir haben mit Fachleuten, die das nötige Gespür haben, sehr gute Erfahrungen gemacht«, ergänzt Matthias Güdel.

Nebst der Arbeit wird zusammen gewohnt und gegessen, Tagesprogramm und Wochenrückblick besprochen. Einmal pro Monat ist ein gemeinsamer Wochenendausflug angesagt; der Besuch eines Fußballmatchs oder Kinofilms etwa, ganz nach den Wünschen der Bewohnerinnen und Bewohner. Ansonsten sind die Wochenenden frei. »Wir fördern es natürlich, dass die Bewohner ihre Angehörigen besuchen. So bleibt der soziale Kontakt erhalten. Es gibt aber schon einige Fälle, die niemanden mehr haben – meist als Folge langjähriger Alkoholsucht«, meint Kurt Wernli. Auch die Abende sind frei, die Betreuerinnen und Betreuer gehen in der Regel nach Hause, teilen sich aber den Pikettdienst. Und falls es irgendwo »brennen« sollte, ist immer jemand vom Lihn da. Man spielt sich den Ball gegenseitig in die Hände, eine gelungene Symbiose.

GASTHAUS
GOURMETKÜCHE IM LANDGASTHOF

755 m ü. M.

MOGELSBERG

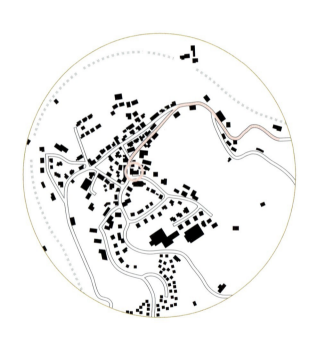

RÖSSLI

NORDOST- UND INNERSCHWEIZ

KONTAKT

Gasthaus Rössli
Dorfplatz
9122 Mogelsberg
Tel. 071 374 15 11
Fax 071 374 19 41
info@roessli-mogelsberg.ch
www.roessli-mogelsberg.ch

Das alte Toggenburger Holzhaus liegt im kleinen St. Galler Ort Mogelsberg. Seit Anfang des 18. Jahrhunderts steht das stattliche Rössli als Gasthaus im Mittelpunkt des Dorfes. Noch heute kann man die Steinpflöcke zum Anbinden der Pferde sehen und sich lebhaft vorstellen, wie Pilgerer auf dem Weg von St. Gallen nach Einsiedeln hier im Rössli Halt gemacht haben und sich das frische Brot aus der hauseigenen Bäckerei auftischen liessen. Seit 1978 ist das Rössli ein Genossenschaftsbetrieb. Immer noch bäckt die

PREISE
Übernachtung im Doppelzimmer mit Brunch pro Person Fr. 60.– bis Fr. 70.– (siehe auch Kulinarisches);
Kinder bis zum 14. Lebensjahr übernachten zum halben Preis im Zimmer ihrer Eltern

16 Zimmer mit 31 Betten

ÖFFNUNGSZEITEN
ganzjährig geöffnet
Montag und Dienstag ist das Restaurant geschlossen

MOBILITÄT VOR ORT
VELO
Rent a Bike, Bahnhof Degersheim

MOBILITY CARSHARING
Wattwil, Herisau

ÖFFENTLICHE VERKEHRSMITTEL
Bahnlinie St. Gallen–Herisau–Mogelsberg–Wattwil–Uznach, ca. 20 Kurse pro Tag

TAXI
Neckertaler-Taxi, Degersheim und Mogelsberg (Bus und Auto)

eigene Bäckerei das Brot, immer noch ist das Gasthaus ein Ort, wo sich Menschen begegnen.
Heute wird der Betrieb von Doris Bürge und Sabina Bertin geführt. Das Rössli bietet Räumlichkeiten für Seminare und Kurse. Absolut Spitze sind die kulinarischen Kompositionen von Sabina Bertin.
Außerdem wird das Rössli konsequent ökologisch geführt, ohne dass eine »Körnlipickeratmosphäre« aufkommt.

ANREISE
Ab Zürich mit der S 5 nach Rapperswil. Dort umsteigen (direkter Anschluss auf dem gleichen Bahnsteig) nach Uznach. Mit dem Anschlusszug nach Mogelsberg. Vom Bahnhof die Straße hinauf ca. 15 Minuten nach Mogelsberg. Das grosse braune Holzhaus in der Mitte des Dorfes ist nicht zu übersehen.
Reisezeit: Zürich–Mogelsberg ca. 75 Minuten (2-mal umsteigen), ca. 20 Verbindungen täglich; St. Gallen–Mogelsberg ca. 20 Minuten, ca. 20 Kurse pro Tag.
Gepäcktransport: Reisegepäcktransport bis Brunnadern oder Degersheim gewährleistet. Auf Anfrage im Hotel wird man abgeholt. Einfacher ist hier der Gepäckversand per Post.

INNENANSICHTEN
Altes Holzhaus. Gemütlich, schlicht und stilvoll eingerichtet. Die Gaststube mit den grossen Nussbaumtischen verströmt eine unkomplizierte Atmosphäre. Wer es gern etwas intimer hat, kann auch im Stübli oder im Säli speisen.
Jedes Zimmer ist einem Sternzeichen oder einem Element gewidmet (siehe Hauptartikel) und individuell und fantasievoll eingerichtet.

KULINARISCHES
Unglaublich gut, was da auf den Tisch kommt! 14 Gault-Millau-Punkte hat sich Sabina Bertin mit ihren fantasievollen, köstlichen Kreationen verdient.

INFRASTRUKTUR
- 12 individuell eingerichtete Sternzeichenzimmer (siehe »Im Zeichen der Sterne«)
- 4 Elementenzimmer
- Kulturelle Anlässe im Saal, Konzerte, Cabaret, Theater
- Seminar-Infrastruktur

Ich genieße eine unbeschreibliche Rotkohlterrine, Fischröllchen an Currycreme und als Hauptgang Linsen-Sauerkraut-Crêpe an Rüebli-Orangen-Sauce. Die ungewöhnlichen Kombinationen überzeugen ohne Wenn und Aber.
Im Angebot sind ganze Gourmetarrangements. So gibt es für Fr. 155.– ein 5-Gang-Saison-Menu inklusive Übernachtung und Frühstücksbuffet. Oder ein Konzertarrangement mit Konzerteintritt, dazu passendem Menü, Übernachtung und Frühstück für Fr. 115.–. Neu im Angebot ist eine Venus-Nacht mit Apéro, 4-gängigem aphrodisischem Menu surprise, Übernachtung und Brunch für Fr. 414.– pro zwei Personen.

VOR ORT
Wandern im Neckertal, zum Beispiel den Neckiweg erkunden. In etwa drei Stunden gelangt man von Mogelsberg nach Dicken. Von dort in einer knappen Stunde nach St. Peterzell. Dort bietet sich ein Rundgang auf dem Kulturweg an. In drei Stunden kann man durch die Kulturlandschaft wandern und wird mit 16 Tafeln über die erwanderte Gegend informiert.

IM ZEICHEN DER STERNE
Als das Rössli 1996 umgebaut und renoviert wurde, standen 12 Zimmer zur Verfügung. Etwas Spezielles sollte entstehen. Da Sabina Bertin sich schon seit längerer Zeit mit Astrologie befasst hatte, lag der Entscheid nahe, jedes Zimmer einem bestimmten Sternzeichen zuzuordnen. Mithilfe des Handwerkers Sepp Lombriser aus Flawil begann man im Rössli konkrete Einrichtungspläne zu schmieden. Jedem Zimmer wurden die betreffenden Planeten und Symbole zugeordnet und die Einrichtung dem Wesen des betreffenden Zeichens angepasst. Entstanden sind zwölf individuelle Zimmer, jedes mit eigenem Charakter, dazu die passende Lektüre auf dem Nachttisch: unterhaltsam auch für nicht Astrologiebegeisterte. Neu sind weitere vier Zimmer hinzugekommen, die den

vier Elementen gewidmet sind. Sie sind natürlich auch gemütlich und stilvoll eingerichtet und es auf jeden Fall wert, eine Nacht darin zu verbringen!

WIDDER
Der vom Planeten Mars dominierte Widder ist praktisch veranlagt und schert sich nicht um Details. Er ist feurig bis aggressiv und liebt das Direkte. Das Zimmer im Zeichen des Widders ist eher schlicht, ohne überflüssigen Firlefanz. Der knallrote Teppich entspricht dem Temperament des Widders.

STIER
Der bodenständige Stier liebt die Bauernstube, die er mit seiner Familie teilen kann. Robuste Qualität ist ihm wichtig. Das Stier-Zimmer ist großzügig und im Country-Stil eingerichtet. Alles ist massiv und eher grobschlächtig. Am Boden liegt ein Kuhfell.

ZWILLING
Alles ist mobil und beweglich, unverbindlich und veränderbar. So kann man auch die meisten Einrichtungsgegenstände des Zwilling-Zimmers verrücken oder bewegen. Das Lavabo steht frei im Raum.

KREBS
Der vom Mond beherrschte Krebs ist häuslich und zieht sich gerne in sein Heim zurück. Das Zimmer ist freundlich und gemütlich. Die Formen der Einrichtungsgegenstände sind Mondsicheln nachempfunden.

LÖWE
Der Löwe wird von der Sonne beherrscht. Er steht gern im Mittelpunkt. Dazu braucht es Platz und Zuschauer. So ist das Löwenzimmer großzügig, gegen Süden ausgerichtet und mit vier Betten ausgerüstet.
In den Tisch ist eine Sonnenscheibe eingelassen.

Sternzeichenzimmer – auch für Astrologiemuffel

JUNGFRAU
Die sparsame, eher spartanische Jungfrau mag nichts Überflüssiges. So ist das Zimmer auch klein und zweckmäßig eingerichtet.

WAAGE
Die ausgeglichene Waage ist eher kühl und luftig. Alles ist ausbalanciert. Auch optisch im Gleichgewicht ist zum Beispiel der Spiegel, dessen Design an eine Waage erinnert.

SKORPION
Der Skorpion ist intensiv und willensstark. Äußerlichkeiten sind ihm unwichtig. So ist das Zimmer auch eher funktional eingerichtet.

SCHÜTZE
Der optimistische Schütze ist offen und großzügig. Sein Blick ist immer in die Ferne gerichtet. So verfügt das geräumige Schütze-Zimmer über die beste Aussicht.

Für jedes Zimmer wurden die Möbel einzeln angefertigt

STEINBOCK
Der Steinbock ist ein Einzelgänger, der es einfach und eher karg liebt. Das Zimmer ist deshalb eher karg und kühl eingerichtet.

WASSERMANN
Der Wassermann ist ungebunden und exzentrisch. Alles muss unkonventionell und speziell sein für ihn.

FISCHE
Der verträumte Fisch ist beweglich und verspielt. Er liebt blaue sanfte Farben und kennt keine Grenzen. Die Nachttischchen sind in Fischform gestaltet. Das wässrig-blaue Zimmer ist romantisch, aber eher kühl.

NEST

Die ökologisch-ethische Pensionskasse
- professionell
- fortschrittlich
- transparent

...mit der «anderen» Geldanlage!

Fordern Sie Unterlagen an:
NEST, Limmatstrasse 275, Postfach 412, 8037 Zürich, Tel. 01 444 57 57, Fax 01 271 20 88,
www.nest-info.ch, info@nest-info.ch

HAUS

KURS- UND TAGUNGSHAUS

557 m ü. M.

NEUKIRCH AN DER THUR

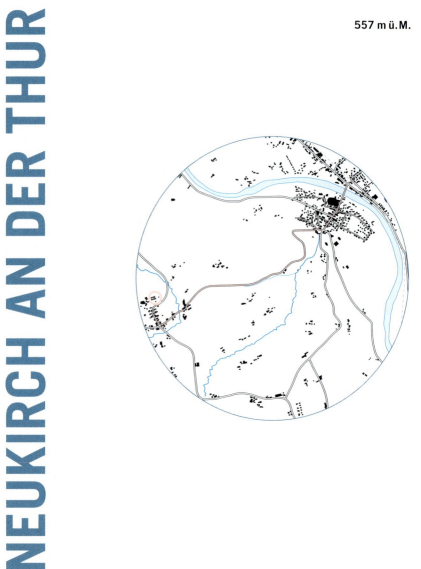

NEUKIRCH

NORDOST- UND INNERSCHWEIZ

KONTAKT

Haus Neukirch
Hinterdorf 15
8578 Neukirch an der Thur
Tel. 071 642 14 35
Fax 071 642 31 35
haus.neukirch@schweiz.org
www.hausneukirch.ch

Das Kurs- und Tagungshaus ist in einer ehemaligen »Ferggerei« untergebracht. Wo früher Textilien verarbeitet und gelagert wurden, finden heute Kurse und Seminare statt. Platz dafür gibts genug. Der große Garten mit riesigen Linden und viel Freiraum lädt im Sommer zum Draußensitzen. Das durch den Verein Volksbildungsheim Neukirch geführte Seminarhaus ist etwas von der streng ökologischen Linie abgekommen, da es dem wirtschaftlichen Druck nachgeben musste. Umweltverträgliches Wirtschaften steht nach Möglichkeit aber immer noch im Vordergrund.

PREISE

Doppelzimmer ab Fr. 95.–
pro Person und Tag inklusive
Vollpension und Infrastrukturbenutzung

43 Betten

ÖFFNUNGSZEITEN

ganzjährig geöffnet

MOBILITÄT VOR ORT

VELO
Rent a Bike, Weinfelden

MOBILITY CARSHARING
4 x Weinfelden

ÖFFENTLICHE
VERKEHRSMITTEL
PubliCar »Nollen« südöstlich
Weinfelden
Postautolinie Weinfelden–Neukirch a/d Thur, ca. 6 Kurse pro Tag

TAXI
Funktaxi, Weinfelden
Bahnhof-Taxi, Kradolf
Funk-Taxi, Bischofszell

INFRASTRUKTUR

· zwei Klaviere
· Seminarausrüstung
· Liegestühle zum Sonnenbaden und Entspannen
· Tischtennis
· Volleyballnetz

ANREISE

Von Zürich mit dem Zug nach Weinfelden. Von dort mit dem PubliCar, den man am besten einige Stunden vor der Abreise anfordert bis zum Haus Neukirch. Es gibt auch einige wenige Postautoverbindungen von Weinfelden nach Neukirch.
Reisezeit: Zürich–Neukirch an der Thur ca. 80 Minuten (1-mal umsteigen), mehrere Verbindungen täglich (mit PubliCar, Reservation unter Tel. 0800 55 30 60).
Gepäcktransport: Reisegepäcktransport bis Weinfelden gewährleistet; restlicher Weg mit dem PubliCar möglich.

INNENANSICHTEN

Die meisten Gästezimmer sind klein und wurden schon länger nicht mehr renoviert. Sie sind aber freundlich eingerichtet, im oberen Stock mit Dachschräge. Jedes Zimmer ist anders, da die meisten Einrichtungsgegenstände in Brockenhäusern zusammengesucht wurden. Dies gibt jedem Raum eine persönliche Note.
Fließend Wasser gibts meist im Zimmer, WC und Duschen auf der Etage.
Der große Hauptseminarsaal ist etwa 100 m^2 groß, hell und hoch. Weiter gibts einen etwa halb so großen Gruppenraum und weitere kleinere Seminarräume auf drei Gebäude verteilt. An Platz mangelts nicht in Neukirch!

KULINARISCHES

Das Essen ist grundsätzlich vegetarisch und wenn möglich aus (Bio-)Produkten der Region. Auf ausdrücklichen Wunsch wird auch Fleisch gekocht. Als schwierig hat sich erwiesen, dass die Gästestruktur bei Seminaren sehr unterschiedlich ist. Deshalb ist man auch von der konsequenten Vollwertküche weggekommen. Bei entsprechendem Wetter wird das Essen im Garten serviert.
Die Käsechnöpfli mit Rotkraut und Marroni schmecken gut und die Fruchtcreme zum Dessert rundet die solide Seminarkost ab.

EXTRAS
Der große Umschwung des Hauses lässt sich im Sommer bestens nutzen. Sei es einfach zum Draußensitzen oder beim Volleyballspiel: Der rauchende Kopf lässt sich auf jeden Fall bestens lüften!

VOR ORT
Tipps für Wanderungen und Spaziergänge erhält man an der Rezeption.

DIDI BLUMER
Das kleine Bauerndorf Neukirch an der Thur sah in den zwanziger Jahren sicher nicht gerade aus wie ein Ort, an dem Geschichte geschrieben wird. Tut es auch heute nicht. Und doch haben sich hier während fast dreißig Jahren für die damalige Zeit ziemlich Aufsehen erregende Dinge abgespielt.
Die Glarnerin Didi Blumer kam 1925 nach Neukirch, besichtigte die ursprüngliche Textilverarbeitungsfabrik und spätere Haushaltschule der thurgauischen gemeinnützigen Gesellschaft. Die sozial engagierte Frau entschloss sich einen Traum zu verwirklichen und im großen Haus ein »Heim« für Frauen einzurichten: »In der ehemaligen thurgauischen Haushaltungsschule hatte sich uns ein Heimwesen aufgetan, das mit seinem schönen heimeligen Hause, mit seinem Hof, seiner Wiese, seinem Garten und Acker und seinen hohen Bäumen, inmitten einer reichen und lieblichen Gegend, wie gemacht war für unsere Arbeit.«
Die Idee der Glarner Hauswirtschaftslehrerin bestand darin, dass sie jungen Frauen eine Schule bieten wollte, wo diese Hauswirtschaft, Kochen und Gärtnern lernen konnten. Das Haushalten war aber nur als Grundlage, als Handwerk gedacht. Keine Frau sollte allein darin ihre Erfüllung suchen! Ziel war vielmehr, die Frauen zu verantwortungsbewussten Menschen heranzubilden. Den Frauen sollte eine ganzheitliche Bildung ermöglicht werden. Auch den Bäuerinnen, die nie die Chance hatten, Ferien zu machen, sich zu

erholen oder sich weiterzubilden, sollten Kurse und Ferienwochen angeboten werden. Überarbeitete Mütter durften sich entspannen und ausruhen.
Didi Blumer hatte auf einer Studienreise nach Dänemark die Ideen der dänischen Volksbildungsbewegung kennen gelernt. (Siehe Herzberg Seite 68). Dies war die Grundlage, auf die sie ihr »Heim« aufbaute. Der Schweizer Volksbildner Fritz Wartenweiler war ein guter Freund der Glarnerin und half ihr das »Heim« in Neukirch aufzubauen. Er selbst hielt sich auch oft und gerne dort auf.
14 Schülerinnen fanden im ersten Sommer Platz im Haus, dazu kamen deren Kinder und immer viele Freundinnen des Hauses, die für kurze Zeit vorbeischauten. Viele der Grundsätze, die in Neukirch umgesetzt wurden, waren modern für die Zeit und für einige auch gewöhnungsbedürftig. So war zum Beispiel die Ernährungslehre Dr. Birchers nicht bei allen Kursteilnehmerinnen gleichermaßen beliebt! Begeistert waren aber alle von den spannenden Vorträgen und Geschichten, die man in Neukirch zu hören bekam. Von Jahr zu Jahr nahm die Zahl der Schülerinnen zu, bis 1935 etwa dreißig junge Frauen im »Heim« wohnten.
Ziel war aber immer auch sozial Schwachen, Verfolgten und Ausgegrenzten eine Zufluchtstätte zu bieten. So nahm Didi Blumer beispielsweise während des 2. Weltkriegs Flüchtlingsfamilien auf. Auch half sie ledigen Müttern mit ihren unehelichen Kindern.
Kein Wunder also, dass es über das Frauenheim in Neukirch immer viel zu reden gab! Das beschauliche Bauerndorf Neukirch fürchtete, die sozialistische Weltanschauung von Didi Blumer und Fritz Wartenweiler würde Unruhe in die Gemeinschaft bringen. Die Gerüchteküche brodelte. Auch die Kursteilnehmerinnen wussten am Anfang oft nicht so genau, worauf sie sich einließen. Die ehemalige Kursteilnehmerin Marianne Gasser erinnert sich an ihren ersten Aufenthalt im Heim: »Am denkwürdigen Sonntag fuhren wir mit der Bahn erst einmal nach St. Gallen, wo wir uns noch ein

Morgentoilette zu Didi Blumers Zeiten

richtiges Mittagessen leisteten. Man konnte ja schließlich nicht wissen, wie es in Sachen Ernährung im Heim aussehen würde. Eine unseres Trios verriet uns dann, sie habe vorsorglicherweise eine Dauerwurst mitgenommen, was wir andern allerdings mit Gelächter aufnahmen. Nun, wer einmal in Neukirch an einer Ferienwoche gewesen ist, weiß, wie es dort zuging. Wir waren glücklich vom ersten Augenblick an, erlebten so viel Neues und Schönes und waren sogar vom fleischlosen Speisezettel begeistert. Vom Gewecktwerden mit einem Lied der Schülerinnen zur Morgenfeier mit Fritz Wartenweiler, später die Vorträge über Spitteler – alles war neu und so interessant, dass uns am Abend die Köpfe rauchten. Nach dem Nachtessen kam dann noch das Dessert. Fritz Wartenweiler erzählte uns aus der Schweizergeschichte der letzten hundert Jahre. Obschon ich vor Müdigkeit fast vom Stuhl, dem lehnenlosen, fiel, gingen mir Lichter massenweise auf. Es bildeten sich Zusammenhänge von einzelnen Ereignis-

Jedes Zimmer ist anderes

sen, die ich von der Schule her kannte, aber eben nicht in Beziehung zueinander bringen konnte.
Es gäbe noch manches zu erzählen. Nur eines noch: Meine Freundin brachte ihre Wurst wieder nach Hause zurück!«
In der Gemeinde Neukirch dauerte es etwas länger, bis sich die Menschen im Dorf an die neuen Ideen gewöhnt hatten. Mit den Jahren lernten aber auch sie die Arbeit von Didi Blumer besser kennen und schätzen. Sie nahm nämlich rege am Dorfleben teil und half, wo immer es nur in ihrer Macht stand. So schickte sie zum Beispiel immer »ihre Mädchen« zu den Bauernfamilien, wenn diese im Sommer vor lauter Arbeit nicht mehr ein und aus wussten. Vor allem während des Krieges war dies eine äußerst willkommene Hilfe für

die Bäuerinnen, die ihre Höfe meist alleine zu unterhalten hatten. Mit der Zeit wurde Didi Blumer im Dorf schließlich so sehr geschätzt, dass sie zur Ehrenbürgerin ernannt wurde.

1954 setzte sich Didi Blumer zur Ruhe, wohnte aber weiterhin in ihrer Wahlheimat Neukirch, schrieb Artikel für die Vereinszeitung des »Heims« und kümmerte sich um ihre Katzen und Vögel. 1973 starb sie 90-jährig in Schwanden, wo sie geboren und aufgewachsen war.

QUELLE:
Didi Blumer 1883–1973. Gedenkschrift.
Neukirch an der Thur, 1975

*fidelio*Fleisch stammt von Tieren, die auf kontrollierten Biobetrieben besonders tierfreundlich gehalten werden.
*fidelio*Fleisch stammt vom Rind, Kalb, Schwein und Lamm und ist in ausgewählten Metzgereien in der ganzen Schweiz erhältlich.
Die Liste der *fidelio*Metzgereien und Verkaufsstellen von *fidelio*Fleisch sowie weitere Informationen erhalten Sie bei

Fidelio-Biofreiland AG, Laurenzenvorstadt 87, 5001 Aarau
Tel.   062 / 824 21 23
Fax   062 / 823 26 05
Email fidelio@fidelio.ch

Oder im Internet unter   ***www.fidelio.ch***

SCHLOSS

**KINDERFREUNDLICHES SCHLOSS
MIT STILVOLLER ATMOSPHÄRE**

420 m ü. M.

RORSCHACHERBERG

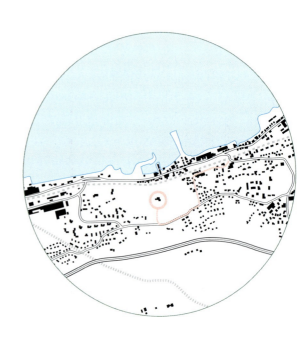

WARTEGG

NORDOST- UND INNERSCHWEIZ

KONTAKT
Schloss Wartegg
9404 Rorschacherberg
Tel. 071 858 62 62
Fax 071 858 62 60
schloss@wartegg.ch
www.wartegg.ch

Das in einem großen Park mit alten Bäumen gelegene Schloss Wartegg blickt auf eine über 450-jährige Geschichte zurück. Heute ist es dank dem Ehepaar Christoph und Angelika Mijssen, das das Schloss wieder aufgemöbelt und der Öffentlichkeit zugänglich gemacht hat, wahrscheinlich eines der am stilvollsten erneuerten Hotels überhaupt. Sanft wurde das alte Gemäuer renoviert und mit schlichtem, äußerst geschmackvollem Interieur versehen. Die familienfreundliche Atmosphäre und die Nähe zum Bodensee ma-

PREISE
Doppelzimmer mit Frühstück
pro Person (Hauptsaison):
Fr. 75.– bis Fr. 97.50
Kinder bezahlen je nach Alter
Fr. 20.– bis Fr. 60.–
27 Einzel- und Doppelzimmer
mit 46 Betten

ÖFFNUNGSZEITEN
ganzjährig geöffnet

MOBILITÄT VOR ORT
VELO
Hotel: 4 Citybikes, 2 Jugend-
velos, 1 Kindervelo
Weitere: Rent a Bike, Bahnhof
Rorschach

MOBILITY CARSHARING
Mobility-Standort beim Hotel;
Rorschach, Goldach

ÖFFENTLICHE
VERKEHRSMITTEL
Postautolinie Rorschach–Ror-
schacherberg–Thal–Rheineck,
7 bis 17 Kurse täglich
Postauto Rorschacherberg–
Goldach–St. Gallen (Linie 42),
3 Kurse täglich
Postauto Rorschach–Rorschacher-
berg–Rorschach, 28 bis 30
Kurse täglich

TAXI
Mehrere Taxiunternehmen in
Rorschach

chen es zu einem attraktiven Erholungs- oder Seminar-
ort in der Ostschweiz. Einziger Negativpunkt: Leider
liegen die Straße und Eisenbahnlinie zwischen dem
Schloss und dem Bodensee. Das hört man. Sonst wäre
die Idylle perfekt.

ANREISE
Stündlich ab Zürich (umsteigen in St. Gallen) und Chur
(umsteigen in St. Margrethen) nach Staad. Von dort zu
Fuß (5–10 Minuten).
Anreise auch über Romanshorn und Rorschach mög-
lich.
Reisezeit: Zürich–Rorschacherberg ca. 1¾ bis 2¼
Stunden (2- bis 3-mal umsteigen), 11 bis 19 Ver-
bindungen täglich; Chur-Rorschacherberg, 11 bis 13
Verbindungen täglich.
Gepäcktransport: Reisegepäcktransport bis Rorschach
gewährleistet; restlicher Weg mit Taxi. In Ausnahmefäl-
len durch Hotel auf Anfrage.

INNENANSICHTEN
Die Renovation des Schlosses Wartegg ist ein Glücksfall. Nach baubiologischen Kriterien wurde das alte
Gemäuer aufgemöbelt. Die Liebe steckt in jedem Detail. Zum Beispiel in den Füßchen der Badewanne und
der farblichen Abstimmung der Vorhänge oder in den
Parkettböden und dem Einsatz verschiedener einheimi-
scher Hölzer. Jedes Zimmer ist anders. Das wunderschöne, blau gekachelte alte Bad wurde nach Renovationsarbeiten wieder in Betrieb genommen. Einmalig!

KULINARISCHES
Gute, leichte Küche mit fantasievollen Vegigerichten.
Beliebtes Restaurant, auch für größere Anlässe. Auch
wer »nur« zum Essen ins Schloss Wartegg geht, sollte
vorher einen Tisch reservieren. Die Plätze sind begehrt.
Positiv fällt auch das freundliche, motivierte Personal
auf. Das Bio-Frühstücksbuffet lässt nichts zu wünschen
übrig.

ANGEBOTE IM ORT

Der Bodensee liegt vor der Haustüre:
- Baden
- Segeln
- Pedalos mieten
- Veloweg rund um den Bodensee

INFRASTRUKTUR

- Kinderbetreuung
- großes Spielzimmer für Kinder
- Spielplatz
- Bibliothek
- Bad
- monatliches Schlosskonzert

LITERATURTIPP

Die Tagebucheinträge der Töchter Wynne im Schloss Wartegg zur Zeit der Französischen Revolution, aus dem Engl. und Franz. übers. und mit Anmerkungen versehen von Arthur Kobler; unter Mitwirkung von Lorenz Hollenstein. Rorschach, E. Löpfe-Benz, 1998

EXTRAS

Der große Schlosspark mit den uralten Bäumen lädt zum Spaziergang. Man fühlt sich wie im Märchen in einem verwunschenen Garten.

VOR ORT

Das 1746-48 erbaute stattliche Kornhaus ist das eigentliche Wahrzeichen von Rorschach. Es diente als Lager für das aus dem Süddeutschen über den Bodensee geschiffte Getreide. Heute beherbergt es unter anderem das Rorschacher Heimatmuseum, das viel über die Geschichte der Region zeigt. Wer sich für die Geschichte des Schlosses Wartegg interessiert, ist mit der entsprechenden Ausstellung bedient.

ADLIGE FLÜCHTLINGE

Der bischöflich konstanzische Vogt in Arbon, Kaspar Blarer von Wartensee, ließ 1557 am Ufer des Bodensees in Rorschacherberg das Schloss Wartegg erbauen. 1676 kaufte der Freiherr Fidel von Thurn und Valsassina, einer der einflussreichsten Männer der damaligen Eidgenossenschaft mit vielen diplomatischen Beziehungen im In- und Ausland, das Schloss auf.
Im Besitz der Familie Thurn und Valsassina war das Schloss auch gut 100 Jahre später noch, als 1789 die Französische Revolution ausbrach. Diese für den Adel höchst turbulente Zeit ging auch an den Bewohnern von Schloss Wartegg nicht spurlos vorbei. Der damalige Besitzer, Graf Benedikt, hatte kurz zuvor den Gesandten von König Louis XVI, Marquis Marc-Marie de Bombelles, kennen gelernt. Als 1789 die Revolution ausbrach, wurde de Bombelles aufgefordert den Eid auf die neue Verfassung der Nationalversammlung zu schwören. Der Marquis weigerte sich aber, da die Verfassung die Kirche entrechtete und den König erniedrigte, und demissionierte kurzerhand. Damit blieb er zwar seiner Überzeugung treu, manövrierte sich aber in eine finanziell prekäre Lage, da er nun über kein Einkommen mehr verfügte, wohl aber eine Frau

und vier Kinder ernähren und standesgemäß unterhalten musste. Der Schritt des Marquis kam der Königin von Neapel und Schwester von Marie-Antoinette, Maria Carolina, zu Ohren und beeindruckte diese so sehr, dass sie die ganze Familie de Bombelles zu sich einlud. Den Kindern billigte sie kurzerhand eine Rente von 12 000 Franken pro Jahr zu, bis deren Vater wieder seine Ämter aufnehmen würde.

Der Marquis war nun wenigstens seine finanziellen Sorgen los. Sofort begann er sich nun für die Rettung der vom Tode bedrohten französischen Königsfamilie einzusetzen. Er wurde zum Geheimagenten im Dienste von Louis XVI ernannt und sollte dessen Flucht organisieren. Am 21. Juni war es so weit, eine Kutsche sollte die Königsfamilie aus Paris hinaus in Sicherheit bringen. De Bombelles wartete in Solothurn auf die Nachricht vom guten Gelingen der Flucht. Erst eine Woche später erreichte ihn dann aber die niederschmetternde Neuigkeit, dass der Rettungsversuch bereits nach wenigen Stunden kläglich gescheitert und die Königsfamilie festgenommen worden war. Der Graf von Thurn und Valsassina stellte dem gescheiterten Agenten de Bombelles und seiner Familie das Schloss Wartegg als Wohnort zur Verfügung. Zusammen mit anderen adligen Flüchtlingen richteten sich diese am Bodensee ein. Obwohl der Aufenthalt im Schloss eigentlich nichts zu wünschen übrig ließ, war die Stimmung angesichts der Ereignisse in Frankreich gedrückt.

Fieberhaft verfolgten die Exilierten vom Rorschacherberg aus das Schicksal der französischen Königsfamilie. Angélique de Bombelles, die Frau des Marquis, unterhielt die ganze Zeit hindurch umfangreiche Korrespondenz mit ihrer besten Freundin Madame Elisabeth, der Schwester von Louis XVI. 1792 schreibt Elisabeth den letzten Brief an Angélique. An einen Decknamen adressiert, konnte das Schreiben noch aus dem belagerten Schloss hinausgeschmuggelt werden, als der Sturm der Tuilerien bereits eingesetzt hatte. Die Königsfamilie wurde verhaftet und im folgenden Jahr

Gediegene Zimmer mit Blick auf den Bodensee

enthauptete man sowohl Louis XVI als auch seine Frau Marie-Antoinette. Die Bewohner des Schlosses Wartegg hofften, dass wenigstens die Schwester des Königs verschont bliebe. Doch im Frühling 1794 endete auch ihr Leben unter dem Fallbeil. Mit Entsetzen verfolgten die Emigranten aus der Ferne, was sich in Frankreich abspielte. Als sie die Nachricht der Hinrichtung von Madame Elisabeth erreichte, war der Schock groß und man gab alles verloren. Im selben Jahr noch verließ die Emigrantenkolonie das Schloss am Bodensee.

Nach 130 bewegten Jahren und dem endgültigen Sturz der österreichisch-ungarischen Monarchie war die Zeit des Adels im Schloss Wartegg für immer vorüber. Der deutsche Industrielle Dr. Gustav Mez kaufte das Schloss, ließ es aufwändig renovieren und starb kurz darauf. Seine Familie konnte das kostspielige Erbe aber nicht lange unterhalten. 1962 wurde das Anwesen geräumt. Ein Glücksfall, dass das Ehepaar Mijssen das Schloss nun in Form eines Hotels der Allgemeinheit zugänglich gemacht hat. Wo kann man es sich sonst schon leisten, in solch geschichtsträchtigem Gemäuer zu nächtigen!

QUELLE:
A. Kobler: Das Schloss Wartegg. Geschichte, Bewohner, Gäste. Verlag E. Löpfe-Benz AG, St. Gallen, 1995

FERIEN- UND BILDUNGSHAUS

ALTES APPENZELLERHAUS FÜR FERIEN UND BILDUNG IN GRUPPEN

930 m ü. M.

TROGEN

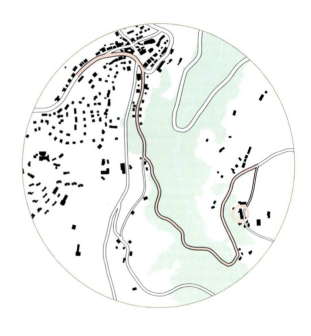

LINDENBÜHL

NORDOST- UND INNERSCHWEIZ

KONTAKT

Ferien- und Bildungshaus
Lindenbühl
9043 Trogen
Tel. 071 344 13 31
Fax 071 344 44 29
info@lindenbuehltrogen.ch
www.lindenbuehltrogen.ch

Das wunderschöne 200-jährige Seminarhaus mit seiner bewegten Vergangenheit als Bierbrauerei, Webschule und Grandhotel liegt etwas außerhalb der Ortschaft Trogen, umgeben von alten Bäumen in ruhiger und ländlicher Umgebung. Das Lindenbühl gehört heute dem Schweizerischen Arbeiterhilfswerk und bietet sich in erster Linie für Gruppenferien, Kurse und Tagungen an. Auch für Hochzeiten und große Festanlässe mit bis zu 80 Personen bietet das Haus Platz.

PREISE

Die Übernachtung im Doppelzimmer mit Vollpension inkl. Benützung der Seminarräume kostet Fr. 92.– pro Person. Kinder von 2 bis 12 Jahren kriegen 50% Ermäßigung.

20 Zimmer mit 48 Betten, 1- bis 4-Bett-Zimmer

ÖFFNUNGSZEITEN

ganzjährig geöffnet

MOBILITÄT VOR ORT

VELO

Hotel: Zwei normale Velos, gratis für Gäste. Für Gruppen können durch das Hotel Velos organisiert werden.

MOBILITY CARSHARING

Teufen, Gais, mehrere in St. Gallen

ÖFFENTLICHE VERKEHRSMITTEL

Bahnlinie Trogen–St. Gallen, mehr als 30 Kurse pro Tag
Postautolinie Trogen–Wald–Heiden, 7–13 Kurse pro Tag
Postautolinie Trogen–Speicher–Teufen–Herisau, 1–2 Kurse pro Tag
Regionalbus Trogen–Altstätten (nur an schönen Sonntagen von Mai bis Oktober 1 Kurs!)

ANREISE

Trogen erreicht man bequem mit öffentlichen Verkehrsmitteln. Die Trogenerbahn fährt jede halbe Stunde von und nach St. Gallen. Von der Bahnstation sind es 2 km bis zum Lindenbühl, deshalb wird man auf Anmeldung mit dem Kleinbus abgeholt.
Reisezeit: St. Gallen–Trogen ca. 25 Minuten (umsteigefrei), über 30 Kurse täglich.
Gepäcktransport: Reisegepäcktransport wird durch das Ferien- und Bildungshaus organisiert.

INNENANSICHTEN

Holzparkettböden und Wände in hellen Farbtönen verbreiten in diesem alten und geschichtsträchtigen Haus sehr viel Freundlichkeit. Die Gästezimmer sind individuell und liebevoll eingerichtet, die neueren Umbauten wurden stets nach baubiologischen Kriterien vorgenommen. Duschen, Lavabos und WCs befinden sich auf der Etage, für die Kursleitung stehen Zimmer mit Bad zur Verfügung.

KULINARISCHES

Im Lindenbühl wird konsequent nur mit biologisch produzierten Nahrungsmitteln gekocht, der Betrieb ist knospenzertifiziert und das Essen garantiert gentechfrei. Je nach Bedürfnissen der Seminargruppen wird konventionell, vegetarisch, vegan, weniger oder mehr vollwertig gekocht. Die Menüplanung reicht deshalb von herkömmlichen Gerichten bis hin zu vegetarischen Vollwertköstlichkeiten, aber immer mit viel Gemüse, frischen Früchten und Salaten. Ein Appenzeller Bier oder frisches Wasser von der eigenen Quelle löscht den Durst.

EXTRAS

Für Kurse, Tagungen und andere Veranstaltungen bieten sich charaktervolle, in dezenten Farbtönen gehaltene und mit Parkett ausgestattete Räume an: der 60 m^2 große, quadratische »Abricot Saal« mit großer

TAXI
Schirmer, Trogen

INFRASTRUKTUR
· Bibliothek
· Fernsehzimmer
· Garten mit Feuerstelle und Spielwiese

ANGEBOTE IM ORT
· 3- bis 3½-stündiger Meteo-Wanderweg von Trogen nach Gais mit Informationstafeln über Wetterphänomene
· Skilift Trogen–Breitebnet mit Übungslift
· Fahrradfahren

Fensterfront, das etwas kleinere »Blaue Zimmer« (ehemaliger Speisesaal des Grandhotels) oder der Gruppenraum unter dem Dachfirst.

VOR ORT

Viele Gäste unternehmen während ihres Aufenthalts im Lindenbühl einen Spaziergang ins Kinderdorf Pestalozzi, wo Kindern und Jugendlichen unterschiedlichster kultureller Herkunft Lebens- und Lerngemeinschaften angeboten werden. Bei einer zweistündigen Führung durch eine Fachperson kann das Kinderdorf genauer kennen gelernt werden.

DUNANT IM RÉDUIT

Große Zeiten hat das 200-jährige Haus Lindenbühl hinter sich. Ursprünglich gebaut als Bierbrauerei, dient es später als Webschule für Appenzeller Bauernburschen. Von 1886 bis 1895 lassen es sich Gäste aus ganz Europa im »Grand-Hôtel du Lindenbühl« wohl sein. Darunter sind auch einige, deren Namen heute noch bekannt sind: Emily Kempin-Spyri, erste Juristin der Schweiz, und Henry Dunant, Gründer des Roten Kreuzes, haben ihre Unterschriften in alten Gästebüchern hinterlassen. Dunant wohnt um 1890 gar während zwei Jahren im Lindenbühl und hält die Erinnerungen an diesen Ort in seinem Tagebuch fest.
»Ich bin hier in einer Einsamkeit, die mir gefällt, zwanzig Minuten von Trogen entfernt, die Luft ist ausgezeichnet, die Pension preisgünstig und ruhig. Im Oktober und November war ein englisches Ehepaar hier, nun bin ich allein.« Obwohl das Lindenbühl im ausgehenden 19. Jahrhundert im Winter noch nicht beheizbar ist, lässt sich Henry Dunant nicht davon abhalten, die kalte Jahreszeit dort zu verbringen. Das Haus ist entsprechend einsam: »Je ne vois personne, absolument personne.«
Nicht ganz freiwillig ist er dort. Fehlinvestitionen Ende der 50er Jahre zwingen ihn während Jahrzehnten, sich vor seinen Gläubigern aus Genf zu verstecken und

immer wieder seine Verfolger abzuschütteln. Zwar ist es sein größter Wunsch, seine Schuld von einer Million Franken bis zu seinem Tod zurückzubezahlen. Aber alle Hoffnungsschimmer bezüglich großzügiger Donatoren lösen sich wieder in Luft auf. Im Appenzell findet er schließlich eine neue Bleibe und auch ein paar neue Freunde.

Einer unter ihnen, der Arzt Dr. Altherr, ist gar nicht zufrieden mit dem Gesundheitszustand Dunants:
»Wie ist Ihre Kost im Lindenbühl, fragte er.
Dunant antwortete verlegen: Ich habe mich an frugale Mahlzeiten gewöhnt.
Früchte, Gemüse also?
Davon kommt leider zu dieser Jahreszeit kaum etwas auf den Tisch, sagte Dunant bedauernd, ich lebe von Suppe, Milch und Brot. Die Suppe ist gut, das muss man zugeben.
Zu einseitig, tadelte der Arzt. Ihr schlechter Gesundheitszustand hängt auch mit dieser mangelhaften Ernährung zusammen.«

Ist die Ernährung in jener Zeit im Winter auch wirklich eintönig, am Wasser dürfte der Doktor nicht viel auszusetzen haben. Die ehemalige Bierbrauerei wurde nicht zufällig hierhin gebaut: Die noch heute sprudelnde, hauseigene Quelle bietet erstklassiges frisches Wasser. Mit der zunehmenden Wärme kehrt auch das Leben ins Haus Lindenbühl zurück. »Der Sommer 1891 war regnerisch gewesen. (...) Trotzdem hatte sich das Lindenbühl zur Ferienzeit gefüllt, zum Teil mit lärmigen Familien, auf der Suche nach einem ruhigen Zimmer hatte Dunant nach einigem Wechsel eine lichtlose Abstellkammer bezogen.«

Trotz angeschlagener Gesundheit und persönlichen Sorgen setzt er sein Engagement für eine bessere Welt unermüdlich fort. Dunant schreibt bis ins hohe Alter Briefe an Königshäuser, hohe Politiker und Militärs in der ganzen Welt. Um seine Idee vom Roten Kreuz international zu verbreiten, spart er sich die Portokosten für die Briefe vom Mund ab.

Selbstbedienung am Buffet

1892 verlässt Dunant die Pension Lindenbühl aus gesundheitlichen Gründen und lebt bis zu seinem Tod im Bezirkskrankenhaus Heiden.

Das Kommen und Gehen von Feriengästen im Lindenbühl dauert nach dem Auszug Dunants nur noch vier Jahre. Dann wird aus dem Grandhotel für über ein halbes Jahrhundert eine private Sommerresidenz. 1952 erwirbt das Schweizerische Arbeiterhilfswerk die Liegenschaft, um erholsame und erlebnisreiche Ferien für Kinder anzubieten. Seit einigen Jahren liegen nun die Schwerpunkte des Lindenbühls im Anbieten von Ferien und Bildung für Gruppen.

QUELLE:
Hasler, Eveline: Der Zeitreisende. Die Visionen des Henry Dunant. Verlag Nagel & Kimche AG, Zürich/Frauenfeld, 1994

HOTEL RESTAURANT

900 m ü.M.

VITZNAU

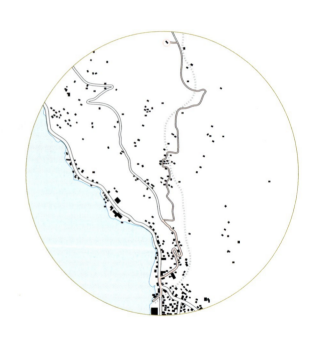

GRUEBISBALM

NORDOST- UND INNERSCHWEIZ

KONTAKT

Hotel Restaurant Gruebisbalm
6354 Vitznau
Tel. 041 397 16 81
Fax 041 397 21 70
oeko-hotel-gruebisbalm-rigi@bluewin.ch
www.gruebisbalm.ch

Dominant und von weitem sichtbar ist der alte Hotelkasten von 1886, der allerdings seit Jahren leer steht und vermutlich in den nächsten Jahren durch einen Neubau ersetzt wird. Das heutige Hotel befindet sich im Anbau aus den fünfziger Jahren, den die Familie Schaub Anfang neunziger Jahre nach baubiologischen Kriterien renoviert und wieder als Hotel eröffnet hat. Der Betrieb verfügt heute über Photovoltaik und Sonnenkollektoren auf dem Dach, einen verpachteten Biobauernhof und eine eigene Bahnstation. Das Haus

PREISE
Übernachtung im Doppelzimmer mit Halbpension zwischen Fr. 69.– und Fr. 89.– pro Person und Nacht (Preis je nach Wochentag, Aufenthaltsdauer, Saison). Kinder bis 14 Jahre übernachten im Zimmer der Eltern gratis.

12 Zimmer mit 33 Betten; für Feste bis 65 Betten

ÖFFNUNGSZEITEN
ganzjährig geöffnet

MOBILITÄT VOR ORT
VELO
Ride a Bike, Vitznau
(generelles Fahrverbot auf der ganzen Rigi!)

BOOTSVERMIETUNG
Anker Travel, Vitznau

MOBILITY CARSHARING
Brunnen, Küssnacht am Rigi, mehrere in Luzern

liegt am Sonnenhang der Rigi zwischen Vitznau und Kaltbad sehr idyllisch inmitten von alten Bäumen und bietet eine grandiose Aussicht auf Vierwaldstättersee, Luzern und Pilatus.
Damit das Hotelierpaar Gabi und Beat Schaub bestens auf seine Kundschaft eingehen kann, werden Seminargruppen und Einzelgäste nicht gleichzeitig aufgenommen. Familiäre Ambiance und Aufmerksamkeit sind so bestens garantiert.

ANREISE
Zum Hotel Gruebisbalm kommt man nur zu Fuß oder mit der Rigibahn. Am bequemsten ist die Anreise nach Vitznau mit dem Schiff von Luzern. Der Bahnhof der Rigibahn liegt gleich an der Schiffstation. Gruebisbalm mit seiner eigenen Haltestelle erreicht man nach 7-minütiger Fahrt.
Die Anreise ist auch über Arth-Goldau möglich.
Reisezeit: Luzern–Gruebisbalm ca. 90 Minuten (1-mal umsteigen), 11 bis 14 Verbindungen täglich.
Gepäcktransport: Reisegepäcktransport bis Gruebisbalm möglich (offiziell nicht gewährleistet, deshalb auf Gepäcketikette schreiben!).

INNENANSICHTEN
Die Zimmer sind einfach eingerichtet, mit guten Betten, versiegelten Korkböden und getäferten Wänden. Sie verfügen über fließendes Wasser und einen durchgehenden Balkon. Großzügige Duschen und WCs liegen auf dem Gang. Das Esszimmer mit großen Fensterfronten nach drei Seiten gibt eine atemberaubende Sicht frei. Sympathisch sind die langen, massiven Holztische; sehr freundliche Ambiance.

KULINARISCHES
Den zur Liegenschaft Gruebisbalm gehörenden Bauernhof verpachtet die Familie Schaub an einen Biolandwirt. Fleisch und Gemüse werden direkt vom Hof bezogen, aber auch die übrigen im Betrieb verwendeten

ÖFFENTLICHE VERKEHRSMITTEL
Bahnlinie Vitznau–Grubisbalm–Rigi Kulm, ca. 11 bis 14 Kurse täglich
Buslinie Gersau–Vitznau–Weggis–Küssnacht am Rigi, ca. 18 bis 20 Kurse täglich
Schiffslinie Luzern–Vitznau–Brunnen–Flüelen, ca. 10 (Winter) bis 15 Kurse (Sommer) täglich
Schiffslinie Flüelen–Brunnen–Vitznau-Alpnachstad, ca. 6 Kurse täglich (nur im Sommer)
Schiffslinie Küssnacht–Weggis–Flüelen, ca. 9 Kurse täglich (nur im Sommer)

TAXI
Taxiboot, Vitznau
Taxi Clemens, Vitznau

INFRASTRUKTUR
- Esssaal dient gleichzeitig als Aufenthaltsraum mit Büchern, Spielen und Sofaecke
- Seminarraum mit der Ambiance eines alten Eisenbahnwaggons
- Kinderbetten und -sitze, Kindermenüs
- Viel Umschwung mit Wald, Wiesen, Weiden, Biotop, Kiesterrasse unter Rosskastanien, Kleinvieh
- Kinderspielplatz mit Trampolin

Produkte sind ausschließlich biologisch.
In der Küche steht in der Regel Gabi Schaub, Beat Schaub ist als gelernter Koch für die Bankette zuständig. Der Speisezettel weist Vollwertgerichte mit oder ohne Fleisch auf, wobei sich Schaubs gerne den Wünschen der Gäste anpassen. Endiviensalat mit Karotten an einer feinen sämigen Salatsauce, Tofu an einer Pilzrahmsauce, gratinierter Fenchel mit Tomaten und Quinoa. Sehr fein! Im Sommer kommen viele Gäste wegen der hausgemachten Glace vorbei.
Das Frühstück wird serviert. Im Halbpensionspreis inbegriffen ist ein einfaches Frühstück mit Brot, Butter, Konfi und Honig. Wer hungriger aufwacht und gerne ein Ei, ein ansprechend garniertes Birchermüesli oder Käse isst, kriegt dies gegen Aufpreis.

EXTRAS
Besonders auffallend, wenn man sich dem Hotel Gruebisbalm nähert, sind die liebevoll und säuberlich aufgebauten Scheiterbeigen. In den ruhigeren Wintermonaten nimmt sich Beat Schaub die Zeit, seinen Wald zu bewirtschaften. Schließlich liefern die 10 ha Wald mehr als genug Brennholz, um das ganze Haus in den kalten Monaten mit Wärme versorgen zu können. Mehr als genug Energie liefern bei Sonnenschein auch die auf dem Dach montierten Solarzellen. Der Überschuss wird jeweils ins öffentliche Stromnetz eingespiesen.

VOR ORT
Auf einem bequemen Fußweg erreicht man vom Hotel nach 10 Minuten die Höhle Gruebisbalm. Ein Wasserfall breitet sich wie ein hauchdünner Vorhang vor der Öffnung aus und am Höhleneingang liegt ein kleiner See. Seit vielen Jahren finden dort im Sommer öffentliche Feste statt. Die breite, flache Höhle im Nagelfluhgestein der Rigi kann aber auch für private Anlässe mit bis zu 400 Personen gemietet werden. Eingerichtet ist sie mit Bänken, Tischen und einer Tanzbühne; Essen und Getränke liefert das Hotel Gruebisbalm. Und auf

ANGEBOTE IM ORT
- Wandern (diverse Ausflüge möglich)
- Ruhe und Erholung
- Skifahren und Schlitteln auf der Rigi
- Baden im Vierwaldstättersee

Anmeldung fährt nach der Party noch ein Extrazug nach Vitznau hinunter.

BAHN- UND BAUBOOM

Rigi Scheidegg im Oktober: Der Wind rüttelt an der Kabine der kleinen Luftseilbahn auf dem Weg zur Scheidegg und schlägt die Fensterläden eines heruntergekommenen Hotels älteren Datums an die Hausmauer. Die Storen der Ferienhäuschen aus den siebziger Jahren sind geschlossen. Der Föhn ist am Zusammenbrechen, aber noch immer ist die Fernsicht atemberaubend. Das Gras auf den Weiden ist bereits verdorrt und gelb, man begegnet nur vereinzelten Spaziergängern. Auch die große Tafel »Günstiges Bauland zu verkaufen« deutet darauf hin, dass man sich hier etwas abseits der großen Touristenströme der Rigi befindet.

Ein ganz anderes Bild bieten die nördlicheren Gebiete der Rigi, Staffel und Kulm. Nichts zeigt die Gründerzeitstimmung Ende des 19. Jahrhunderts auf der Rigi besser als der auf ein einziges Bergmassiv konzentrierte Bahnbauboom: Die Rigi ist von zwei Seiten her mit Zahnradbahnen erschlossen, von der Luzerner Seite ab Vitznau und von der Schwyzer ab Arth. Dazu kamen in der zweiten Hälfte des 20. Jahrhunderts einige Luftseilbahnen und Skilifte.

Aber bereits in den siebziger Jahren des 19. Jahrhunderts war die Rigi ein erstklassiges Spekulationsobjekt. Der Tourismus hatte den Berg entdeckt, jährliche Besucherzahlen lagen vor dem Bau der ersten Bahn bei 50 000 Personen!

Nach der Eröffnung der ersten Eisenbahnstrecken in der Schweiz tüftelten die Ingenieure an einem Bahnsystem, das auch große Höhendifferenzen zu überwinden vermochte. Etwa zum gleichen Zeitpunkt kamen unabhängig voneinander ein Amerikaner und der Schweizer Ingenieur Niklaus Riggenbach auf die Konstruktion des Zahnstangensystems. Eine Technik, bei der am Triebfahrzeug befestigte Zahnräder in eine zwischen den Geleisen liegende Zahnstange greifen

Eisenbahnatmosphäre im Seminarraum

und so den Zug in die Höhe klettern lassen. Riggenbach reichte zusammen mit zwei weiteren Ingenieuren ein Konzessionsgesuch ein und 1871, zwei Jahre später, wurde auf der Luzerner Seite der Rigi die erste Zahnradbahn Europas eröffnet. Die Strecke führte vorerst von Vitznau auf die Staffelhöhe, an deren Linie später auch das Hotel Gruebisbalm gebaut wurde. Für den obersten Streckenteil, der bis auf den Gipfel hätte führen sollen, erhielt die Luzerner Rigibahngesellschaft aber keine Konzession. Dieser Boden gehörte dem Kanton Schwyz, und der gab den Vorzug schließlich einem Arther Komitee. Arth fürchtete nach dem Bau der Bahn auf der Luzerner Seite um seine Stellung, denn bis anhin war es der wichtigste Ausgangspunkt für Ausflüge auf die Rigi. Die Schwyzer vervollständigten die Luzerner Linie bis zum Kulm 1873 und zwei Jahre später konnte man die Rigi auch von Arth aus mit der Bahn erreichen.

Der technische und finanzielle Erfolg der neuen Bahn

übertraf alle Erwartungen. Dank der Rigibahn wurden Tagesausflüge aus Städten wie Zürich, Bern oder Basel möglich. Somit konnten schon im vierten Betriebsjahr über 100 000 Fahrgäste befördert werden. Damit war die Rivalität der Luzerner Vitznau–Rigi-Bahn und der Schwyzer Arth–Rigi-Bahn aber bei weitem nicht beigelegt: Kaufte die eine Bahn neue Triebwagen, rüstete die andere auch sofort auf. Erst nach jahrzehntelanger feindlicher Konkurrenz schlossen sich die beiden Bahnen 1992 zur Rigi-Bahnen AG zusammen.

Mit dem Bahnbau entstanden auch die ersten Hotels und Pensionen. Auf Initiative der Eisenbahnergewerkschaft hin wurde 1886 das Hotel Gruebisbalm gebaut. Drei Jahre später übernahm es der Schweizerische

Schlafen in Hüslernestern

Eisenbahnerverband, der bis 1971 Ferien für Eisenbahnangestellte anbot.

Der Rummel auf der Rigi konzentriert sich auch heute noch im Wesentlichen auf die beiden Bahnlinien. Eine dritte führte dereinst von Staffel auf die Scheidegg, kam jedoch nie auf einen grünen Zweig. Deshalb wurde der Betrieb 1931 nach 60 Betriebsjahren wieder eingestellt. Heute führt ein bequemer Wanderweg der einstigen Linie nach. Auf einen ehemaligen Eisenbahnbetrieb lassen nur noch ein alter Tunnel und Viadukte schließen. Mit dem Wegfall der einstigen Verkehrslinie ist auch die Ruhe auf der Rigi Scheidegg wieder eingekehrt.

QUELLEN:
Oswald, Gerhard: Arth–Rigi-Bahn 1875–1992. Die Geschichte einer Schwyzer Bergbahn. Schwyzer Hefte, Band 66, 1995
Rigibahn-Gesellschaft (Hrsg.): Ein Jahrhundert Vitznau–Rigi-Bahn 1871–1971. Erste Bergbahn Europas. Vitznau, 1972

FRAUENHOTEL

SYMPATHISCHES HOTEL FÜR FERIEN VOM ALLTAG

795 m ü. M.

WALENSTADTBERG

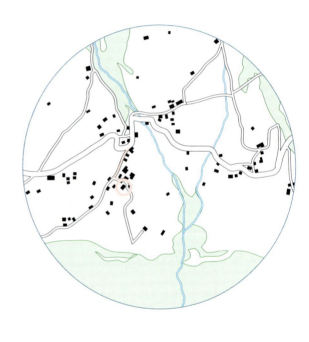

MONTE VUALA

NORDOST- UND INNERSCHWEIZ

KONTAKT

Monte Vuala
Ferien-, Kur-, Schulungs- und
Kurshotel für Frauen
8881 Walenstadtberg
Tel./Fax 081 735 11 15
montevuala@frauenhotel.org
www.frauenhotel.org

Das Monte Vuala liegt in Walenstadtberg, hoch über dem Walensee mit Blick auf das Sarganserland. Das Hotel ist ausschließlich Frauen vorbehalten. Frauen, die sich vom Alltag erholen, Kurse besuchen und kuren wollen. Kinder sind zwar erlaubt, aber nicht ausdrücklich willkommen, denn frau möchte sich ja auch mal vom Mutterdasein erholen.
Erwünscht sind auch ganze Frauengruppen, die ein eigenes Seminar, eine eigene Retraite im Monte Vuala abhalten möchten.

PREISE
Pro Frau mit Frühstück
Fr. 58.– bis Fr. 80.– Je nach
Aufenthaltsdauer auch weniger
Kinderrabatt 50%

21 Zimmer mit 33 Betten

ÖFFNUNGSZEITEN
im Januar Betriebsferien, sonst
immer offen

MOBILITÄT VOR ORT
VELO
Zweiradsport Untersander,
Walenstadt

MOBILITY CARSHARING
Sargans, Bad Ragaz

ÖFFENTLICHE
VERKEHRSMITTEL
Postautolinie Walenstadt–
Walenstadtberg–Knoblisbühl, ca.
7 Kurse pro Tag

TAXI
Taxi Erich Gantner, Walenstadt
(fährt von 8 bis 22 Uhr)
Extrafahrten für Gruppen: Giger,
Walenstadt
Kleinbus auf Anfrage im Hotel
zu mieten

Es herrscht eine angenehm unkomplizierte, ungezwungene Atmosphäre. Da die meisten der Frauen alleine ins Monte Vuala gehen, knüpft frau außerdem problemlos Kontakt. Hausschuhe mitbringen!

ANREISE

Auf der Linie Zürich–Chur, in Ziegelbrücke auf den Regionalzug nach Sargans umsteigen und bis Walenstadt fahren. Dort aufs Postauto nach Walenstadtberg umsteigen und bis alte Post fahren, dort ca. 100 Meter zu Fuß links hinunter den Schildern folgen.
Reisezeit: Zürich–Walenstadtberg ca. 1 Stunde 45 Minuten (2-mal umsteigen), ca. 7 Verbindungen täglich;
Chur–Walenstadtberg ca. 60 Minuten (1-mal umsteigen), ca. 7 Verbindungen täglich.
Gepäcktransport: Reisegepäcktransport bis Walenstadt gewährleistet. Gepäcktransport per Post ist hier am einfachsten.

INNENANSICHTEN

Das alte Holzhaus ist gemütlich, schlicht und stilvoll eingerichtet. Das viele Holz hat allerdings den Nachteil, dass man sich nicht im Haus bewegen kann, ohne dass dies alle anderen merken: Es knarrt!

KULINARISCHES

Vegetarische Vollwertküche nennt sich das, was im Monte Vuala auf den Tisch kommt. Diese nüchterne Beschreibung wird den fantasievollen, saisongerechten, biologischen kulinarischen Kunstwerken bei weitem nicht gerecht. Die kochenden Teamfrauen komponieren liebevolle Gourmetgerichte für Auge und Gaumen. Auch das Frühstücksbuffet lässt nichts zu wünschen übrig und bietet einiges an speziellen, noch nie gegessenen Pasten, Brotaufstrichen und Müeslizusätzen.

INFRASTRUKTUR
- Sauna
- Samadhi-Relaxingtank
- Bibliothek mit Frauenliteratur
- Spiele
- Meditationsraum
- Klavier
- Stube mit Videothek
- Musikkeller mit diversen Rhytmusinstrumenten, Gitarren, Akkordeon und Stereoanlage
- Selbstbedienungskiosk
- Terrasse und Liegewiese
- breites und vielfältiges Kursangebot zu allen erdenklichen Themen: von Yoga bis zu Veloflicken, Wandern und Trommeln

ANGEBOTE IM ORT
- Das Skigebiet Flumserberg liegt gleich auf der anderen Talseite
- Wandern
- Ausflug in die Taminaschlucht
- Thermalbad Bad Ragaz

EXTRAS
Im Haus gibt es immer wechselnde Ausstellungen von zeitgenössischen Künstlerinnen: von Bildern und Fotos bis zu Lampen und Kunstobjekten, die frau alle auch erstehen kann.

VOR ORT
Die Umgebung des Monte Vuala ist perfekt zum Wandern, so bietet sich zum Beispiel ein Ausflug nach Quinten an, dem Dorf auf der Sonnenseite des Walensees, das nur zu Fuß oder mit dem Schiff erreichbar ist, und wo dank Südlage und See Kiwis und Feigenbäume gedeihen.

VON FRAUEN FÜR FRAUEN
Ein Ort, wo sich Frauen von ihrer täglichen Mehrfachbelastung erholen, Kurse besuchen oder ganz einfach nichts tun können und sich unter ihresgleichen für den Alltag stärken; eine Oase, wo Frauen sich nicht gegen Männerregeln behaupten müssen – diesen Traum verwirklichten 1993 Mona Schümperli, Karin Gehrer und Monika Schwab, als sie das Frauenhotel Monte Vuala gründeten.
Am Anfang stand das Projekt Villa Cassandra, ein in den 80er Jahren entstandenes Haus für Frauenbildung im Jura. Dies war ein eigentliches Pilotprojekt in der Schweiz, von dem aus viele Initiativen von Frauen ihren

Meditationszimmer

Sitzplatz mit Fernsicht

Anfang nahmen. Wegen finanziellen Schwierigkeiten war es den Initiantinnen aber nicht möglich, das Haus weiterzuführen. Das Fortbestehen der Villa Cassandra hätte nur gesichert werden können, wenn die Frauen ausschließlich Fronarbeit geleistet hätten. Dazu waren Mona Schümperli, Karin Gehrer und Monika Schwab aber nicht bereit, und so begannen sie in der ganzen Schweiz Häuser zu besichtigen, um ein eigenes Projekt zu lancieren. Auf dem Walenstadtberg wurden sie schließlich fündig: Der damalige Mieter der alten Pension steckte in finanziellen Schwierigkeiten und war froh, das Haus gerade noch vor dem endgültigen Kollaps loszuwerden.

Das Frauentrio gründete einen Verein und trieb innert kürzester Zeit das erforderliche Startkapital auf. Dieser Verein bildet auch heute noch die Trägerschaft des Frauenhotels.

Die drei Gründerinnen setzten es sich zum Ziel, in ihrem Hotel andere Frauen zu verwöhnen. »Frauen mit Zwei- oder Dreifachbelastung sollen einfach einmal nur genießen können«, meint Karin Gehrer. Daneben sollten die Frauen auch die Möglichkeit erhalten, sich in allen erdenklichen Themenbereichen weiterzubilden. So stellten sie ein Kursprogramm von Frauen für Frauen auf die Beine.

Der Start des neuen Hotels hätte nicht vielversprechender sein können: Das Interesse war groß, die Bettenauslastung gut. Alle drei Frauen sind fest in der aktiven Frauenbewegung verwurzelt und hatten deshalb wenig Mühe das richtige Zielpublikum anzusprechen. Dann kam allerdings die Ernüchterung: Der Einbruch der Hotellerie in den letzten Jahren verschonte auch das Monte Vuala nicht. Und da Frauen im Schnitt immer noch deutlich weniger verdienen als Männer, treffen wirtschaftliche Schwankungen ein reines Frauenhotel natürlich stärker. Doch das Monte Vuala überstand die akute Krise. Die Bettenauslastung dürfte nach wie vor besser sein. Doch trotzdem scheint das Frauenprojekt einem Bedürfnis zu entsprechen. Viele Frauen sind treue Kundinnen. Kein Wunder, denn das Monte Vuala war bisher das einzige Hotel ausschließlich für Frauen in der Schweiz, im Gegensatz zu Deutschland, wo die Frauenbewegung einige Bildungs- und Ferienhäuser unterhält. Neu hat nun auch in Zürich ein weiteres Frauenhotel seine Tore geöffnet. Es tut sich was im Frauenland!

Samadhi-Relaxingtank – die andere Art der Entspannung

KLEINES, KINDERFREUNDLICHES ÖKOHOTEL

905 m ü. M.

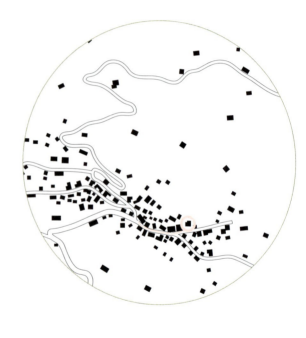

FANAS

HITSCH-HUUS

GRAUBÜNDEN

KONTAKT
Hitsch-Huus
7215 Fanas
Tel. 081 325 14 19
Fax 081 325 32 44
www.fanas.ch/unterkunft/
hitschhuus.htm
hhfanas@gmx.ch

Das Hitsch-Huus liegt im Prättigauer Bergdörfchen Fanas. Von außen erinnert es eher an ein Ferienchalet als an ein Hotel. Sechs Zimmer stehen den Gästen zur Verfügung. Das Hotel ist familiär und bietet keine Unterhaltung rund um die Uhr an. Während elf Jahren war das Hitsch-Huus die Domäne von Ruedi Albonico. Der innovative Soziologe, Bergbauer und Hotelier hat sich unter anderem mit dem Verein Ökomarkt Graubünden einen Namen gemacht. Nach einem kurzen Unterbruch führt Ruedi Albonico das Hitsch-Huus seit

PREISE
6 Doppelzimmer für Fr. 98.–
pro Person mit Frühstück. Bei
jeder weiteren Nacht wird es
günstiger.
Kinder bis 8 Jahre bezahlen
Fr. 24.–; ab 9 Jahren Fr. 3.– pro
Altersjahr.

ÖFFNUNGSZEITEN
ganzjährig geöffnet

MOBILITÄT VOR ORT
VELO
Mietmöglichkeit auf Anfrage
im Hotel
Weitere: Rent a Bike, Bahnhof
Landquart

MOBILITY CARSHARING
Schiers, Landquart, Klosters

ÖFFENTLICHE
VERKEHRSMITTEL
Postautolinie Schiers–Fanas,
6 bis 9 Kurse täglich

TAXI
Taxidienst durch Hotel auf
Anfrage
Fünf Dörfer Taxi, Landquart
(steht am Bahnhof in Landquart)

ALPENTAXI
Ski- und Berghaus Fideriser
Heuberge, Fideris
Restaurant Arflina, Fideris

Dezember 1999 wieder zusammen mit der Toggenburger Bergbäuerin Regula Kleger.

ANREISE
Auf der Linie Zürich–Chur in Landquart auf die Rhätische Bahn ins Prättigau umsteigen. In Schiers mit dem Postauto weiter nach Fanas fahren. Von der Post aus 50 Meter zu Fuß weitergehen. Das rosa Hitsch-Huus-Schild ist nicht zu übersehen.
Abholdienst ab Grüsch auf Anfrage. Ab Landquart mit Taxi nur 10 Minuten.
Transportdienste organisiert das Hotel gerne und fast überall hin.
Reisezeit: Zürich–Fanas 1½ bis 2½ Stunden (2-mal umsteigen), ca. 7 Verbindungen täglich.
Gepäcktransport: Reisegepäcktransport bis Fanas gewährleistet.

INNENANSICHTEN
Das kleine Hotel ist gemütlich und eher rustikal eingerichtet. Die Zimmer mit geblümten Tapeten sind Geschmacksache, sie verfügen über Parkett, Minibar und zum Teil über Balkon.

KULINARISCHES
Ruedi Albonico oder Regula Kleger steht in der Küche und kocht Feines, Vollwertiges, zum Teil aus dem eigenen Garten oder von einheimischen Bauern. Dass Ruedi von sich behauptet, das absolute Musikgehör in Sachen Essen zu haben, lässt doch auf einiges hoffen!

EXTRAS
Das Hitsch-Huus bietet kein Unterhaltungsprogramm von früh bis spät und ist eher für Leute, die genug vom Rummel haben. Allerdings kann man, dank Ruedi Albonicos und Regula Klegers zahlreichen Kontakten, problemlos einen Bergführer organisieren lassen oder den Drechsler in Schiers bei seiner Arbeit besuchen. Einfach mal nachfragen! Weiter soll das Hitsch-Huus

INFRASTRUKTUR
· Lese-/Sitzungszimmer

ANGEBOTE IM ORT
· Wanderungen
· Kinderskilift
· Bächliwanderungen für Kinder (Ruedi Albonico fragen)

zu einem Lesehotel werden. Da lehnt man sich bei schlechtem Wetter oder bereits hereingebrochener Dunkelheit am besten ein Buch aus und macht es sich gemütlich!

VOR ORT
Einen besonders schönen Rundblick auf den Rätikon und die Prättigauer Landschaft bietet der 2307 m hohe Fanaser »Hausberg« Sassauna. Von der Bergstation der Seilbahn Fanas-Eggli erreicht man zu Fuß in etwa 2 Stunden den Gipfel. Der Weg ist von der Bergstation bis zum Fuß des Sassauna markiert. Dort hören Markierung und Weg auf. Der Aufstieg ist jedoch einfach und der Gipfel nicht zu verfehlen.

»DAS GASTGEWERBE LEBT VON DER SÜNDE«
Wer das Hitsch-Huus kennt, kennt auch Ruedi Albonico. Der Wirt, Hotelier und Bergbauer hat nicht nur die Geschichte des Gasthauses, sondern auch die des Dorfes Fanas mitgeprägt. Seit über 25 Jahren lebt der gebürtige St. Galler nun im Prättigau. Begonnen hat alles während des Soziologiestudiums in Zürich mit dem Traum von einem eigenen Häuschen und einem Stück Land in den Bergen.

Ruedi Albonico, wie verschlug es dich nach Fanas?
Ich ging so ein kleines Maiensäß im Taschinastal bei Fanas anschauen. Das war im Winter und es war mir bald klar, dass ich da wahrscheinlich nicht das ganze Jahr leben konnte. Weiter hinten im Tal traf ich aber einen alten Mann, der sein Leben als Knecht verbracht hatte. Erst nach seiner Pensionierung konnte er endlich ein eigenes Stück Land pachten. Er war der Sache allerdings nicht so ganz gewachsen. Ich begann nun regelmäßig bei ihm vorbeizuschauen und ihm auszuhelfen. Gleichzeitig lernte ich bei ihm viel Praktisches.

Damals bist du noch zwischen Zürich und Fanas hin und her gependelt. Wann hat sich das geändert?

Im Mai 73 beschloss ich von einem Tag auf den anderen, ganz nach Fanas zu ziehen. Ich fand dann auch bald eine Bleibe, zu der ein Stall und ein bisschen Land gehörte.
Schon bald schaffte ich mir zwei Ziegen und zwei Milchschafe an und pachtete noch ein weiteres Stück Land. Als ich das Heu einbrachte, fragte ich einen Bauern, wie weit denn dieser Vorrat reichen würde. Es reiche noch für eine Kuh, meinte dieser, also kaufte ich noch eine Kuh dazu. So begann dies mit dem Bauern. Da war ich also in Fanas in einer alten Bruchbude, zugig und kalt, aber wildromantisch. In der Küche wurde es gerade mal 17 Grad warm, wenn ich feuerte wie wild.

Wie kamst du denn zum Hitsch-Huus?
Nachdem ich 14 Jahre als Bauer in Fanas gelebt hatte, baute ein Basler Ehepaar in Fanas ein kleines Hotel. Ich verfolgte dies mit großem Interesse, da ich schon immer Freude am Gastgewerbe gehabt hatte. Später lieferte ich den beiden von Zeit zu Zeit ein bisschen Käse und kam so in Kontakt mit dem Betrieb. Das Hotel lief dann aber nicht so, wie es sollte. Das Unternehmen scheiterte schließlich und das Hotel wurde verkauft. Ich und Claudia, meine damalige Partnerin, kannten das neue Wirtepaar gut. Ich habe ihnen gesagt, wenn sie einmal aufhören wollten, sollten sie sich melden. Eine Woche später klingelte das Telefon und das Ehepaar wollte das Hotel aufgeben. Das war 1987. Am 4. Januar 1988 übernahmen Claudia und ich das Hitsch-Huus. Nicht gerade gut ausgebildet im Gastgewerbe, wie man sich vorstellen kann! Mit der Zeit gelang es aber trotzdem, genügend Gäste ins Haus zu bekommen. Wir haben uns nach und nach verbessert. Und das Hotel in Verbindung mit der Landwirtschaft und mit dem Ökogedanken fand damals durchaus Anklang.

Du bist ja der eigentliche Initiator vom Verein Ökomarkt Graubünden. (siehe Seite 303) Aus welcher Motivation entstand dies?

Im Hitsch-Huus findet man immer ein gutes Buch

Zuvor wollte man den Biolandbau einführen, indem man die Bauern von der Idee zu überzeugen versuchte. Also eigentlich mit Stoßen. Wir wollten einmal ein neues Prinzip ausprobieren: das Ziehen; wir verbesserten einfach die Nachfrage. Das ist heute natürlich bereits total überholt. Heute hat man zu wenige Bioprodukte, außer vielleicht beim Fleisch. Aber die Wirte haben überhaupt nichts begriffen. Nur wenige sind da eingestiegen.

Wieso engagierst du dich überhaupt im Umweltbereich?
Ein großes Thema in meinem Leben war immer die Ökologie und Umwelt. Das Prinzip Nachhaltigkeit war mir schon immer klar. Bevor es diesen Begriff eigentlich gab. Das heißt, es gab ihn, aber nur im Zusammenhang mit dem Wald. Die Förster hatten diesen Begriff bereits vor hundert Jahren entwickelt. Das leuchtete mir schon als Kind ein, dass man nicht

mehr Holz nutzen kann, als nachwächst. Deshalb habe ich auch versucht, das Hitsch-Huus zusammen mit Biolandwirtschaft als ökologisches Hotel zu betreiben. Sonnenkollektoren, später dann die Schnitzelheizung, Waschmittel, Lebensmittel etc… Dazumal war ich damit hier in Fanas natürlich schon der absolute Spinner.

Hast du dich mit deinen Ideen nicht total isoliert im Dorf?
In Fanas mag es viel ertragen. Aber ich wollte nicht in erster Linie als Person akzeptiert werden, sondern auch, dass meine Inhalte aufgenommen werden. Dies ist mir bis heute teilweise gelungen.

Seit du nun nach einem kurzen Unterbruch wieder zurück im Hitsch-Huus bist, ist es nicht mehr so stark auf die Ökozertifizierung ausgerichtet. Hast du resigniert?
Es hat durchaus die Komponente Resignation drin. Öko allein ist kein Verkaufsargument mehr. Weniger denn je. Andererseits ist es als Vertrauensbasis eben doch ein Verkaufsargument. Das Vertrauen, das uns unsere Gäste schenken, nehmen wir ernst und wollen wir nicht enttäuschen. Aber wir sind nicht mehr fundamentalistisch genau. Die berühmte Ausnahme sind die Meringue-Schalen. Die sind aus konventionellen Eiern, einfach weil sie so gut sind. Das spielt dann halt auch eine Rolle. Wir müssen vermehrt auch für alle etwas anbieten. Wenn einige lieber weißen Reis essen, gibts halt mal weißen Reis. Ich muss ihn ja nicht essen. Es gibt einfach ein paar leichte Aufweichungen. Auch weil der Beschaffungsaufwand natürlich enorm ist in unserer Lage.
Ich musste auch lernen, dass der Gastrobereich ein Dienstleistungsbetrieb ist. Es geht nicht in erster Linie darum, meine Ideen zu verwirklichen, sondern die Bedürfnisse des Gastes zu befriedigen. Gäste haben wir aber verschiedene. Die wollen ein Calanda-Bier, wenn

sie schon ins Bündnerland kommen, und das ist halt nicht bio. Die wenigsten wollen ein Locher-Bier aus dem Appenzell, obwohl das nicht so viel weiter weg ist. Oder die Leute wollen einfach unbedingt Cola. Das ist natürlich alles andere als bio. So gibts halt Kompromisse.
Zudem habe ich mittlerweile die Idee aufgegeben, ich könne einen Beitrag dazu leisten, die Welt zu retten. Also was bleibt: Erstens, meine Sache gemäß meiner Überzeugung recht zu machen. Und zweitens so, dass es mit den Menschen, die nun zufällig meine Wege kreuzen, »gfreute« Kontakte gibt. Außer es dränge sich ein »ungfreuter« auf. Das wäre, wenn das Postulat eins verletzt würde.

Was bietet ihr dem Gast denn noch Spezielles?
Sicher eine Vollwertküche, mit einem großen Anteil an Bioprodukten und der entsprechenden Zubereitung. Für den Hotelgast brauchen wir keinen Mikrowellenofen. Beim Restaurantgast, der um drei am Nachmittag etwas Warmes will, ist die Priorität etwas anders. Und wenn die Arbeiter von der Baustelle nebenan jedes Mal Fleisch wollen, kann ich ihnen nicht täglich für 14.50 ein Entrecôte bieten. Da ists dann halt mal eine Wurst. Aber zum Beispiel von Coop Naturaplan. Also sicher nicht so Masttierhaltung und Tierfabrikzeug. Das dann sicher nicht.

Weg vom Verzicht?
Das Gastgewerbe lebt von der Sünde. Leute, die in ein Hotel gehen, die haben nicht die Tugenden von Rio im Kopf. Auf jeden Fall nicht im Vordergrund. Sie nehmen diese gern mit, wenn es geht, aber sie wollen auf nichts verzichten. Sie wollen einen warmen Raum, aber das Fenster trotzdem offen in der Nacht, und kein Gast denkt am Morgen dran, das Fenster wieder zu schließen.
Es nützt also auch nichts, wenn man mit dem Ökoverhalten den Gästen meilenweit voraus ist. Man muss das Ganze auch immer etwas im Verhältnis sehen. Während

Ruedi Albonico – Hotelier mit Weitblick

wir hier versuchen, den Laden möglichst ökologisch zu führen, nehmen in Kloten der Luftverkehr und in Fanas die Autokilometer zu. Das ist schon irgendwie absurd. Wir wollen einfach überzeugend zeigen, dass man mit einer immer noch ziemlich konsequenten Haltung funktionieren kann. Und zwar so, dass es den Gästen wohl ist. Und dabei ist wahrscheinlich etwa das Optimum erreicht. Mehr bringst du einfach nicht hin.

Wie sieht denn dein Traumhotel aus? Ist es das Hitsch-Huus?
Das Hitsch-Huus ist kein Traumhotel. Ich glaube, das Traumhotel gibts gar nicht. Ich bin Fatalist. Das Leben wirft dich irgendwo rein. Daraus muss und darf der Mensch dann das Beste machen. Ich habe keine Vorstellung von einem Traumhotel. Ich habe kein Gesamtkonzept. Aber ich habe eine absolut klare Vorstellung davon, wie ein Traumbraten beschaffen sein muss. Da kann ich immer sagen, der erfüllt zu 80 bis

90 % meine Vorstellung. Ich sage immer, ich habe ein absolutes Musikgehör punkto Speisen, das behaupte ich einmal. Das Gleiche gilt für Stimmigkeit. Und dort, muss ich sagen, sind es zu mindestens 70 % die Leute, die ausmachen, ob etwas stimmt oder nicht. Die Leute, die den Laden schmeißen. Wenn die unglücklich sind oder gestresst oder irgendwelchen Ökomaßnahmen hinterherrennen, dann nimmt der Gast dies wahr. Der speichert Harmonie oder Disharmonie. Der Gesamteindruck, der muss einfach stimmen.

Ruedi Albonico, vielen Dank fürs Gespräch!

PENSION

**DIE PENSION MIT WEITBLICK
FÜR FERIEN UND KURSE**

1500 m ü.M.

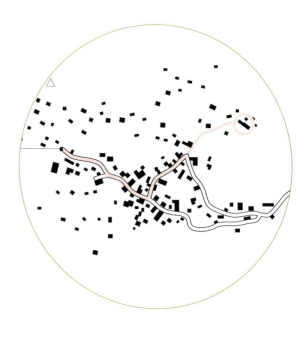

STERNAHAUS

GRAUBÜNDEN

KONTAKT

Pension Sternahaus
7404 Feldis
Tel./Fax 081 655 12 20
info@sternahaus.ch
www.sternahaus.ch

Spätestens wenn die 40-jährige Luftseilbahn hoch über dem mäandrierenden Hinterrhein schwebt, kommt in der 10 Personen fassenden Kabine Ferienstimmung auf. In Feldis erwartet den Feriengast die Pension Sternahaus, ein ehemaliges Kinderheim, das 1987 von der Genossenschaft Sternahaus erworben und in den letzten Jahren sanft renoviert wurde. Heute führt Verena von Aesch, Mitbegründerin der Genossenschaft und Pächterin des Sternahaus die Pension zusammen mit ihrem Team. Die Atmosphäre ist sehr

PREISE
Übernachtung im Doppelzimmer mit Halbpension pro Person Fr. 78.– bis Fr. 88.–; für Kinder Fr. 18.– bis Fr. 63.–, je nach Alter

11 Zimmer mit 22 Betten; Ein- bis Dreibettzimmer

ÖFFNUNGSZEITEN
je einen Monat Betriebsferien nach Ostern und vor Weihnachten

MOBILITÄT VOR ORT
VELO
Rent a Bike, Bahnhof Thusis und Chur

MOBILITY CARSHARING
Thusis, Domat/Ems, mehrere in Chur

ÖFFENTLICHE VERKEHRSMITTEL
Luftseilbahn Rhäzüns–Feldis, ca. 14 Kurse täglich
Postautolinie Rothenbrunnen–Tumegl–Oberscheid–Feldis (inkl. Nachtbustaxi)

TAXI
Andreas, Domat/Ems
Taxi-Service, Thusis

persönlich und angenehm, alle sind per Du. Viele Gäste kennen sich bereits, es wird zusammen gefeiert, gespielt, getanzt und politisiert. Der Ferien- und Seminartreffpunkt eignet sich vorzüglich für sanfte Tourismusfreaks, Familien, Kontaktfreudige und -suchende.

ANREISE
Es gibt zwei Möglichkeiten nach Feldis zu gelangen: Das Dorf ist mit Postauto und Luftseilbahn erschlossen. Von Chur mit der Rhätischen Bahn Richtung Thusis bis Rhäzüns. Vom Bahnhof führt ein gut beschilderter Weg in ca. 7 Gehminuten zur Luftseilbahn Rhäzüns–Feldis. Von der Bergstation sind es noch gut 10 Minuten bis zum Sternahaus, das etwas oberhalb des Dorfes gelegen ist.
Gäste, die der antiquierten Seilbahn nicht trauen, fahren mit dem Zug etwas weiter bis Rothenbrunnen und steigen dort in den Postkurs Richtung Oberscheid um, der zwar nicht regelmäßig, aber immer auch bis Feldis fährt. Am Abend sorgt bis Mitternacht ein subventionierter Bustaxibetrieb (Reservation notwendig) für die Verbindung.
Den Gästen vom Sternahaus stehen Handwagen und bei Schnee Schlitten zum Gepäcktransport zur Verfügung.
Reisezeit: Chur–Rhäzüns–Feldis ca. 60 Minuten (1-mal umsteigen), ca. 15 Verbindungen täglich.
Gepäcktransport: Reisegepäcktransport bis Feldis gewährleistet. Den Gästen vom Sternahaus stehen Handwagen und bei Schnee Schlitten zum Gepäcktransport zur Verfügung. In Ausnahmefällen wird das Gepäck vom Hotel abgeholt.

INNENANSICHTEN
»Der Rückzug ist auch im Sternahaus möglich. Anteilnahme inbegriffen. Allein schon durch die leichten Wände zwischen den Zimmern. Da bleibt kein Streit und kein Honeymoon allzu verborgen. Das gemeinsame

INFRASTRUKTUR
- Schreibwerkstatt und Sprechseminare; Kurse in Trommeln, Kochen, Heilkräuter, Massage, etc.
- Seminar- und Videoraum
- Lesezimmer und Bibliothek
- Viele Brettspiele, Carambole
- Spielzimmer, Kinderbetten und -sitze
- Gemütliche Sonnenterrasse
- Garten mit Spielplatz
- Schlitten zum Ausleihen

ANGEBOTE IM ORT
- Babylift im Dorf
- 5 km Langlaufloipe
- 6 km lange Schlittelbahn von Feldis nach Ems
- Skitouren/Schneeschuhwandern
- Blumen- und Waldlehrpfad
- Ein von Frauen initiierter Laden bietet auch Männern Kunsthandwerk, Tees und Salben aus Kräutern sowie eine Plattform für angeregte Diskussionen an.

Badezimmer macht das private Gesicht öffentlich«, schreibt eine regelmäßige Gästin (so werden die weiblichen Gäste im Sternahaus genannt). Die meisten Zimmer sind nach Süden ausgerichtet, einfach, aber gemütlich und freundlich eingerichtet: mit farbigen Ziegenhaarteppichen und viel Holz. WC und Waschgelegenheiten befinden sich jeweils auf der Etage, Duschen einen Stock tiefer. Schlichte, schöne Holztische und moderne Lampen stehen im Aufenthaltsraum, Polstersessel in kräftigen Farben im Lesezimmer.

KULINARISCHES

Im Sternahaus wird am gemeinsamen Tisch gegessen. Abwechslung ist garantiert, da sich die BetriebsleiterInnen täglich in der Küche ablösen. Gekocht wird vorwiegend vegetarisch, einmal pro Woche gibt es Fleisch oder Fisch. Der Speisezettel reicht von regionalen Spezialitäten bis hin zu fernöstlichen Menüs. Sehr fein sind die marinierten Patissons mit Bratkartoffeln und Spinatplätzchen an Tomatensauce sowie die Caramelbirnen zum Dessert. Auf Wunsch ist auch ein Mittagessen, wie zum Beispiel ein ausgezeichneter, währschafter Tomaten-Gemüseeintopf mit Käse erhältlich. Picknicksäckchen können selber zusammengestellt werden.

Zum Frühstück erwartet die Gäste ein reichhaltiges Frühstücksbuffet mit feinem, selbst gebackenem Brot aus Weiß- oder Vollkornmehl.

EXTRAS

Vor kurzem hat sich das Sternahaus Schneeschuhe angeschafft, die von den Gästen zum günstigen Preis von Fr. 5.– gemietet werden können.

VOR ORT

»Feldis ist besonders. Nicht besonders groß. Nicht besonders spektakulär. Nicht besonders trendig. Nur besonders schön. Und einmalig.« Diese Einleitungssätze des Werbeprospekts für Feldis sprechen bereits

an, was den Gast in Feldis erwartet: Ferien abseits der
großen Tourismusströme und Blechlawinen. In einer
bäuerlich geprägten Umgebung, wo die Natur noch
ihren Platz hat. Platz hats aber auch für einen Skilift
auf den 2000 m hohen Mutta – ein eigentliches Kurio-
sum, da er sich im Sommer in einen Sessellift umrüs-
ten lässt.

FORTSCHRITTLICHES UND BEHÄBIGES FELDIS

»Es waren nicht die Einheimischen, die 1987 dem
Projekt, das ehemalige Kinderheim in einen ökologisch
geführten Hotelbetrieb umzuwandeln, am meisten
Skepsis entgegenbrachten. Nein, die Zürcher Ferien-
häuschenbesitzer befürchteten eine links-grüne Über-
schwemmung im Dorf«, erzählt Len Michel, einer der
Mitbegründer des Sternahauses. Nach der Kollektiver-
fahrung in einer Alternativpension in der Toskana
suchte er damals mit Gleichgesinnten in der Schweiz
einen Ort, um etwas Ähnliches aufzubauen. Aus der
Selbstverwaltungsbewegung kommend war ein wichtiger Hintergedanke für die Initianten die »Neutralisation
des Kapitals«: Indem sie als Genossenschaft eine
Liegenschaft kaufen, wird sie künftigen Spekulationen
entzogen und der Besitz weit gestreut.
Fündig wurden sie schließlich in Feldis. Die damals
eilig gegründete Genossenschaft vermietet seither die
Liegenschaft an die Betriebsgruppe, die den Betrieb
führt. Mittlerweile hat der Abschied vom »Selbst-
gestrickt-Touch« wie vielerorts auch im Sternahaus
Einzug gehalten. So wurde das lange verteidigte Abwaschen von Hand 1994 durch eine Geschirrspülma-
schine abgelöst. Wo sich die Gäste früher noch genier-
ten, ihren Laptop zum Arbeiten mitzunehmen, werden
heute Neuerungen wie Funktelefone für die Gäste
begrüßt.
»Am Anfang wussten wir nicht so recht, was für Leute
jetzt da vom Unterland kommen. Wir hatten etwas
Angst vor den Roten und den Grünen«, meint ein
älterer Feldiser Landwirt. Auch andere Einheimische

Gemütliche Leseecke

hatten etwas Angst vor den neuen SternahausbewohnerInnen. Angst vor allem, dass »sture Grüne« kommen, welche »alles im Dorf kritisieren würden«. Bald merkten aber viele Feldiser, dass »dies zwar Grüne sind, dass sie aber nicht so sind, wie befürchtet«.

Der Kontakt war schnell hergestellt, da der Umbau des Sternahauses anstand und die ersten Aufträge im Dorf vergeben wurden. Der ehemalige Gemeindepräsident, Posthalter und Landwirt Plasch Barandun, bringt das Aufeinandertreffen dieser zwei Kulturen auf den Punkt: »Die Feldiser haben in ihrer Geschichte immer wieder Land verkauft, um zu Geld zu kommen. Wenn man das macht und will, dann muss man auch in Kauf nehmen, dass anders denkende Leute kommen. Nun braucht es wohl im ähnlichen Ausmaß etwas Zeit für die Feldiser, die Leute vom Sternahaus zu verstehen, wie es auch für euch nicht so einfach ist, uns Feldiser zu verstehen.« Wenn die Einheimischen von den »Sternahäuslern« sprechen, schwingt oft ein »Gemisch von Aussonderung und Bewunderung, von leichtem Unmut, unterschwelligem Groll, aber auch von fasziniert-verschmitztem Interesse mit«, bemerkt die eingeheiratete Feldiserin und ehemalige Gemeindepräsidentin Gisula Tscharner. Viele Einheimische haben keine Probleme mit dem andersartigen Betrieb. Sie sehen in seinem Kulturangebot und der Gästezusammensetzung eine Bereicherung für den Ort. Nicht zu vergessen die wirtschaftliche Bedeutung des Sternahauses: sei es durch Kurtaxen, für das Postbüro, den Coop oder den Skilift im Dorf. Durch seine rot-grüne Ausrichtung hat der Betrieb den alteingesessenen Gastronomiebetrieben keine Gäste abgeluchst, sondern neue angezogen. Die Feldiser haben unterdessen festgestellt, dass das Konzept des Sternahauses »gut zu sein scheint. Es ist oft das einzige Haus, das voll ist.« Sie schätzen es auch, dass die Sternahaus-Gäste oft Zeit für einen Schwatz haben, sich für Dorf, Landwirtschaft und Tiere interessieren. Der Geißenbauer Caspar Patzen fasst zusammen: »Über das Sternahaus kann ich nichts Schlechtes sagen. Die sind schon in Ordnung da. Sie tun auch viel für das Dorf. Mir ist recht, wenn ab und zu jemand kommt und unsere Geißen sehen will.«

Und auf ihr idyllisches Dorf sind die Feldiser auch mächtig stolz. Sie vermarkten ihren »sanften Tourismus«, die »intakte Natur« und »individuelle Gastlichkeit« auch dementsprechend. Ganz freiwillig hat sich Feldis allerdings nicht dem naturnahen Tourismus verschrieben. Die Terrasse im Domleschg verfügt zwar über die zweithöchste Sonnenscheindauer im Kanton, jedoch über keinen so hohen Berg im Rücken, wie dies auf der anderen Talseite in Flims und Laax der Fall ist. Somit kam eine Expansion des kleinen Skigebiets in höhere Gefilde nie in Frage. Es ist bei dem einen Skilift geblieben.

Das passt auch den Gästen vom Sternahaus. Schließlich hat sich die Genossenschaft in ihren Statuten zum Ziel gesetzt, dass sie die »Vernetzung von sozial gerechten und ökologisch sinnvollen Tourismusprojekten«

Gästezimmer

fördern will. Feldis zeigt auf, dass vermeintliche Gegensätze, traditionsbewusste Bauern und links-grüne Selbstverwalter, durchaus am gleichen Strick ziehen können. Und dass sich der Kulturmix eben auch lohnt. Für beide Seiten.

QUELLE:
Wullschleger, Christine: Das Sternahaus: Eine Hommage zum 11-jährigen Bestehen an die Pension mit Weitblick. 1998

STIFTUNG

DAS ETWAS ANDERE BILDUNGS- UND FERIENZENTRUM

1795 m ü. M.

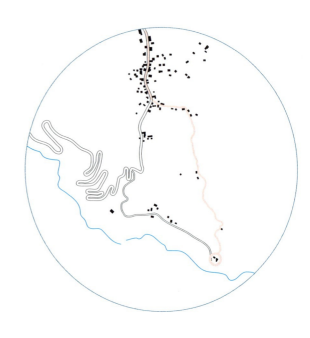

SALECINA

GRAUBÜNDEN

KONTAKT

Stiftung Salecina
Ferien- und Bildungszentrum
Orden Dent
Postfach 107
7516 Maloja
Tel. 081 824 32 39
Fax 081 824 35 75
info@salecina.ch
www.salecina.ch

Die Stiftung Salecina gibt es seit 1971. Gegründet wurde sie vom linken Zürcher Buchhändler Theo Pinkus und seiner Frau Amalie. Gedacht war das ehemalige Bauerngehöft unweit der Malojapasshöhe als »Erholungsheim für Wenigbemittelte und Unterstützungsbedürftige«. Immer aber war Salecina auch ein politisches Zentrum, wo Ideen geboren und Pläne geschmiedet wurden. Auch heute noch strahlt Salecina den Charme einer Groß-WG aus. Dementsprechend sind auch die Hausregeln: Die Gäste erledigen

PREISE
Eine Übernachtung mit Halbpension kostet Fr. 40.– bis Fr. 60.–, je nachdem, ob man sich zu den Viel- oder Wenigverdienenden zählt.

Mehrbettzimmer

ÖFFNUNGSZEITEN
ganzjährig geöffnet (außer einer Putzwoche im Frühling)

MOBILITÄT VOR ORT
VELO
Hotel Schweizerhof, Sils-Maria
Rent a Bike, Bahnhof St. Moritz

MOBILITY CARSHARING
Samedan, Scuol/Schuls

ÖFFENTLICHE VERKEHRSMITTEL
Regionalbus Linie 1 Pontresina–St. Moritz–Sils–Maloja, ca. 16 bis 18 Kurse täglich
Nachtbus Pontresina–St. Moritz–Sils–Maloja (fährt nach 20.30 Uhr), 4 bis 6 Kurse pro Nacht
Postautolinie St. Moritz–Sils–Maloja–Chiavenna, 5 Kurse täglich
Postautolinie »Palmexpress« St. Moritz–Maloja–Chiavenna–Lugano (fährt einmal täglich am Freitag, Samstag und Sonntag während der Saison sowie über Weihnachten/Neujahr)

das Putzen, Kochen, Abwaschen und Kompostkübelleeren.
Die Kundschaft (ein großer Teil davon langjährige Stammgäste) kommt vorwiegend aus dem links-grünen Kuchen aus der Schweiz, Deutschland, Österreich und Italien.

ANREISE
Salecina liegt auf dem Malojapass, zu Fuß etwa 20 Minuten von der Ortschaft Maloja entfernt. Mit der Rhätischen Bahn gelangt man von Chur nach St. Moritz. Dort steigt man auf das Postauto nach Chiavenna oder den Regionalbus Linie 1 um und fährt bis Maloja Post. Wenn man einen Abholdienst organisiert hat, wartet dort das Salecinabüschen. Wenn man den 20-minütigen Weg zu Fuß machen will, fährt man noch eine Station weiter. Nach der Passhöhe zweigt eine kleine Straße nach links Richtung Fornohütte ab: der Weg nach Salecina.
Reisezeit: Chur–Maloja Post ca. 3 bis 3½ Stunden (1-mal umsteigen), ca. 15 Verbindungen täglich.
Gepäcktransport: Reisegepäcktransport bis Maloja Post gewährleistet. Auf Anfrage wird es dort abgeholt.

INNENANSICHTEN
Die acht Zimmer in Salecina sind nur Schnarchresistenten oder mit Oropax Ausgerüsteten bekömmlich, denn es stehen ausschließlich Massenschläge zur Verfügung. Der eigene Schlafsack ist die Alternative zu den vorhandenen Woll- oder den Steppdecken zum Mieten. Der Schlaftrakt ist vom Hauptgebäude abgetrennt. Dort findet man zwei Ess- und Aufenthaltsräume mit Sofas, Klavier und Cheminée. An den großen Holztischen wird gegessen, diskutiert und der Inhalt der Hausbar geleert. Der helle Saal im Obergeschoss mit Parkettboden und Holzbalken dient je nachdem als Tagungsort, Rückzugsort oder Discoraum.

TAXI
Taxi Sils, Sils
Taxi Giusto, Silvaplana

INFRASTRUKTUR
- geplant ist eine Sauna
- breites Kurs- und Tagungsangebot
- Hauszeitung
- Kinderspielzimmer
- Seminarraum/Saal/Videoraum

ANBEBOTE IM ORT
- Jede Menge Wanderungen, Berg- und Skitouren
- Spaziergang zum Lägh da Cavloc (schönes Bergseeliauf dem Weg zur Fornohütte)
- Ausflüge ins Bergell: zum Beispiel auf dem Sentiero Storico, der von Maloja nach Castasegna führt (siehe auch Stüa Granda, Soglio)
- Einmal pro Woche gibt es Führungen im riesigen Palacehotel von Maloja, das heute 700-köpfige Ferienlager aus Belgien beherbergt (Schlechtwetterprogramm!)
- Langlauf (die Loipe führt am Haus vorbei)
- Gletschermühlen bei Maloja
- Lamatrekking
- Skilift und Babylifte

Nicht nur die Rezeption ist etwas anders in Salecina

KULINARISCHES
Der Speiseplan von Salecina ist so bunt wie die Gästeschar, denn jene ist es auch, die selbst in der Küche steht. Menükarte gibt es keine, über die Einkaufsliste der HüttenwartInnen kann diskutiert werden.

EXTRAS
Einmalig, wenn vielleicht auch etwas verstaubt anmutend, ist die Bibliothek von Salecina. Eine wahre Fundgrube für alle, die sich für die Geschichte der Linken interessieren. Die Bibliothek ist auch idealer Rückzugsort, wenn einem die Geselligkeit im Rest des Hauses einmal zu viel werden sollte.

VOR ORT
Wer sich mit Bündnerfleisch und Trockenwürsten eindecken möchte, ist bei Renato Giovanoli an der richtigen Adresse. Die Fleischtrocknerei Pila, etwas außerhalb des Dorfes, ist weiterum bekannt und geschätzt und auf jeden Fall einen Besuch wert.

ALPENPOLITISCHES
»Wir setzen der drohenden Zerstörung des Alpenraumes ein paar Füße entgegen – unser Widerstand gegen eine Entwicklung, die wir nicht wollen.« Zu Fuß von Wien bis Nizza. Quer durch und über die Alpen, fast 2000

Kilometer weit. 1992 machte sich eine Gruppe von acht Leuten aus der Schweiz, Italien, Österreich und Frankreich auf diesen langen Weg und badete vier Monate später tatsächlich im Mittelmeer. Auf ihrem Weg besuchten sie Menschen, die sich engagieren gegen noch mehr Mobilität, noch mehr Wachstum und noch mehr Zerstörung. »Wir besuchen Menschen, nicht Berggipfel«, lautete das Motto. Die acht Weitwanderer (und die vielen immer wechselnden Mitwanderer) dokumentierten dabei die Probleme der durchquerten Alpengebiete und schufen dabei ein Netzwerk von ähnlich denkenden und handelnden Menschen. Die Wanderung wurde zum medialen Ereignis und beleuchtete die Problematik des Alpenraumes für einmal aus einer etwas ungewohnten Perspektive.

Auch in Salecina machte TransALPedes Halt. Kein Zufall, denn einerseits liegt Maloja im Herzen der Alpen und andererseits wurde hier die Idee zu dieser alpenpolitischen Weitwanderung geboren. Im Frühsommer 1991 an der Tagung zum Thema »Überrollt die EG die Alpenregionen?« stellte der im Alpenbereich engagierte Geograph Dominik Siegrist den Anwesenden zum ersten Mal das Konzept von TransALPedes vor. Die Idee fiel in Salecina auf fruchtbaren Boden und wurde ein Jahr später bereits in die Tat umgesetzt.

Salecina war immer schon ein Treffpunkt von politisch und sozial engagierten Menschen, die versuchen, etwas an ihrer Umgebung zu verbessern. Ideen wurden ausgetauscht und weiterentwickelt, Kontakte geknüpft. Leute wie Max Frisch und Herbert Marcuse trafen sich in Salecina. Lang ist die Liste weiterer illustrer Namen. Kein Wunder, dass dieser Treffpunkt von hauptsächlich linken, aktiven und erst noch internationalen Gästen das Misstrauen der Behörden auf sich zog. So war denn auch der Schweizer Staatsschutz regelmäßig zugegen. Akribisch wurden Namen registriert und Autonummern notiert. Dass sich dabei Spitzel auch gegenseitig bespitzelten, wurde erst später klar und ging als Realsatire in die Geschichte Salecinas ein.

In Salecina trifft man sich zum Diskutieren

Auch heute noch treffen sich in Maloja interessierte und engagierte Leute und versuchen, einer besseren Welt ein Stückchen näher zu kommen. Zu einem der wichtigsten Schwerpunkte im Programm von Salecina ist mittlerweile die Alpenpolitik geworden. Lang ist die Liste der Tagungen, Seminare und informellen Treffen zu Themen aus der Bergwelt. Und dabei wird nicht nur diskutiert, sondern auch umgesetzt: sei es der (erfolgreiche) Widerstand gegen das Stauseeprojekt Val Madris oder die Lancierung der Alpeninitiative – immer wieder kommen wichtige Impulse und Kontakte von Salecina aus. Seit Anfang der neunziger Jahre ist die Entwicklung eines anderen, umwelt- und sozialverträglichen Tourismus ein zentrales Thema der alpenpolitischen Tagungen. In diesem Zusammenhang finden dort jeden Herbst die Bergeller Gespräche statt: Umweltorganisationen und Alpenengagierte treffen sich und planen gemeinsam ihre Strategien im Alpenschutz und in der Entwicklung eines umwelt- und sozialgerechten Tourismus.

Weit ist der Weg nach Maloja zwar, doch sitzt man auf der Holzbank vor dem Haus, möchte man gar nicht mehr zurück. Und man weiß auch gleich, wieso man hier ist: zum Genießen der Berge – und dafür muss man sich eben auch einsetzen!

LITERATURTIPP

Alpenglühn. Auf TransALPedes-Spuren von Wien nach Nizza. Rotpunktverlag, Zürich, 1993

PENSION
GEMÜTLICHE PENSION IM FEXTAL

1895 m ü. M.

SILS MARIA

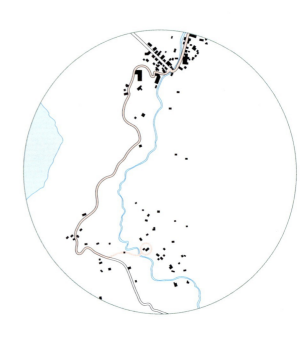

CHESA POOL

GRAUBÜNDEN

KONTAKT

Pension Chesa Pool
Fex-Platta
7514 Sils Maria
Tel. 081 838 59 00
Fax 081 838 59 01
chesa.pool@compunet.ch
www.chesa-pool.ch

Die Pension Chesa Pool entstand 1973 in einem ehemaligen Bauernhaus aus dem 16. Jahrhundert und liegt am Eingang des wunderschönen und (fast) autofreien Val Fex. 1994 wurden die Liegenschaften vom Ferienverein der Post/Swisscom gekauft und im Sommer 1998 umgebaut und renoviert. Seither erstrahlt die Liegenschaft in neuem Glanz und bietet mehr Komfort. Nicht gewechselt hat nebst der Philosophie auch die Betriebsleitung.
Dass das Restaurant und die herrliche Sonnenterrasse

PREISE
Die Übernachtung mit Halbpension kostet Fr. 100.– bis Fr. 150.– pro Person. Rabatte für Kinder bis 16 Jahre im Zimmer der Eltern

22 Gästezimmer mit 44 Betten in Einer- bis Vierer-Zimmern in 3 Gebäuden

ÖFFNUNGSZEITEN
Betriebsferien im Mai und von November bis Mitte Dezember

MOBILITÄT VOR ORT
VELO
Hotel Schweizerhof, Sils Maria
Rent a Bike, Bahnhof St. Moritz

MOBILITY CARSHARING
Samedan, Scuol/Schuls

ÖFFENTLICHE VERKEHRSMITTEL
Regionalbus Linie 1 Pontresina–St. Moritz–Sils–Maloja, ca. 14 Kurse täglich
Regionalbus Linie 2 Pontresina–St. Moritz–Sils, ca. 12 Kurse täglich
Nachtbus Pontresina–St. Moritz–Sils–Maloja (fährt nach 20.30 Uhr), 4 bis 6 Kurse pro Nacht
Postautolinie St. Moritz–Sils–Maloja–Chiavenna, 5 Kurse täglich

nun öffentlich zugänglich sind, schätzen viele Spazier- und Tourengänger im Fextal. In der Chesa Pool treffen sich Menschen, welche für einige Zeit den Alltag und die Hektik hinter sich lassen wollen; junge und ältere, Familien mit Kindern, Paare und Singles. Alle sind bereit, für einige Zeit auf das Auto zu verzichten.
Alles in allem ein sehr gepflegter und gastfreundlicher Betrieb für gehobenere Ansprüche in einer einmaligen Umgebung.

ANREISE
Mit der Rhätischen Bahn von Chur nach St. Moritz und von dort mit dem Bus nach Sils Maria Post. Das Val Fex ist grundsätzlich autofrei, nicht selten gesehene Gefährte sind Pferdekutschen und -schlitten. Auf Anfrage im Hotel können für die Anreise Pferdekutschen reserviert werden, deren Kosten das Hotel zur Hälfte übernimmt; dazu ist eine Reservationsbestätigung vom Hotel notwendig.
Reisezeit: Chur–Sils Maria ca. 2½ Stunden (1-mal umsteigen), 13 bis 20 Verbindungen täglich.
Gepäcktransport: Reisegepäcktransport bis Sils Maria gewährleistet. Das Gepäck wird auf Anfrage dort abgeholt. Am Samstag und Sonntag werden drei regelmäßige Gepäcktransporte durchgeführt.

INNENANSICHTEN
Die Stüva und die Chamineda sind hell und einladend. Der Boden wurde mit alten Fexer Steinplatten, welche über 200 Jahre als Dachbedeckung Schutz gebracht hatten, verlegt. Die Gästezimmer sind einfach, aber geschmackvoll eingerichtet, verfügen über Telefon, Radio sowie zum Teil über Balkon, Terrasse oder Galerie. Der ursprüngliche 400-jährige Teil mit den alten, dunklen Dachbalken steht unter Denkmalschutz und wurde sanft renoviert.
Leider wurde beim Umbau zu wenig Wert auf die Energieeffizienz gelegt, der umfassende Umbau hätte die Möglichkeit dazu gegeben.

Postautolinie »Palmexpress«
St. Moritz–Maloja–Chiavenna–
Lugano, fährt einmal täglich
während der Saison am Freitag,
Samstag und Sonntag sowie
über Weihnachten/Neujahr

TAXI
Taxi Sils, Sils
Taxi Giusto, Silvaplana

INFRASTRUKTUR
- Aufenthaltsraum mit Büchern und Spielen
- Schlitten, Schneeschuhe und Barryvox zum Ausleihen
- Angebot von Spezialwochen zu Themen: Spielen, Langlauf, Skitouren, Wandern
- Frühstücken auf der Alp im Sommer
- Garten mit Bocciabahn und Sonnenplätzen
- Gratiseintritt für Hausgäste ins Solebad des Hotels Schweizerhof in Sils

KULINARISCHES

Das Essen in der Chesa Pool ist gepflegt und wird liebevoll angerichtet. Gekocht wird vorwiegend mit regionalen oder biologischen Produkten. Das Halbpensionsmenü besteht aus drei bis vier Gängen, der Hauptgang ist abwechselnd mit Fleisch, Fisch oder vegetarisch. Im Keller lagert ein exklusives Angebot an Weinen, darunter leider nur wenige aus biologischem Anbau. Für den kleinen Hunger zwischendurch werden viele regionale Spezialitäten wie Gerstensuppe, Fexer Spätzli oder Bündnerteller angeboten. Wer lieber Süßes mag, wählt zwischen verschiedenen Kuchen, Birnbrot und Engadiner Nusstorte – alles hausgemacht.
Zum Frühstück gibt es ein reichhaltiges Buffet mit täglich wechselndem Angebot und einer großen Auswahl an Broten, Konfitüren und Käse.

EXTRAS

Außergewöhnlich und wohl einzigartig für einen Hotelbetrieb ist das Verkehrskonzept der Chesa Pool. Ein ausführliches Infoblatt orientiert über die verschiedenen Varianten, wie man mit oder ohne Gepäck nach Sils Maria und ins Fextal kommt. Obwohl das Fextal für den Privatverkehr von Nichtansässigen grundsätzlich gesperrt ist, gibt es einige Möglichkeiten trotzdem mobil zu sein: Mit dem Hausbus der Chesa Pool werden ca. zweimal täglich Fahrten nach Sils Maria zur Post und zurück angeboten. Eine originelle Alternative stellt die Fortbewegung mit Pferdekutschen, oder je nach Jahreszeit Schlitten, dar. Auch der Weg zu Fuß von und nach Sils Maria ist nicht zu verachten. Er führt durch eine malerische Schlucht und dauert etwa 20 Minuten.

NIETZSCHES SILS MARIA

»Hier ist gut zu leben, in dieser starken kalten Luft, hier, wo die Natur auf wunderliche Weise zugleich wild, ›feierlich‹ und geheimnisvoll ist – im Grunde gefällt mir's nirgendwo so gut als in Sils Maria«, schrieb Friedrich Nietzsche im August 1884 an Resa Schirn-

ANGEBOTE IM ORT
- Skifahren und Snowboarden auf Furtschellas
- Langlauf (Loipe vor der Haustür)
- Skitouren vom Haus aus
- Schneeschuhlaufen
- Schlitteln
- Natureisbahn
- Wandern im Sommer und Winter
- Bergtouren, Klettern
- Fahrradfahren, Biken
- Tennis
- Minigolf
- Hallenbad im Hotel Waldhaus
- Wassersport auf dem Silser- und Silvaplanersee
- Wellness
- Nietzsche-Haus
- Museum des Silser Malers Andrea Robbi
- Bergkirche Crasta im Fextal
- wöchentliche klassische Konzerte und Lesungen
- Tagungen und Seminare zu Literatur und Musik

hofer. Nietzsche wusste, wovon er sprach, seine Krankheit, ein Augenleiden und migräneartige Anfälle, fesselten ihn manchmal tagelang ans Bett. Nach nur zehn Jahren Lehrtätigkeit an der Universität Basel als Professor für klassische Philologie musste er sich, erst 35-jährig, pensionieren lassen. Im Süden ging es Nietzsche jeweils besser: Zwischen 1881 und 1888 wohnte er sieben Sommer lang in Sils Maria, den Winter verbrachte er meist in Italien.

Während seiner Aufenthalte in Sils Maria bewohnte Nietzsche eine einfache kleine Kammer im Hause des Gemeindepräsidenten und Krämers Gian Durisch. »Er wählte gerade dieses Zimmer, weil es so abgelegen war und nur die paar Arvenbäume vor dem Fenster hatte«, erzählte der Hausherr einige Jahre später. »Ein weiß getünchtes Haus wäre ihm unerträglich gewesen. Sein Auge vertrug das Licht sehr schwer.« Der Philosophieprofessor Paul Deussen besuchte Nietzsche 1887 in Sils Maria und beschrieb das Zimmer des Gelehrten: »Am nächsten Morgen führte er mich in seine Wohnung, oder wie er sagte, in seine Höhle. Es war eine einfache Stube in einem Bauernhause, drei Minuten von der Landstraße. Nietzsche hatte sie während der Saison für einen Franken täglich gemietet. Die Einrichtung war die denkbar einfachste. An der einen Seite standen seine mir von früher her meist noch wohlbekannten Bücher, dann folgte ein bäurischer Tisch mit Kaffeetasse, Eierschalen, Manuskripten, Toilettengegenständen in buntem Durcheinander, welches sich weiter über den Stiefelknecht mit einem darin steckenden Stiefel bis zu dem ungemachten Bett fortsetzte.«

Jahr für Jahr kehrte Nietzsche zurück, immer wohnte er in der gleichen kleinen Kammer. Mit der Gastgeberfamilie verstand er sich gut. »Die Leute sind so gut gegen mich und freuen sich meiner Wiederkehr, zumal die kleine Adrienne«, schrieb er an Overbeck im Juni 1883. Zudem schätzte er das Angebot im Laden: »Im Hause selber, wo ich wohne, kann ich englische Bisku-

Schlafen im Holz

its, Corned-beef, Tee, Seife und eigentlich alles Mögliche kaufen: das ist bequem.«

Nietzsches Tagesablauf war streng geregelt. »Morgens stand er wer weiß wie früh auf. Von Tagesgrauen an schrieb er hinter verriegelten Thüren, damit ihn nur ja niemand störe«, erinnerte sich sein Gastgeber. Gegen Mittag legte er seine Arbeit nieder; vor dem Essen machte Nietzsche einen Spaziergang an den Silvaplanersee, den Nachmittag verbrachte er »hinten im Fextal.« Das Mittagessen nahm er meistens im Hotel Alpenrose ein.

Die Schriftstellerin Meta von Salis, eine gute Freundin Nietzsches, beschrieb einen gemeinsamen Spaziergang im Fextal: »Am folgenden, für mich letzten, Tage in Sils war der Morgen trübe. Wir gingen durch die Schlucht und über die feuchten Bergwiesen jenseits derselben auf dem Wege nach Fex bis in die Nähe der kleinen Kirche. Die Landschaft behält einen großartigen Charakter auch unter grauem Himmel, nur die Lieblichkeit, der Schmelz der Farben geht verloren. (...) Der herbstlich düstern Stimmung der Natur entsprach heute eine leise Schwermut Nietzsche's.«

Der Weg zur Kapelle Crasta führte die beiden Spazierenden bestimmt an der Chesa Pool vorbei, damals allerdings noch ein Bauernhof und ohne Einkehrmöglichkeit. Für den Apfelkuchen zum Nachmittagstee mussten sie wohl zuerst wieder ins Dorf zurückgehen. Sein Wirt erinnerte sich, wie Nietzsche jeweils gegen 4 oder 5 Uhr vom Spazieren zurückkam und sich wieder ins Zimmer verkroch. Er »schrieb bis Abends 11 Uhr, kochte sich Tee dabei, und arbeitete, und arbeitete!« Die Sommer in Sils Maria waren seine produktivsten Monate, viele seiner wichtigsten Werke entstanden hier. Die Einwohner von Sils Maria mochten den stillen, gelehrten Gast im Dorf. »Ich glaube nicht, dass er überhaupt einen Fehler hatte, außer den – zu großen Fleißes. Wie er die sieben Sommer bei uns gearbeitet, so darf, so kann kein Mensch arbeiten, ohne Schaden an seiner Gesundheit zu nehmen«, meinte Gian Durisch. Im Sommer 1889 erwartete man den beliebten Gast denn auch wirklich vergebens. Erst viel später erfuhren die Silser, dass Nietzsche im Januar einen körperlichen und geistigen Zusammenbruch erlitten hatte, von dem er sich bis zu seinem Tode am 25. August 1900 nicht mehr erholte.

Tagesspezialitäten im Restaurant

Nach seinem Tode wurde Sils Maria zum »Wallfahrtsort« für seine vielen Verehrer. Dazu gesellt sich eine lange Liste von berühmten Schriftstellern, Philosophen, Musikern und Malern, die in Nietzsches Sils Maria zu Gast waren: Marc Chagall, Friedrich Dürrenmatt, Max Frisch, Hermann Hesse, Ferdinand Hodler, Thomas Mann, Marcel Proust, Giovanni Segantini, Bruno Walter – um nur einige zu nennen. Sie kamen zwar nicht alle wegen Nietzsche nach Sils, viele besuchten aber während ihres Aufenthalts sein ehemaliges Wohn- und Arbeitshaus. Als das Gebäude 1958 verkauft werden sollte, entstand eine Initiative zur Rettung der geschichtsträchtigen Liegenschaft. Die Stiftung Nietzschehaus erwarb das Gebäude, rekonstruierte Nietzsches Arbeitszimmer und machte es als Erinnerungsstätte der Öffentlichkeit zugänglich. Jedes Jahr besuchen Tausende von Feriengästen das Nietzsche-Haus, gleichzeitig stehen geistig und kulturell Schaffenden ein paar Gästezimmer für Ferien- und Arbeitsaufenthalte zur Verfügung.

QUELLEN:
Raabe, Paul: Spaziergänge durch Nietzsches Sils Maria. Arche Verlag, Zürich/Hamburg, 1994
Bloch, Peter André: Nietzsche-Haus in Sils Maria. Calanda Verlag, Chur, 1991

ALBERGO RISTORANTE
SYMPATHISCHES, KLEINES HOTEL IM BERGELLER KASTANIEN-BERGDÖRFCHEN

1090 m ü. M.

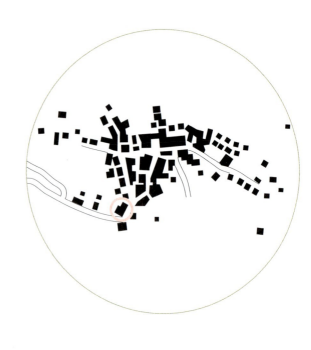

STÜA GRANDA

GRAUBÜNDEN

KONTAKT

Albergo Ristorante Stüa granda
7610 Soglio
Tel. 081 822 19 88
Fax 081 834 09 50
soglio@bluewin.ch

Die Stüa granda steht am Rand des Gässchengewirrs von Soglio. Das ehemalige Pfarrhaus ist ein idealer Ausgangspunkt oder Zwischenstation für zahlreiche Wanderungen. Das kleine, sympathische Hotel ohne Schnörkel und Firlefanz ist unaufdringlich ökologisch geführt. Es ist eine lohnende Alternative zu den zwar bekannteren, aber auch überlaufenen Palazzi Salis, dem bekanntesten und geschichtsträchtigsten Hotel im Dorf. Von den talwärts gerichteten Zimmern aus hat man eine grandiose Aussicht auf die Bergeller Kletter-

PREISE

Die Übernachtung im Doppelzimmer mit Frühstücksbuffet kostet Fr. 50.– bis Fr. 80.– pro Person. Kinder von 2 bis 16 Jahren erhalten 30% Ermäßigung.

ÖFFNUNGSZEITEN

ganzjährig geöffnet

MOBILITÄT VOR ORT

VELO
Rent a Bike, Bahnhof St. Moritz

MOBILITY CARSHARING
Samedan

ÖFFENTLICHE VERKEHRSMITTEL
Postautolinie Promontogno–Soglio, ca. 6 Kurse täglich

TAXI
Hoteltaxi auf Anfrage
Wazzau, Soglio
Taxi Sils, Sils

berge der Bondasca- und Scioragruppe. Ein Besuch in der Stüa granda lohnt sich vor allem auch wegen des vorzüglichen Essens!

ANREISE

Mit der Rhätischen Bahn von Chur nach St. Moritz und von dort weiter mit dem Bus über den Malojapass Richtung Chiavenna (Italien). In Promontogno, im Bergeller Talboden, umsteigen und mit dem kleineren, kurvenkompatibleren Postauto eine Viertelstunde nach Soglio hinauf.
Reisezeit: Chur–Soglio ca. 4 Stunden (2-mal umsteigen), ca. 5 Verbindungen täglich.
Gepäcktransport: Reisegepäcktransport bis Soglio gewährleistet.

INNENANSICHTEN

Die Stüa granda ist mit schlichten, aber schönen, großzügigen Zimmern mit viel Holz ausgestattet. Der Hotelier Riccardo Bischoff ist stolz auf die Hüsler-Nester, die einen tiefen Schlaf versprechen.

KULINARISCHES

Acht Monate im Jahr kocht Riccardo Bischoff seine Kreationen selbst. In der Hochsaison lässt er sich durch kompetentes Personal helfen und beschränkt sich aufs Managen. Die Speisekarte ist voll mit aus traditionellen Zutaten komponierten modernen Gerichten. Alles schmeckt vorzüglich und viele Gäste kehren für ein feines Mittagessen in der Stüa granda ein. Selbst gebackenes Früchtebrot gehört zum reichhaltigen Frühstücksbuffet.

EXTRAS

Die Stüa granda verfügt über einen Gartensitzplatz. Im Sommer kann man dort draußen sitzen und die Köstlichkeiten aus der Küche oder ein Kastanienbier genießen.

ANGEBOTE IM ORT

- Soglio liegt am »Sentiero storico«, der von Maloja nach Castasegna führt und insgesamt etwa 12 Stunden Wanderzeit bietet. Bequeme Wege führen an den kulturhistorischen Sehenswürdigkeiten des Bergells vorbei. Prospekte bekommt man in den Dorfläden oder bei Pro Bregaglia. Die Palazzi Salis in Soglio sind eine der beschriebenen Stationen dieses Wanderwegs.
- Ein weiterer schöner Wanderweg führt ebenfalls von Casaccia nach Soglio und nennt sich »La Panoramica«. Der Höhenweg ist gut markiert und führt in etwa 5 Stunden zum Ziel.

VOR ORT

Für Ausdauernde lohnt sich die wunderschöne Wanderung von Casaccia übers Val Maroz, dann durchs Val da Cam (oder als Variante durchs Val da la Duana) nach Soglio. 6½ bis 7 Stunden braucht man dazu aber schon. Der steile Abstieg nach Soglio ist nichts für angeschlagene Knie!

BERGELL

Wandert oder fährt man durchs Engadin in Richtung Malojapass, fällt die Passhöhe ziemlich unspektakulär aus. Doch umso unerwarteter ist dann die Aussicht ins Bergell. Beim Malojapass hört das Hochtal des Engadins abrupt auf. Die Straße fällt und fällt bis hinunter ins mediterrane Chiavenna. 1500 Meter verliert man dabei an Höhe. Besonders schön ist dieser Weg im Frühling, wenn im Engadin noch Winter herrscht und man sich innert kürzester Zeit unter blühenden Kirschbäumen im Bergell wiederfindet.

Dichter und Maler haben sich immer wieder in dieses Bergtal zurückgezogen und sich von den einmaligen Stimmungen inspirieren lassen. Besonders beliebtes Ziel und Aufenthaltsort war und ist dabei Soglio. »Soglio è la soglia del paradiso« – als »die Schwelle zum Paradies« beschrieb der Engadiner Maler Segantini das Bergeller Bergdorf. Im Gegensatz zu den anderen Bergeller Dörfern liegt Soglio nämlich nicht auf dem Talgrund, sondern thront auf einer Terrasse mit traumhaftem Blick auf die spektakuläre Bergeller Bergwelt. Sogar Rainer Maria Rilke, welcher den Alpen sonst eher skeptisch gegenüberstand, konnte sich für Soglio erwärmen. In seinen Briefen schrieb er über seinen Aufenthalt im Bergeller Dorf: «Über Zürich, diese politisch trübe Stadt, ist kaum etwas zu sagen – mich drängt es von dort aus sehr aus den Städten fort, Land und möglichst südlicher Himmel darüber: das schwebte mir vor – und das ist mir hier nun, auf eine besondere Art, für eine Weile in Erfüllung gegangen. Eine Karte der Schweiz zeigt Ihnen leicht die Verhältnisse des

Bergell, die Eile dieses Tals, bei Italien anzukommen; über der Talschaft nun liegt, auf halber Bergeshöhe, dieses kleine mit Gneisplatten eingedeckte Nest, eine (leider protestantische und also leere) Kirche am Abhang, ganz enge Gassen. (...) Ein anderes Mal aber muss ich Ihnen von den Kastanienwäldern erzählen, die sich, die Hänge hinab, gegens Italienische zu, in großartiger Schönheit hinunterziehen.(...)«

So romantisch sich das Bergell aus Touristenaugen auch ausnimmt, so hart war das traditionelle Leben im Bergtal. Steil sind die Hänge, karg ist die Ernte. Die Berge sind so hoch und steil, dass im Winter kein Sonnenstrahl den Weg in den Talgrund findet. Industrie gibt es beinahe keine. Lediglich die Steinbrüche von Promontogno und Soglio und natürlich die Wasserkraftwerke des Elektrizitätswerks Zürich, das den Strom aus dem Bergell bezieht, bieten heute eine größere Anzahl Arbeitsplätze. Früher lebten die Menschen im Bergell also von dem, was ihnen der karge Boden und die steilen Hänge boten: Ziegen und Kastanien.

Das Grundnahrungsmittel der Bergeller war ursprünglich die Kastanie. Die Verarbeitung dieses Nahrungsmittels ist allerdings arbeitsaufwändig. Von Mitte Oktober bis Ende November fallen die reifen Kastanien in ihren stacheligen Hüllen von selbst von den Bäumen. Mit einem Holzhammer werden die am Boden liegenden Früchte aus der Schale geklopft und mit einem Rechen aufgehäuft. Nun beginnt das Sortieren der verschiedenen Qualitäten der Früchte. Die schönsten Kastanien werden als Marroni direkt über dem Feuer gebraten oder gesotten. Die kleineren Früchte bringt man in die zahlreichen markanten, schmucklosen Holzhäuschen. Auf hölzernen Rosten werden sie dort über einem Mottfeuer langsam ausgedörrt. Nach einigen Wochen in den Dörrhäuschen haben die Kastanien etwa zwei Drittel ihres Gewichts eingebüßt. Nun werden sie in Säcke gefüllt und kräftig auf Holzblöcke geschlagen, so dass sich die Schale von den Kastanien trennt. Ein Teil der Kastanien bricht bei dieser brachialen Behandlung.

Kochen mit Blick auf die Alpen

Diese Bruchstücke werden zu Kastanienmehl zermahlen, das man zur Herstellung von Teigwaren wie Pizzoccheri oder als Schweinefutter verwendet.

Den Kastanienwäldern wird heute wieder mehr Beachtung geschenkt als auch schon, obwohl die traditionelle Landwirtschaft stark auf dem Rückzug ist. Die ortsübliche Ziegenzucht wird durch die weniger arbeitsintensive, besser rentierende Schafzucht ersetzt, viele Höfe werden aufgegeben oder als Ferienhäuser vermietet.

Nur noch wenige Bauern ziehen im Juni auf ihre höher gelegenen Alpen bei Maloja oder ins Fextal. Ein Großteil der vormals bewirtschafteten Weiden liegen brach und verganden.

An Stelle der Landwirtschaft nimmt heute der Tourismus eine immer wichtigere Rolle ein.

Bisher haben die Kastanienselven im Bergell sowohl dem von Süden her eingewanderten Kastanienkrebs als auch den sich ändernden Zeiten getrotzt. Bleibt zu hoffen, dass auch die wachsende Zahl von Touristen ihnen nichts anhaben kann.

LITERATURTIPPS:
Bauer, Ursula; Frischknecht, Jürg: Grenzschlängeln. Rotpunktverlag, Zürich, 1997
Burger, Hermann: Brenner. 2. Band: Brunsleben. Suhrkamp Verlag, Frankfurt a. M., 1989
Burger, Hermann: Zentgraf im Gebirg oder das Erdbeben von Soglio. Aus Diabelli. Fischer Verlag GmbH, Frankfurt a. M., 1979

QUELLEN:
Rilke, Rainer Maria: Aus Soglio. Briefe. Zweiter Band 1914–1926. Wiesbaden, 1950
Stampa, Renato; Maurizio, Remo: Das Bergell – La Bregaglia. Schweizer Heimatbücher. Verlag Paul Haupt, Bern, 1994

Draußen Essen ist am schönsten

Ein guter Platz für Ihre Werbung

...denn hier wird Ihr Angebot von einem gesundheits-, natur- und umweltbewussten Personenkreis immer wieder beachtet.

Wollen Sie dieser interessanten Zielgruppe auch Ihre Firma und Ihre Produkte bekannt machen oder wieder in Erinnerung rufen? Dann nehmen Sie für die nächste Ausgabe doch einfach Kontakt auf mit:

Mediaberatung
Hans-Jürgen Ottenbacher
Giselistrasse 10, 6006 Luzern
Telefon   041 370 38 83
Fax   041 370 80 83
E-Mail   hj.ottenbacher@gmx.net

TAGUNGSZENTRUM

TAGUNGSZENTRUM FÜR ERWACHSENENBILDUNG, INSBESONDERE FÜR FRAUEN

1285 m ü. M.

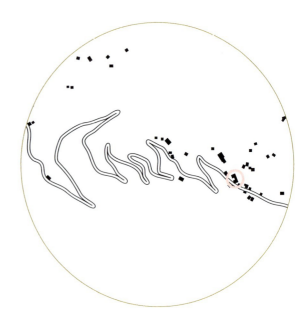

HOF DE PLANIS

GRAUBÜNDEN

KONTAKT

Hof de Planis
Tagungszentrum
7226 Stels
Tel./Fax 081 328 11 49
stels@spin.ch
www.hofdeplanis.ch

650 m über dem Talboden des Prättigau, am unteren Ende der Walser Streusiedlung auf dem Stelserberg liegt das Tagungszentrum Hof de Planis, früher Bauernbetrieb und Fremdenpension, mit wunderbarem Ausblick talein- und auswärts. Zentrales Anliegen der in den 50er Jahren gegründeten Annie Bodmer-Abegg Stiftung ist seit jeher die Frauenbildung. Traditionell sind Ferienwochen für Frauen, es wird aber auch eine breite Palette verschiedenster Tagungen, Seminare und Kurse allgemein im Bereich Erwachsenenbildung

PREISE
Die Übernachtung im Doppelzimmer mit Halbpension kostet pro Person Fr. 80.– bis Fr. 92.– je nach Alter 25% bis 75% Rabatt für Kinder

19 Zimmer mit 31 Betten, Einzel- und Doppelzimmer + 3 Familienzimmer

ÖFFNUNGSZEITEN
ganzjährig geöffnet

MOBILITÄT VOR ORT
VELO
Swiss-Bike-Masters, Schiers
Rent a Bike, Bahnhof Küblis

MOBILITY CARSHARING
Schiers, Klosters, 2x Davos, Landquart

ÖFFENTLICHE VERKEHRSMITTEL
Postautolinie Mottis–Stels–Schiers, 6–8 Kurse täglich

TAXI
Extrafahrten mit Bus (bis 25 Personen) und Auto (bis 5 Personen) auf Anfrage im Hotel.
Fünf Dörfer Taxi, Landquart (steht am Bahnhof in Landquart) vom Haus selbst oder von externen Kursleitern durchgeführt: Zukunftswerkstätten für Bauernfamilien, Wanderwochen oder Kreistänze. So abwechslungsreich das Kursangebot, so divers ist auch die Gästeschar.

ANREISE
Von Landquart mit dem Schnell- oder Regionalzug Richtung Davos bis Station Schiers. Von da mit dem Postauto über das kurvenreiche, steile Sträßchen (das bei schneebedeckter Fahrbahn auch als Schlittelbahn dient) nach Stels. Obwohl der Hof de Planis 50 m neben der Post (und damit der offiziellen Haltestelle) liegt, hält der Chauffeur direkt vor dem Haus. Das ist Service!
Reisezeit: Landquart–Stels ca. 45 Minuten (1-mal umsteigen), 6–8 Verbindungen täglich.
Gepäcktransport: Reisegepäcktransport mit der Bahn bis Schiers möglich. Postautochauffeure helfen bei Bedarf beim Ein- und Ausladen.

INNENANSICHTEN
An Holz wurde beim Hof de Planis nicht gespart: Arvenholzstuben und -esszimmer, getäferte Schlafräume, die Möbel ebenfalls größtenteils aus naturbelassenem Holz. Die Straße nach Stels existierte vor dem 1. Weltkrieg noch nicht, so wurden beim Bau des Hauses wo immer möglich die Rohstoffe aus der Umgebung verwendet. Nur was nicht auf Stels selber hergestellt werden konnte – wie zum Beispiel die schweren Schiefertische, die noch heute in der Stüva stehen –, mussten die Erbauer des »Hofes«, die Gebrüder Däscher, mit Hilfe von Maultieren hinaufbuckeln lassen.
Der alte Hausteil ist in rustikalem Stil gehalten, die Gästezimmer verfügen alle über fließend Wasser; Duschen und WCs befinden sich auf der Etage. Der moderne Anbau mit Eingangshalle und Seminarraum überzeugt durch Schlichtheit, Helligkeit und der Kombination von Holz, Stein und Farbe.

INFRASTRUKTUR
- Kurse für Erwachsene, insbesondere Frauen; Wanderwochen
- Seminarraum
- Bibliothek
- Fernsehzimmer
- Spielzimmer, Kinderbetten, -sitze
- Garten
- Schlitten zum Ausleihen

ANGEBOTE IM ORT
- Übungslift für Kinder
- Skitouren/Schneeschuhwandern
- Schlitteln
- Wandern
- Mountainbiking

KULINARISCHES

Das Rind vom Nachbarn, eigene Hausschweine, das Gemüse von einem Bauernhof im Nachbardorf; der Hof de Planis kann sich trotz seiner Berglage rühmen, Eier, sämtliche Fleischprodukte und den größten Teil des Grünfutters vom Stelserberg, und erst noch in Bioqualität, beziehen zu können. Gekocht werden viele Spezialitäten aus der Umgebung und an jedem zweiten Tag mit Fleisch (dessen Herkunftshof auch gleich auf einem anschließenden Verdauungsspaziergang besucht werden kann). Auf Wunsch gibt es aber immer auch eine Vegivariante.

EXTRAS

Da das Haus vor allem von Tagungen lebt, verfügt es über eine gute technische Infrastruktur im Seminarbereich. Die Betriebsleitung legt jedoch Wert darauf, dass sich die Gäste auch in den »freien« Stunden wohl fühlen können. Ruhebedürftigen stehen eine Bibliothek, bewegungsfreudigen Menschen Wanderkarten und Schlitten zur Verfügung.

VOR ORT

Der Hof de Planis legt Wert darauf, seinen Gästen einen Bezug zur Umgebung zu vermitteln. Dazu dienen einerseits Hinweise auf lokales Leben und Wirken,

»Uf em Ofebänkli«

andererseits werden Kursinhalte mit Bezug auf ortstypische Besonderheiten angeboten. Mit den Nachbarn werden die Beziehungen bewusst gepflegt, es ist üblich, dass Gäste und Einheimische miteinander ins Gespräch kommen.

WALSER WANDERUNGEN

Wer einen Spaziergang ins Dorf von Stels unternehmen möchte, der wird dieses vergebens suchen. Die Häuser liegen weit verstreut an der mehrere Kilometer langen Straße und von einem eigentlichen Zentrum kann nirgends gesprochen werden. Weiter wird man sich fragen, weshalb viele Flurnamen in Stels romanisch sind, obwohl doch in der ganzen Gegend Deutsch gesprochen wird. Beides sind deutliche Zeichen dafür, dass Stels eine Walsersiedlung ist.

Die Walser waren eine alemannische Volksgruppe aus Hirten, Viehzüchtern und Bergbauern, die ab dem 8. Jahrhundert aus dem Berner Oberland ins Oberwallis einwanderten. Schon bald aber – etwa im 12./13. Jahrhundert verließen viele das damals höchst gelegene besiedelte Gebiet im Alpenraum wieder. Aus heute ungeklärten Gründen schwärmten sie in alle Himmelsrichtungen aus. In mehreren Auswanderungswellen kamen sie u. a. über Furka- und Oberalppass ins Bündner Oberland, ins Rheintal und schließlich nach Davos. Von den ersten Stammkolonien breiteten sich die Walser in die benachbarten Talschaften aus, so z. B. von Davos ins Schanfigg sowie durchs Prättigau bis gegen Schiers, auf dessen Höhe auch der Stelserberg liegt.

Die Walser fanden in der Fremde rasch Hilfe. Sie pflegten freundschaftliche Beziehungen zu den Feudalherren, die ihnen abgelegene Gegenden der Alpen zur Besiedlung überließen. Einerseits sicherten sich die Dynasten damit ihre Herrschaftsansprüche, andererseits konnten sich die Walser verschiedene Rechte und Freiheiten aushandeln, die für die damalige Zeit alles andere als selbstverständlich waren. So waren sie

Seminarraum im Dachstock

persönlich unabhängig, niemandem etwas schuldig und konnten selbständige Gemeinschaften bilden. Es bildeten sich allerdings keine räumlich geschlossenen Gesellschaften. Denn als die Walser im 13./14. Jahrhundert im heutigen Graubünden ankamen, waren die gut bebaubaren Flächen längst von den alteingesessenen Bewohnern, mehrheitlich Rätoromanen, besetzt. So blieben den Walsern nur die unwirtlichen Gebirgsgegenden, die oft über 1500 m. ü. M. lagen. Diese Gebiete wiesen wenig ebene Flächen auf und waren bisher von der einheimischen Bevölkerung höchstens zum Holzen oder im Sommer als Weiden genutzt worden. In diesen Lagen benötigte man riesige Flächen, um das nötige Futter für das Vieh zu sammeln. So waren die Walser, die ihre Existenz mehrheitlich auf die Viehwirtschaft abstützten, oft gezwungen, sich mit ihren Hofsiedlungen weit verstreut voneinander niederzulassen. Dies führte zur typischen Walser Streusiedlung, wie sie in Stels schulbuchmäßig vorliegt.

Die Walser waren Individualisten: Sie lebten mit ihrer Familie auf dem eigenen Hof mit klar abgegrenztem Grundbesitz, gingen im Sommer alleine zur Alp. So bildete sich nie eine räumlich geschlossene Gesellschaft und es entwickelte sich auch kein kollektives Brauchtum. Die Kultur der Walser ist im ursprünglichsten Sinne zu verstehen: das Erschließen, Roden und Urbarmachen von schwer zugänglichen Flächen, das Kultivieren und Bebauen und das allmähliche Heimischwerden. Indem sie sich in noch unbebauten Alpenhöhen eine neue Heimat aufbauten, prägten sie die Bevölkerungs- und Wirtschaftsstruktur im Alpenraum nachhaltig. Angesichts dieser harten und kargen Lebensbedingungen mag es wohl stimmen, dass die Walser tatsächlich ein rauher und wilder Menschenschlag waren.

Die Anwesenheit der Walser führte unweigerlich zu Reibereien zwischen den Einheimischen und den »Fremdlingen«. Obwohl ihre »antiquierte« Sprache belächelt und die Walser als grobschlächtige Barbaren abgestempelt wurden, ging es nicht in erster Linie um kulturelle oder sprachliche Gegensätze. Vielmehr drehte sich der Konflikt um Eigentum und Rechte. Einerseits standen die Zuzüger im freiwilligen Dienst der lokalen Herrscher, deren Joch die Einheimischen abzuschütteln hofften. Auf der anderen Seite zwang die

Nebelmeer im Prättigau

ungünstige Lage der Siedlungen die Walser aber vor allem im Winter immer wieder dazu, talwärts zu ziehen und fremden Besitz anzugreifen.
Trotzdem eigneten sich die Walser viele Eigenheiten ihrer Nachbarn an. Typische romanische Satzkonstruktionen finden sich auch im Walser Dialekt wieder. Und wo schon romanische Flurnamen bestanden, wurden diese meist übernommen; nur noch nicht benannten Orten wurden walserdeutsche Namen gegeben. Wie damals die romanische Kultur vom Stelserberg verschwunden ist, ist heute auch die Kultur der Walser bedroht. So wird das Walser Deutsch mit seiner Ähnlichkeit zum Oberwalliser Dialekt immer mehr vom Dialekt des Churer Rheintals verdrängt. Was bleibt, sind die Flurnamen – sowohl die romanischen als auch die walserischen.

QUELLEN:
Casal, Jakob: Aus der Ansprache zur Eröffnung des Erweiterungsbaus 1996. In: Hof de Planis hält Ausschau. Festschrift zur Eröffnung des Erweiterungsbaus. Stels, 1996
Zinsli, Paul: Walser Volkstum in der Schweiz, in Vorarlberg, Liechtenstein und Italien. Verlag Bündner Monatsblatt, Chur, 1991
www.rhone.ch/walser

TRIN DIGG

CASA
FAMILIÄRE PENSION FÜR FERIEN UND KURSE

880 m ü. M.

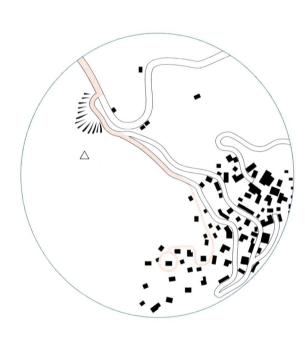

SELVA

GRAUBÜNDEN

Kontakt
Casa Selva
Bot Fiena
7014 Trin Digg
Tel. 081 635 17 75
Fax 081 630 41 21
casaselva@spin.ch
www.casaselvatrin.ch

Die überschaubare, familiäre Pension liegt oberhalb des Weilers Trin Digg inmitten eines lichten Föhrenwalds. Das Haus wurde in den 60er Jahren als Ferienhaus für Schwestern des Bethanienordens gebaut. 1989 wurde es von der Familie Odermatt übernommen und in eine Pension umfunktioniert. Seit Ende 1998 leiten nun Dorothea Simmler und Susanne Egger den Betrieb mit der gleichen Philosophie weiter, die u. a. auch den ökologischen Aspekt erfasst. Zu einem großen Teil im Jahr finden in der Casa Selva Kurse und

PREISE

Die Übernachtung mit Halbpension kostet je nach Zimmer und Aufenthaltsdauer pro Person und Tag Fr. 87.– bis Fr. 104.–. Kinder bis 14 Jahre bezahlen je nach Alter Fr. 15.– bis Fr. 50.– für die Übernachtung mit Halbpension.

6 Einzel-, 6 Doppel-,
1 Viererzimmer

ÖFFNUNGSZEITEN
ganzjährig geöffnet

MOBILITÄT VOR ORT
VELO
Sport Beat, Flims: 15 Mountainbikes (auch für Kinder)
Sport Bundi, Flims: 60 Mountainbikes (auch für Kinder)

MOBILITY CARSHARING
7 x Chur

ÖFFENTLICHE VERKEHRSMITTEL
Postautolinie Chur–Domat/Ems–Trin–Flims–Laax, ca. 20 bis 22 Kurse pro Tag
Bahnlinie Chur–Reichenau/Tamins–Trin–Ilanz–Disentis/Mustér, ca. 15 Kurse pro Tag

Seminare statt, aber auch Feriengäste mit oder ohne Kinder sind willkommen.

ANREISE
Von Chur fährt das Postauto Richtung Flims/Laax im Stundentakt. Die Haltestelle Porclis folgt eine Station nach dem Dorf Trin, in der Kurve kurz vorher zweigt von der Hauptstraße die Straße nach Trin Digg ab. Rechts die Straße hinauf und von da sind es zu Fuß gut zehn Minuten bis zur Casa Selva. Auf Voranmeldung werden die Gäste von der Haltestelle abgeholt.
Reisezeit: Zürich–Trin Porclis ca. 2 bis 2½ Stunden (1-mal umsteigen), ca. 20 Verbindungen täglich.
Gepäcktransport: Reisegepäcktransport bis Trin Post gewährleistet. Vom Hotel wird es dort abgeholt.

INNENANSICHTEN
Die Zimmer sind klein und einfach, z. T. fast klösterlich anmutend, aber freundlich, gemütlich und sehr individuell eingerichtet (siehe auch Hauptartikel). Die meisten sind nach Süden ausgerichtet und haben einen großen Balkon. Je zwei bis drei Zimmer zusammen verfügen über ein eigenes Badezimmer mit WC.

KULINARISCHES
Die Küche ist das Reich von Dorothea Simmler. Die naturnahe, saisongerechte Menüplanung liegt ihr sehr am Herzen. Gekocht wird Währschaftes, sehr abwechslungsreich und meist mit Fleisch – auf Wunsch gibt es aber immer auch Vegetarisches. Zum Frühstück wird selbst gebackenes Brot serviert.

EXTRAS
In der Casa Selva wird eine breite Palette von Kursen angeboten: von Familienskitourenwochen über Koch-, Massage-, Meditations- und Ernährungs- bis hin zu Tanz- und Singkursen. Detaillierte Programme sind auf Anfrage erhältlich.

TAXI
Auf Anfrage im Hotel Transportdienst zur Postautohaltestelle oder zum RhB-Bahnhof Trin.
Beat Hausheer, Ilanz
Taxi-Service, Thusis

INFRASTRUKTUR
- Seminar- und Aufenthaltsräume
- Bibliothek
- Sauna
- Kinderbetten, -sitze
- Kräuter- und Planetengarten
- Kinderspielplatz
- Schlitten zum Ausleihen

ANGEBOTE IM ORT
- Wandern
- Mountainbiking
- Reitstall und Tennisplatz in Trin Mulin
- Baden im Crestasee

Individuell…

VOR ORT
Während des Aufenthalts in der Casa Selva sollte man sich einen Ausflug in die Rheinschlucht, eines der imposantesten Naturdenkmäler der Schweiz, nicht entgehen lassen. Die bizzaren Kalksteinschluchten entstanden nach dem größten Bergsturz in den Alpen in der Späteiszeit. Sie lassen sich sowohl trockenen Fußes erwandern als auch im Kajak oder Schlauchboot vom Wasser aus erfahren. Hoch über der Schlucht lädt der in einer anderthalbstündigen Wanderung erreichbare Crestasee zum Baden oder Verweilen ein.

JEDES ZIMMER EIN KUNSTWERK
Die angemalten, zarten Ästchen, die in einem Gästezimmer an Decke und Wänden zu kleinen Bildern platziert sind, scheinen fast zu schweben. In einem anderen Raum sind kleine Schieferplatten mit rohen Holzleisten kombiniert. Erst auf den zweiten Blick erkennbar sind in den Verputz eingeritzte Hieroglyphen oder dezent verzierte Bodenleisten. Kein Zimmer ist mit einem anderen vergleichbar, mal wurde die Decke, mal die Wand, die Fensterbank oder der Fußboden in einer unaufdringlichen Weise verziert.

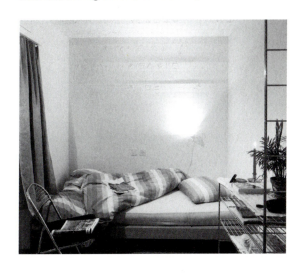

...gestaltete Zimmer

»Die Idee der Zimmergestaltung ist bei einem Glas Wein mit einem Gast entstanden, der an der Kunstgewerbeschule unterrichtet«, erzählt Walter Odermatt, der die Casa Selva 1989 zusammen mit seiner Familie übernommen und zu einer Ferienpension ausgebaut hat. Dieser Gast, Qualtiero Guslandi, machte sich sofort auf die Suche nach Künstlern und Künstlerinnen in seinem Bekanntenkreis.

Kurz darauf fand sich schließlich ein Dutzend Leute zusammen: Lehrer von Kunstgewerbeschulen, Steinhauerinnen und Maler. Unter dem Motto, Natur und Umgebung ins Haus zu bringen, malten, sägten und werkten sie an den einzelnen Zimmern. Der Betrieb wurde für 10 Tage geschlossen, so konnte in Ruhe gearbeitet werden. »Es war eine wunderschöne Atmosphäre. Jeder arbeitete in einem Raum an seinem Kunstwerk«, schwärmt Walter Odermatt 10 Jahre später noch. »Aber niemand tat es, um sich zu profilieren, es war keine Werbeaktion für die einzelnen Künstler. Wir übernahmen die Materialkosten sowie Kost und Logis.«

Vollbracht haben die Künstlerinnen und Künstler Erstaunliches: Aus an und für sich eher unauffälligen Zimmern entstanden durch gezielte Eingriffe richtige kleine Kunstwerke. Die dabei eingesetzten Materialien sind in erster Linie Holz und Stein, ihre Verwendung und Ausgestaltung sehr vielfältig. Zum Teil wurde auch mit Oberflächen gearbeitet, in Form von Strukturen in der Wand oder einer hellen Farbe, die den bestimmten Akzent setzt. Die dabei entstandene Kunst wirkt aber keineswegs aufdringlich oder erdrückend; dies war auch die einzige Vorgabe, die Walter Odermatt machte: »Es ist wichtig, dass sich der Gast auch eine oder zwei Wochen im gleichen Zimmer wohlfühlen kann«, meint er. Kunst, die man genießen kann und deren man nicht schon nach einem Tag überdrüssig wird.

Ganz unerwartet war das Ergebnis für Odermatts jedoch nicht. »Wir hatten uns schon vorher drei, vier Male getroffen. Wir bekamen die Entwürfe und Skizzen bereits im Voraus zu sehen.«

Die Gestaltung der Innenräume ist zweifelsohne ein wichtiger Faktor, der die Casa Selva zu dem macht, was sie heute ist. Die individuelle Ausstrahlung der einzelnen Zimmer wird von den Gästen sehr geschätzt. Die Reaktionen sind durchwegs positiv, auch wenn Walter Odermatt den Eindruck hat, dass sie in letzter Zeit eher etwas abgenommen haben. Für viele Gäste werfen die Kunstwerke Rätsel auf. Und wer wieder kommt, wünscht oft ein »neues« Zimmer, eines, das er oder sie noch nicht kennt. So wird jeder Aufenthalt zu einem neuen Erlebnis.

HOTEL
FAMILIEN- UND SEMINARHOTEL

1100 m ü.M.

WALTENSBURG/VUORZ

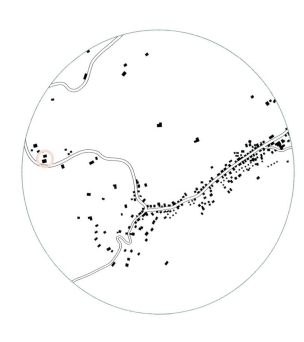

UCLIVA

GRAUBÜNDEN

KONTAKT
Hotel Ucliva
7158 Waltensburg/Vuorz
Tel. 081 941 22 42
Fax 081 941 17 40
info@ucliva.ch
www.ucliva.ch

Das Hotel Ucliva ist ein Ökohotel der ersten Stunde. Im Jahre 1997 wurde es vom Schweizer Hotelierverein als Ökohotel des Jahres ausgezeichnet. Mittlerweile besitzt es vier Steinböcke vom Verein Ökomarkt Graubünden. Der familienfreundliche Betrieb im Vorderrheintal liegt im kleinen Ort Waltensburg (Vuorz auf Romanisch) abseits der großen Touristenzentren. Ideal, um mit Kindern Ferien zu machen, da ein Kinderhütedienst einem den Nachwuchs auch einmal abnimmt.

PREISE

Übernachtung mit Frühstück pro Person und Tag: Fr. 72.– bis Fr. 80.– im Doppelzimmer. Kinder bis 2 Jahre übernachten gratis. 2- bis 5-jährige bezahlen 30%, 6- bis 11-jährige 60% und 12- bis 16-jährige 75%. Senioren genießen außerhalb der Hochsaison 20% Rabatt.

22 Zimmer mit 72 Betten

ÖFFNUNGSZEITEN

Betriebsferien Mitte November bis Mitte Dezember

MOBILITÄT VOR ORT

VELO
Hotel: 5 Mountainbikes, für Hotelgäste gratis
Weitere: Rent a Bike, Bahnhof Disentis und Ilanz

MOBILITY CARSHARING
Domat/Ems, mehrere in Chur

ÖFFENTLICHE VERKEHRSMITTEL
Postautolinie Ilanz–Waltensburg, ca. 6 bis 10 Kurse pro Tag
Bahnlinie Chur–Reichenau–Ilanz–Waltensburg, ca. 9 bis 14 Kurse pro Tag

TAXI
Taxi Mario, Breil/Brigels
Beat Hausheer, Ilanz

ANREISE

Mit dem Zug von Andermatt oder Chur bis Ilanz. Ab Ilanz mit dem Postauto bis Waltensburg Ucliva. Das Hotel befindet sich etwa 100 Meter unterhalb der Haltestelle.
Reisezeit: Zürich-Waltensburg ca. 2 bis 2½ Stunden (1-mal umsteigen), ca. 11 Verbindungen täglich.
Gepäcktransport: Reisegepäcktransport bis ins Hotel gewährleistet.

INNENANSICHTEN

Das Ucliva wurde 1983 erbaut und mit Möbeln aus hellem Holz ausgestattet. Die Zimmer sind großzügig und hell mit Holzbalken. Alle sind mit Dusche und WC versehen. Familienzimmer sind selbstverständlich vorhanden.

KULINARISCHES

Vollwertkost auf höchstem Niveau, mit oder ohne Fleisch. Alles wird frisch zubereitet. Die Nahrungsmittel stammen größtenteils aus der Region und werden wenn immer möglich nach biologischen Richtlinien angebaut oder stammen von artgerecht gehaltenen Tieren.

Vor allem beim vegetarischen Angebot gibt es viele bündnerisch klingende Spezialitäten wie die Capuns Ucliva oder Pizochels ord frina segal cun cocs da pinea gratinai con caschiel, die aber eigentlich nicht der traditionellen Küche entsprechen, sondern eigene Ucliva-Rezepte sind.

EXTRAS

Ein großes Plus des Ucliva ist, dass man die Ferien auch mit den lieben Kleinen optimal genießen kann. Denn zum kinderfreundlichen Angebot gehört nicht nur die vorhandene Infrastruktur und Toleranz gegenüber Kindergeschrei, sondern auch der Kinderhütedienst. Da kommt auch bei gestressten Müttern und Vätern Ferienstimmung auf.

INFRASTRUKTUR

- Sauna mit Holzofen
- Räume und technische Ausrüstung für Seminare
- Kurse
- Bibliothek
- Garten
- Gratisverleih von Velos
- Fernsehzimmer
- behindertengerechte Einrichtungen
- Billard- und Tischtennisraum

ANGEBOTE IM ORT

- Skifahren, der Lift beginnt gleich hinter dem Haus
- Langlauf
- Skitouren/ Schneeschuhwandern
- Schlitteln
- Wandern
- Velofahren

VOR ORT

Es lohnt sich in Waltensburg die Wanderschuhe zu schnüren. Zum Beispiel das Val Frisal gilt es zu entdecken. Über Miglié und Brigels führt ein Wanderweg ins Val Frisal. Zurück über Rubi sura, Alp Quader, Alp Dado wieder nach Waltensburg.

Das Val Frisal war lange Zeit bedroht durch ein Kraftwerk, das die Kraft des Wildbaches hätte ausnutzen wollen. Nun wurde das Tal aber unter Schutz gestellt. Die Gemeinde Brigels kassiert dafür als Entschädigung 100 000 Franken pro Jahr.

Die Wanderung dauert 7–8 Stunden.

Das Getreide zum Frühstück kann selbst gemahlen werden

HOTEL UCLIVA – UTOPIE WIRD REALITÄT

Blick zurück in die siebziger Jahre: In Waltensburg/ Vuorz, einem kleinen Bergdorf hoch über dem Vorderrheintal, herrscht nicht gerade Aufbruchstimmung. Die Landwirtschaft ist der Konkurrenz aus dem Flachland nicht gewachsen und kämpft ums Überleben, Arbeitsplätze gibt es sonst kaum. Folglich verlassen viele junge Waltensburger ihre Heimat und bauen sich anderswo eine neue Existenz auf. Nur die Alten bleiben im Dorf zurück – eine stille Tragödie, wie sie sich an unzähligen Orten in den Alpen abspielt.

Um der Wirtschaft neuen Schwung zu verleihen, stellt die Gemeinde Land für den Bau von 50 vorgefertigten Schwedenhäuschen zur Verfügung. International genormtes Bergidyll soll das Dorf wiederbeleben. Doch an der Gemeindeversammlung fällt das Projekt knapp durch. Die Suche nach möglichen Alternativen beginnt. 1978 gründen junge Waltensburger die Genossenschaft Chigiosch, die später Ucliva heißen wird. Deren Ziel ist es, ein Hotel zu realisieren, das einerseits der Gemeinde wirtschaftlichen Nutzen bringt, andererseits die Umwelt möglichst wenig belastet. »Demokratisch, antispekulativ und umweltgerecht« soll das neue Tourismusprojekt werden.

Im Dezember 1983 ist es dann so weit: Aus vorwiegend einheimischen Baumaterialien gebaut, mit landschaftsverträglichem Äußern und ökologischem Betriebskonzept steht es nun da, das neue Hotel Ucliva. Das Echo der Medien ist überwältigend, der Erfolg übertrifft alle Erwartungen. In den ersten Jahren sind im Schnitt 70 Prozent der Betten belegt – absolute Spitze in der Schweizer Hotellerie.

Trotz den positiven Reaktionen aus dem In- und Ausland bleiben zu Beginn viele Einheimische skeptisch. Zu exotisch und unkonventionell sind die Ideen der Genossenschaft. Verschiedene Gerüchte machen im Dorf die Runde: »Linke Spinner« seien da am Werk, munkeln die einen, »eine Sekte und Drogenhöhle« vermuten die anderen im neuen Hotel.

Restaurant

Doch ungeachtet der Zurückhaltung der Leute im Dorf und immer wieder auftauchenden finanziellen Engpässen ist das Ucliva den ökologischen Prinzipien bis heute treu geblieben. In allen Bereichen hat Umweltverträglichkeit Priorität. So sorgt zum Beispiel eine computergesteuerte Holzschnitzelanlage dafür, dass auch im Winter angenehme Raumtemperaturen herrschen. Ein Bauer aus dem Dorf liefert die 250 Kubikmeter Schnitzel aus Abfallholz, die es pro Jahr zum Heizen braucht. Die anfallende Asche wird als Dünger weiterverwendet.

Das Dach des Seminartraktes bietet zudem Platz für beinahe 100 Quadratmeter Sonnenkollektoren. Damit ist es möglich, den ganzen Warmwasserbedarf des Hotels zu decken.

Auch wenn die Gäste heute immer noch vorwiegend aus dem links-grünen »Kuchen« stammen, gemischt ist das Publikum auf jeden Fall: Vom Zürcher Stadtpräsidenten Josef Estermann bis zur Selbsterfahrung su-

Seminarraum in der Dépendence Uclivetta

chenden deutschen Kindergärtnerin oder dem Literaturprofessor kann man alles antreffen im Ucliva. Und dies ist gut so, denn auch heute noch wird die Gesprächskultur an den großen Tischen der Ucliva-Gaststube groß geschrieben.

**Sie machen Ferien
im Ökohotel.
Sie tagen umweltbewusst.**

**Arbeiten Sie auch
in einem ökologischen
Unternehmen?**

Öbu Schweizerische Vereinigung
für ökologisch bewusste
Unternehmensführung
Obstgartenstr. 28, 8035 Zürich
Tel. 01 364 37 38

www.oebu.ch

ALBERGO

**BERGGASTHAUS UND SEMINARZENTRUM
FÜR ALTERNATIVE ENERGIE**

1750 m ü. M.

LUKMANIERPASS

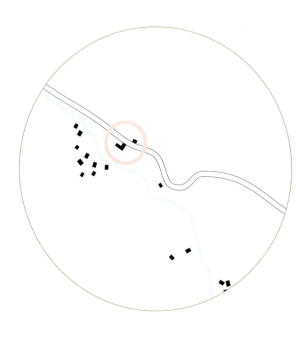

ACQUACALDA

TESSIN

KONTAKT

Albergo Acquacalda
Strada Lucomagno
6718 Acquacalda
Tel. 091 872 26 10
Fax 091 872 26 20
hotelacquacalda@tinet.ch
www.tinet.ch/acquacalda

Das Hospiz liegt direkt an der Lukmanierpassstraße. Motorradfahrer, Alpenengagierte und Alternativenergiebewegte treffen sich gleichermaßen in Acquacalda. Luigi Ferrari, eine schillernde Figur der Tessiner Umweltszene, hat dort das Centro Ecologico UomoNatura eingerichtet, ein Zentrum für Ökologie und vor allem für Alternativenergietechnik. Das Ökozentrum verfügt über ein breites Kurs- und Ferienangebot zu den unterschiedlichsten Themen. Es eignet sich aber auch als Ausgangspunkt für zahlreiche Wanderungen oder Skitouren.

PREISE
Fr. 45.– bis Fr. 65.– pro Person im Doppelzimmer mit Frühstück Kinder bis 14 Jahre übernachten zum halben Preis, Kleinkinder im Bett der Eltern gratis.

15 Zimmer mit 40 Betten

ÖFFNUNGSZEITEN
März bis November

MOBILITÄT VOR ORT
VELO
Hotel: 20 normale Velos (man kann mit den Velos bis Biasca fahren, dort werden sie vom Hotel wieder abgeholt)
Weitere: Mannhart Sport, Olivone; Rent a Bike, Bahnhof Biasca

MOBILITY CARSHARING
2 x Bellinzona, 2 x Locarno

ÖFFENTLICHE VERKEHRSMITTEL
Postautolinie Biasca–Lukmanierpass (nur Anfang Juni bis Anfang Oktober), ca. 3 Kurse pro Tag

TAXI
Fabio Bianchi, Olivone
Poglia Mirco & Co., Olivone

ANREISE
Von Anfang Juni bis Anfang Oktober: Zug bis Biasca, dann mit dem Postauto (nur 3 Kurse pro Tag!) Richtung Lukmanier bis Station Acquacalda.
Reisezeit: Zürich–Biasca–Acquacalda ca. 3 Std. 40 Minuten (1- bis 2-mal umsteigen). Alternative: über Chur oder Andermatt mit Glacier-Express bis Disentis, dort mit Bus bis Acquacalda (2 Kurse pro Tag).
In der übrigen Zeit: Regionalbuslinie Biasca–Olivone (ca. 45 Minuten Reisezeit), 12 Kurse pro Tag. Von Olivone mit dem Taxi bis Acquacalda.
Gepäcktransport: Reisegepäcktransport bis Biasca gewährleistet. Der Versand per Post ist hier sicher die bequemere Variante.

INNENANSICHTEN
15 Zimmer mit insgesamt 40 Betten stehen den Gästen zur Verfügung. Man kann zwischen Einer- bis Dreierzimmern oder Massenlager wählen. Die rotweiß karierte Bettwäsche verströmt Alphüttenatmosphäre. Das Haus ist mit einem Seminarraum ausgestattet und bietet verschiedene Räume, um auch in größeren Gruppen gemeinsam zu tafeln.

KULINARISCHES
In Acquacalda gibts währschafte Tessiner Küche, meist mit Fleisch oder Fisch, immer aber auch Vegetarisches. Zum Teil bestehen die Gerichte aus Bio- und Regionalprodukten. Das Essen ist eher einfach, aber von solider Qualität.
Zusätzlich gibt es ein Selbstbedienungsrestaurant, wo sich oft hungrige und durstige Motorradfahrer verpflegen.
Das Frühstücksbuffet ist reichhaltig: Getreide zum Selbermahlen, Birchermüesli und selbst gemachtes Joghurt.

INFRASTRUKTUR
- Campingplatz am Bach
- Robinsonpark für Kinder
- Veranstaltungen zu Energie- und Umweltthemen
- Kurse von Puppentheater bis Experimentieren mit Keramik, Tessiner Volksmusik oder Kartographie (Programm anfordern)
- Sonnenwendfest mit der Tessiner Gruppe für Solarenergie GESTI
- Skitouren- und Schneeschuhwochen von März bis Juni

ANGEBOTE IM ORT
- geführte Skitouren
- geführte Wanderungen

EXTRAS
Das Naturetum hinter dem Haus ist ein alpiner, philosophischer Naturpark, der die Gäste zum genaueren Betrachten und Beachten der Natur anleiten soll.

VOR ORT
Die Gegend um Acquacalda ist ein ideales Wander- und Skitourengebiet.
Lohnenswerte Skitouren führen zum Beispiel in etwa 3 Stunden auf den Pizzo del Uomo (2662 m) oder in 3½ Stunden auf den Pizzo del Sole (2773 m). Prospekte an der Rezeption erhältlich.

MIT TESSINER SONNE IN DIE ZUKUNFT
Phöbos, der Sonnengott, lenkt Tag für Tag den Sonnenwagen über seine Himmelsbahn. Gezogen wird das Gefährt von vier feurigen Pferden. Eines Tages sucht Phaëthon, der Sohn des Sonnengottes, seinen Vater auf und beklagt sich, dass er auf der Erde nicht anerkannt werde, weil Phöbos nicht zu seiner Vaterschaft stehe. Der Sonnengott verspricht darauf seinen Sohn anzuerkennen und gewährt ihm als Wiedergutmachung einen Wunsch. Dieser bittet seinen Vater, einmal den Sonnenwagen über den Himmel lenken zu dürfen. Phöbos warnt Phaëthon zwar, da er befürchtet, dass dessen Kräfte nicht ausreichen, um die Pferde im Zaum zu halten. Er kann den übermütigen Jüngling aber nicht von seinem Vorhaben abhalten, denn dieser sieht so einen Weg, endlich zur lang ersehnten Anerkennung zu kommen. Phaëthon macht sich also mit dem Sonnenwagen auf den Weg. Schon bald aber entgleitet ihm tatsächlich die Kontrolle über das Gefährt. Die Pferde verlassen die Bahn und nähern sich der Erde. Der Sonnenwagen setzt die Erde in Flammen.
Schon die alten Griechen waren sich der Kraft der Sonne bewusst. Einerseits ist sie die Lebensgrundlage für alle Vorgänge auf der Erde, andererseits kann sie zerstörerisch wirken. Alles hängt von dieser kosmischen Energiequelle und ihrer Konstanz ab. Diese Tatsache

versucht man sich in der modernen Energietechnik immer öfter zunutze zu machen. Sonnenkollektoren und Solarzellen findet man bereits an zahlreichen Gebäuden, um deren Energiebedarf teilweise oder auch vollständig zu decken. Die Idee ist verlockend: Sonnenenergie ist theoretisch in nahezu unerschöpflicher Menge vorhanden. Die Frage stellt sich nur, wie man die Sonnenenergie technisch effizient nutzen kann. 1985 hat das alpine Ökozentrum Acquacalda von Luigi Ferrari seine Aktivitäten aufgenommen. 1993 wurde der ganze Komplex Albergo Acquacalda – Centro UomoNatura komplett renoviert und ausgebaut. Das Zentrum macht die Beziehung des Menschen zur Natur zum Thema. Ein Schwerpunkt dabei sind erneuerbare Energiequellen. Für seine Leistungen und die Umsetzung am eigenen Haus hat die Stiftung UomoNatura 1994 den Schweizer Solarpreis erhalten. Denn erneuerbare, umweltfreundliche Energiequellen, wie Sonne, Holz und Wasserkraft, werden in Acquacalda optimal genutzt. Das Gebäude verfügt über 100 m^2 Südveranda mit Glasfassade, um die Wärme optimal ausnützen zu können. Dazu kommen 50 m^2 Sonnenkollektoren und ein Holzheizkessel. Eine Wärmerückgewinnungsanlage der Küchenabluft und die hauseigene biologische Kläranlage gehören auch zum Energie- und Umweltkonzept des Acquacalda. Das Beispiel des Centro Ecologico beweist, dass der Energiebedarf eines Hotels vollständig ohne fossile Energien gedeckt werden kann: Zwei Drittel werden durch aktive und passive Sonnenenergienutzung gedeckt und ein Drittel mit Holz.
Die Grundlage zur Nutzung der Sonnenenergie ist eine angepasste Architektur. Unerlässlich sind dabei die richtige Ausrichtung des Gebäudes, die Materialien und ihre Wärmespeicherkapazität, das Klima der unmittelbaren Umgebung, die Windverhältnisse. Zusätzlich spielt die Vegetation ums Haus herum eine Rolle. Wichtig ist auch, dass die Ansprüche des Menschen an das entstehende Gebäude nicht vergessen werden. Immer wieder sind Erfindungen aus der Solartechnolo-

Naturerfahrung am Bach

gie zu Gast im Centro Ecologico. So standen im Sommer 1999 auf der Sonnenterrasse Testsonnenöfen der GESTI (Gruppo Energia Solare Ticino). Diese Prototypen erreichen Temperaturen von über 200 Grad Celsius. Die Sonnenstrahlen werden durch einen verspiegelten Trichter gebündelt und in einem mit Glas verschlossenen Ofen eingefangen. In unseren Breitengraden ist diese Anwendung allerdings in der Regel nicht sehr effizient. In äquatorialen Zonen jedoch könnte die Konstruktion als effektiver Ersatz von Holz, Erdöl oder Kohle dienen. Die Bratäpfel im Testofen auf der Terrasse vom Centro Ecologico wurden allerdings auch mit Tessiner Sonne genießbar!

Luigi Ferrari, Präsident des GESTI, der Regionalgruppe der Schweizer Vereinigung für Sonnenenergie (SSES) und Leiter des Centro Ecologico UomoNatura, ist Initiator des Energieprojekts in Acquacalda. Um seine Anliegen erlebbar zu machen, veranstaltet er jedes Jahr zur Sonnenwende ein Fest. Dort kann man Solaröfen bestaunen und alternative Forbewegungsmittel testfahren. Ergänzt wird der zweitägige Anlass durch zahlreiche philosophische oder theatralische Einlagen zum Thema Mensch und Natur. Luigi Ferrari liebt große Ideen und Ideale. Als Nächstes möchte er einen alpinen Park, der sich der nachhaltigen Entwicklung verschreibt, gründen.

Hoffen wir, dass die Bestrebungen, sich die Sonnenenergie nach eigenen Vorstellungen zunutze zu machen, nicht so ausgehen wie bei Phöbos und Phaëthon. Doch Luigi Ferrari ist überzeugt: »Die Zukunft gehört der Sonne!«

QUELLE:
Sonnenenergie 3/99. Sonderbeilage Tessin. Schweizerische Vereinigung für Sonnenenergie (SSES)

ALBERGO
**FERIENHOTEL UND AUSFLUGSRESTAURANT
AUF DEM MONTE BRÈ**

820 m ü. M.

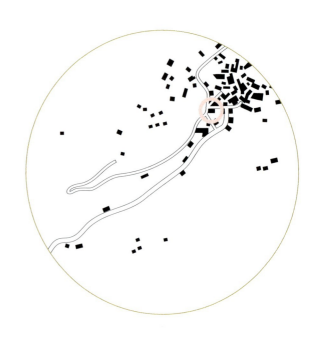

BRÈ PAESE

TESSIN

KONTAKT

Albergo Brè Paese
6979 Brè sopra Lugano
Tel. 091 971 47 61

Hoch über dem Luganersee am Monte Brè liegt der gastfreundliche Betrieb Albergo Brè Paese, der von seinem unkonventionellen Hotelier Paul Gmür lebt. Der sehr persönlich und familiär geführte Betrieb eignet sich besonders für Feriengäste, die auch während der Sommermonate abseits der Hektik die Ruhe suchen. Die Gäste sind gemischten Alters, was sie verbindet, ist ihre Weltanschauung, die Suche nach Ruhe zum Abschalten; ohne Computer, Fax und Business. Die wunderschöne »Aussicht wie in Rio«

PREISE
Die Übernachtung im Doppelzimmer inkl. Frühstück kostet pro Person Fr. 50.– bis Fr. 70.–; 50 % Ermäßigung für Kinder von 5 bis 16 Jahren

18 Doppelzimmer

ÖFFNUNGSZEITEN
von Ende März bis Ende Oktober geöffnet

MOBILITÄT VOR ORT
VELO
Rent a Bike, Bahnhof Lugano

MOBILITY CARSHARING
2 x Lugano, Mendrisio,
2 x Bellinzona

ÖFFENTLICHE VERKEHRSMITTEL
Buslinie Nr. 12 Lugano–Brè, ca. 7 Kurse pro Tag

TAXI
Mehrere Taxiunternehmen in Lugano

INFRASTRUKTUR
- Cheminéezimmer als Aufenthaltsraum zum Lesen, Spielen, Sein
- großer Garten mit Liegestühlen
- Terrasse unter Kiwipergola
- Zimmer, die sich für Familien eignen

und die große Terrasse mit dem gepflegten Garten machen das Brè Paese zudem zu einem beliebten Ausflugsziel.

ANREISE
Mit dem Zug bis Lugano, von da mit dem blauen städtischen Bus Nr. 12 (fährt ab der Hauptpost, mit der Drahtseilbahn vom Bahnhof in die Stadt hinunter) ins 8 km entfernte und 500 m höher gelegene Dörfchen Brè sopra Lugano am Monte Brè (fährt 7-mal pro Tag); die Haltestelle liegt direkt vor dem Hotel. Reisezeit: Zürich–Brè s. Lugano ca. 3½ Stunden (1- oder 2-mal umsteigen), ca. 7 Verbindungen täglich; Luzern-Brè s. Lugano 3 bis 3½ Stunden (1- oder 2-mal umsteigen), ca. 7 Verbindungen täglich.
Gepäcktransport: Reisegepäcktransport bis Lugano gewährleistet. Auf Anfrage im Hotel Transport möglich. Gepäcktransport per Post am einfachsten.

INNENANSICHTEN
Das Brè Paese wurde 1904 als Privathaus gebaut. In verschiedenen Etappen wurde erweitert: ein neuer Speisesaal, Ausbau des Dachstocks, Anbau der Terrasse. Damit hat sich optisch wieder ein Ganzes ergeben, nur bei genauem Hinschauen entpuppen sich die Hausteile als Zeugen verschiedener Epochen. Die Zimmer sind individuell und behaglich mit alten Möbeln ausgestattet. Zum Teil mit Balkon und die meisten mit eigenem WC/Dusche.

KULINARISCHES
Im Brè Paese wird in der Regel à la carte gegessen. Die Speisekarte bietet einfache regionale Gerichte wie Minestrone, Pasta, Gnocchi oder Polenta an. Wer gerne ein gutes Stück Fleisch vom Grill hat, kommt ebenfalls auf seine Kosten. Und zum Dessert gibts ein feines hausgemachtes Tiramisu! Das Frühstück vom Buffet besteht aus hausgemachtem Joghurt und Konfitüre, Brot, Gipfeli, Corn Flakes, Käse und Jus.

ANGEBOTE IM ORT

- Wandern und – für die ganz Sportlichen – Mountainbiking (Achtung steil!)
- mit der Standseilbahn ist man in einer halben Stunde am Lago di Lugano bei Cassarate
- Ausflug nach Lugano
- oder einfach: »Entspannung ist wohl das Beste, was ich zu bieten habe« (Paul Gmür)

EXTRAS

Der wunderschöne, gepflegte Garten mit dem einladenden roten Kiesplatz lädt zum Verweilen ein. Ob im kühlen Schatten der Bäume ein Buch lesend, auf der steinernen Bank philosophierend, im Gras unter alten Bäumen liegend oder die Palmenzucht begutachtend – Erholung ist garantiert.

VOR ORT

Wenn es gegen Abend etwas kühler wird und der Sonnenuntergang naht, empfiehlt sich ein ca. 45-minütiger Spaziergang auf den Monte Brè. Gleichzeitig kann man auf dem Gipfel ein wunderschönes Beispiel einer totalen Fehlplanung betrachten: ein vor ein paar Jahren gebautes Mehrfamilienhaus, dessen Baumaterial mit dem Helikopter hinaufgeflogen werden musste und das heute immer noch leer steht.

PAUL GMÜR, HOTELIER DES ALBERGO BRÈ PAESE

»Mein Jugendtraum war einmal ein Hilton-Hotel zu leiten«, sagt Paul Gmür, Hotelier im Albergo Brè Paese. Nach Koch- und Kellnerlehre arbeitete er einige Jahre lang in verschiedenen Luxushotels. Eine Weltreise, der Aufenthalt in Kriegsgebieten sowie das Aufkommen der Umweltthematik zu Beginn der 70er Jahre verunmöglichten ihm den Wiedereinstieg in die Luxushotellerie. 1978 erwirbt er das Hotel in Brè, das damals an allen Ecken und Enden einer Renovation bedurfte. In den Wintermonaten, wenn das Hotel geschlossen ist, werkt er intensiv im Haus. Dies entspricht seiner Vorstellung vom »Wirten«, das ein umfassendes und langfristiges Sorgetragen beinhaltet.

Man kann Sie durchaus als »unkonventionellen Hotelier« bezeichnen. Was halten Sie von der Schweizer Hotellerie?
Das Gastgewerbe ist zu einem Industriegewerbezweig geworden. Ich würde sagen, vor 50 Jahren war das Gastgewerbe mehr mit Gastfreundschaft verbunden. Im

Namen Hotel liegt der Begriff »Gast«, die Hostess ist die »Gastgeberin«. Und in den Wörtern »Auberge«, »Albergo«, »Herberge« ist überall die »Geborgenheit« oder »bergen« vorhanden. Ein Hotelier sollte also Gastgeber sein, der Gast sollte sich geborgen fühlen. Der Kommerz, das Kalkulieren und Berechnen und der Drang nach Wachstum hat der Gastfreundschaft Abbruch getan. Wachstum ist jedoch nur im kommerziellen, materiellen Bereich möglich, nicht aber im Lieb-, Nett- und Freundlichsein. Anstatt den Gästen wieder vermehrt ein Zuhause, Häusliches zu bieten, werden den Hotels Auflagen wie Fernseher, Telefon, Radio und Minibar gemacht. Deshalb habe ich dem Hotelierverein einmal geschrieben: »Ihr seid nur noch Agenten der Elektrowirtschaft.«

Was verstehen Sie unter einem umweltverträglichen Hotel?
Umweltschutz fasziniert mich seit seiner Thematisierung Ende der 60er Jahre in all seinen Formen. Sparsam mit Energie umgehen ist für mich das erste Kriterium, dann folgt die Wahl der Energieträger. Ich heize mit Holz, schlage das Holz selber in Wäldern, deren Besitzer ich zuvor ausfindig gemacht habe. Weiter ist mir ein großer Gemüsegarten wichtig. Und sanft renovieren. Im Winter habe ich genügend Zeit alte Türen zu restaurieren, abzulaugen, zu schleifen und zu streichen, ein Schloss auszuwechseln. Die rigorose Abfalltrennung geht bei mir von Glas, Papier über Metall bis zu Kisagpatronen und Kerzenresten. Das kostet nichts. Ein großer Teil ist natürlich Kompost, der gibt dann auch Dünger für den Garten. Wenn das Thema Abfall zur Sprache kommt, habe ich schnell meine Mini-Expo zur Hand. In drei Dutzend Joghurtbechern zeige ich Müsterchen von Abfällen, die ich in irgendeiner Weise wiederverwerte.

Der »Nebelspalter« war lange Zeit Ihr Sprachrohr. Darin machten Sie eigenwillige Inserate: »Warum bekommen

Hotels, in denen man nicht einmal das Fenster aufmachen kann, fünf Sterne?« oder »Warum brauchen Sie im Hotel eine Minibar, wo Sie zu Hause ja auch nicht neben der Tiefkühltruhe schlafen?« Wie waren die Reaktionen darauf?

Das war gute Werbung! Die Reaktionen waren köstlich. Ich begann damit um 1980, zur Zeit des Ravioliskandals, als der Kassensturz Büchsen öffnete und unsaubere Dinge darin fand. Da machte ich ein Inserat: »Warum untersucht der Kassensturz nicht unsere hausgemachten Ravioli?« Und wenn da drei, vier Male das Telefon läutet und ein paar Leute mehr hereinkommen, dann ist die Wirkung doch gut. Das ging dann auf

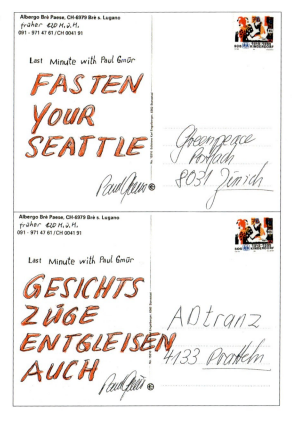

Werbung von und für Paul Gmür

dieser Ebene weiter. Immer und immer wieder kamen Gäste und fragten: »Schreiben Sie für den ›Nebelspalter‹?« Die Leute empfanden die Inserate nicht als Werbung, obwohl ich dafür mein ganzes Werbebudget ausgab. Zu sagen, was man denkt, ist Psychohygiene.

Wie werben Sie heute für Ihr Hotel?
Heute verschicke ich selbst kreierte Collagen in Form von Postkarten. Und was natürlich immer funktioniert, ist die Mund-zu-Mund-Propaganda. Ich weiß immer, woher die Gäste kommen, das ergibt sich aus dem Gespräch. Jeder Gast hat eine Geschichte zu erzählen. Diesen Sommer waren zum Beispiel zum gleichen Zeitpunkt drei Geschwister hier, ohne dass sie es vorher voneinander wussten. Ähnliches erleben hier viele Leute; es ist der gemeinsame Nenner vieler Gäste. Ich nenne das Parapsychologie. Man nimmt an, dass es Zufall ist – »zugefallen ist« –, dabei ist es Inspiration. Weshalb habe ich ausgerechnet zu diesem Zeitpunkt die Inspiration, dorthin zu gehen? Ich meine, jeder Gedanke ist Bestandteil der göttlichen Harddisc. Je intensiver dies passiert, desto eher wird es respektiert. Je mehr jemand mit der Materie, mit dem Profit und Gewinn verbunden ist, desto eher nimmt er das Phänomen gar nicht mehr wahr oder schreibt es dem Zufall zu.

Ein Ausspruch von Ihnen ist »Gmür kommt vor Goethe«. Schreiben Sie?
Auf meinem Schreibtisch habe ich Dossiers zu verschiedenen Themen liegen, an denen ich arbeite. Im Moment suche ich zum Beispiel Redewendungen aus dem Magen-Darm-Trakt. Alles was der Kopf nicht verkraften kann, beantwortet man mit physischen Begriffen, um es bildlich darzustellen: »Es blieb mir im Hals stecken«, »das konnte ich nicht schlucken«, »das liegt mir auf dem Magen«, »etwas nicht verdauen können«, »es ist mir etwas über die Leber gekrochen« und so weiter. So ein Dossier liegt dann einige Zeit

obenauf. Man hört, liest, denkt und träumt und in 14 Tagen wird es vervollständigt. So arbeite ich mit der Sprache.

Sie versuchen die Leute durch Provokation aus ihrem Dornröschenschlaf aufzuwecken. Fühlen sich Ihre Gäste manchmal herausgefordert?
Das Beobachten der Gedankengänge der Mitmenschen ist ein faszinierendes Spiel. Das Erkennen der gleichen Frequenz schafft Respekt und Toleranz. Eine mir unbekannte Frau erkennt beim Frühstück, dass die hausgemachte Konfitüre aus grünen Tomaten hergestellt wurde. Dann nennt sie die Früchte, die von der Pergola hängen, Kiwi. Da mir das Beantworten der üblichen Fragen erspart blieb, spielte ich BINGO-BOY und offerierte Fr. 500.– für die beiden richtigen Antworten. Ohne mit den Wimpern zu zucken, sagte die Frau: »Nein danke, ich nehme die Waschmaschine!« Ich habe den Namen der Frau vergessen, aber nicht die Waschmaschine. Dies ist ihr Personal Code. For ever.

Wie reagieren Sie, wenn ein Gast beim Essen telefoniert?
Seit neustem habe ich eine rote Karte und eine Trillerpfeife im Hosensack. Wenn einer auf der Gartenterrasse zu laut telefoniert: »Hallo Daniela, ist die Grenze zu Aserbeidschan schon offen?«, pfeife ich und zeige ihm die rote Karte.

Was ärgert Sie?
Mich ärgert es, wenn die Leute meine Spielregeln missachten, wenn fremde Sachen nicht respektiert werden. Ich habe zwar ein öffentliches Restaurant, ich will aber nicht anonym sein. Deshalb mag ich es auch nicht, wenn mein Kiesplatz verunstaltet wird, wenn Kinder in meinem Garten Blumen köpfen. Dieses Laisser-faire, Globalisierte, Undifferenzierte stört mich. Ich betone gerne »Ich bin Gastgeber und Sie sind der Gast in meinem Haus«. 95 % der Gäste respektieren das auch.

Was tun Sie, wenn Sie etwas ärgert?
Wenn ein Gast stört, dann gebe ich den andern Leuten, die sich in meinem Haus wohl fühlen, zu verstehen, dass ich die Störung nicht dulde. Meine Korrekturen variieren von zartfühlend bis frech. Der Großteil des Ärgers kommt aber von draußen. Vom Parkplatz, von der Finanzmetropole, von Bern und Brüssel. Ich reagiere ambulant mit »Greenpeace-Aktionen«, zum Heulen und zum Lachen. In der Regel straffrei, ab und zu amtlich registriert. Ich ärgere mich, wenn Bally zu Tode saniert wird, und schreibe. Kein Buch und kein Brief. Lediglich »Schönenwerd«. Allerdings mit einem M statt einem W.

»Dies war der Moment als ich erkannte, dass es nebst meinem roten Platz noch einen anderen gibt.« (Paul Gmür)

Was macht Ihnen Spass?
Provozieren. Gegen den Strom schwimmen. Das runde Fenster eines ausgedienten Tumblers baute ich in die Badezimmertüre ein. Es ist allerdings mühsam solches Tun erklären zu müssen. Meine Postkarte, die Brè unter dem Wasser zeigt (Sintflut), regt auch an, ebenso der letzte gepflegte Kiesplatz. Ob sich der Aufwand lohnen würde? Mein Gott! Ich provoziere mit Einfachem und Nächstliegendem. Seit drei Jahren züchte ich Palmen. Süchtig! Überall Palmen. Hunderte. Auch in den Eternitkistchen, wo doch Geranien sein müssten. Nein, ich verkaufe sie nicht und gebe sie auch nicht auf Anfrage weg. Ich verschenke die Palmen den Leuten, die mir in irgendeiner Weise die Stirn bieten.

Was wünschen Sie sich?
Man spricht von Millennium und Weltuntergang. Wenn ich an die Globalisierung, die Genmanipulation und das Internet denke, dann kann die Welt, in der wir leben, schon heute untergehen. Das ist ja der Witz, dass nicht der Planet untergeht, sondern die Herrlichkeiten der Hochkonjunktur. Ich wünsche mir einen schönen Börsencrash, der die Welt lahm legen könnte. Dies könnte das sagenhafte Ende sein und der Beginn eines neuen Zeitalters, mit vielen, vielen Palmen. Palmen versprechen Sonne, Süden, Ferien und Frieden.

CAVIGLIANO

ALBERGO PENSIONE
PENSION MIT RELATIV GÜNSTIGEN
ÜBERNACHTUNGSMÖGLICHKEITEN

330 m ü.M.

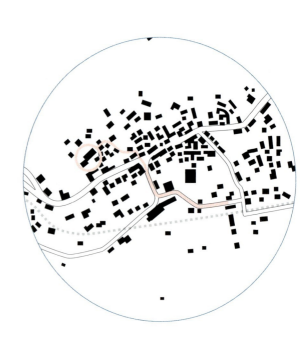

CASA SOLEDARIA

TESSIN

KONTAKT

Albergo Pensione
Casa SoledAria
6654 Cavigliano
Tel. 091 796 11 15
Fax 091 796 13 25
casa@soledaria.ch
www.soledaria.ch

Am oberen Rand des alten Dorfteils von Cavigliano liegt die Casa SoledAria. Der Weg vom Bahnhof führt durch enge Gässchen und über mit Pergolen bedeckte Plätze. Das ehemalige Haus des Schweizerischen Arbeiterhilfswerks wurde 1998 von Helene Kellerhals und Rosmarie Widmer übernommen und seither mit einer ähnlichen, aber auf mehr Qualität ausgerichteten Philosophie weitergeführt. Familien fühlen sich besonders wohl in der Casa SoledAria, in der Zwischensaison möchten die Betriebsleiterinnen aber vermehrt

PREISE

Die Übernachtung mit Halbpension kostet Fr. 65.– bis Fr. 88.– pro Person. Für Kinder vom 2. bis zum 16. Geburtstag je nach Alter 25 % bis 50 % Rabatt.

30 Zimmer mit 60 Betten; Einzel-, Doppel- und einige Mehrbettzimmer

ÖFFNUNGSZEITEN

von Mitte März bis Ende Oktober geöffnet

MOBILITÄT VOR ORT

VELO
Hotel: 4 Mountainbikes, für größere Gruppen können durch das Hotel Velos organisiert werden
Weitere: Rent a Bike, Bahnhof Locarno

MOBILITY CARSHARING
2 x Locarno, 2 x Bellinzona

ÖFFENTLICHE VERKEHRSMITTEL
Bahnlinie Locarno–Cavigliano–Intragna–(Domodossola), ca. 24 Kurse täglich
Postauto Cavigliano–Loco–Vergeletto (Onsernonetal), 5 bis 6 Kurse täglich

Erwachsene ohne Kinder ansprechen. Die Nähe zum Centovalli, Onsernone- und Maggiatal ist einmalig, und auch Locarno ist nur einen Katzensprung entfernt.

ANREISE

Von Locarno erreicht man Cavigliano in einer viertelstündigen Fahrt mit der Centovallibahn. Eine reizvolle und nur unwesentlich längere Variante ab Bern führt über Brig–Domodossola und anschließend mit der Centovallibahn Richtung Locarno. In Intragna in den Regionalzug umsteigen und eine Station weiterfahren. Vom Bahnhof geht man Richtung Dorf hinauf, tendenziell immer links haltend. Das Hotel ist zu Fuß in ca. 5 Minuten zu erreichen. Es gibt zudem einen Gepäck- und Abholdienst, auf Anfrage sogar zum Nachbarort Intragna, wo der Schnellzug hält.
Reisezeit: Zürich–Cavigliano ca. 3 Std. 15 Minuten (2- bis 3-mal umsteigen), ca. 12 Verbindungen täglich; Bern–Cavigliano (via Domodossola) ca. 4 Stunden (1- bis 2-mal umsteigen), ca. 5 Verbindungen täglich.
Gepäcktransport: bis Intragna, auf Anfrage im Hotel Abholdienst in Intragna.

INNENANSICHTEN

Im Winter 1998/99 wurde das ganze Haus frisch gestrichen und aufpoliert. Die Korridore in hellem Blau und die weißen Gästezimmer wirken freundlich. Die Vergangenheit als ehemaliges Ferienhaus des Schweizerischen Arbeiterhilfswerks ist aber nach wie vor spürbar. Die Zimmer sind karg und eher billig möbliert. Fließend Wasser gibt es in allen Zimmern, Duschen und WCs befinden sich in genügender Zahl im Flur. Für Nachtaktive und Spiellustige liegt als »Bettmümpfeli« ein Jojo auf dem Kopfkissen.

KULINARISCHES

In der Casa SoledAria werden traditionelle Gerichte wie Hackplätzchen mit Rösticroquetten und Erbsen, zuweilen auch Tessiner Spezialitäten, z. B. verschiedene

TAXI
Taxidienst mit Bus für 8 Personen durch das Hotel auf Anfrage
Bei später Ankunft Abholdienst auch in Locarno
Mehrere Taxiunternehmen in Locarno

INFRASTRUKTUR
- relativ umfangreiche Bibliothek
- Fernsehzimmer
- Seminarraum mit Grundausrüstung
- Kletter-, Trekking-, Kulturwochen
- Kurse und Seminare für Körper, Geist und Seele
- Spielzimmer
- Spielraum mit Pingpong, »Töggelikasten«
- Bébéküche mit Kühlschrank, Kochplatten und Wickeltisch
- Kinderbetten, -sitze
- großzügiger naturnaher, terrassierter Garten mit Spielwiese, Sitzgelegenheiten und Haustieren wie Esel, Hängebauchschweine, Hühner, Kaninchen
- Fahrräder zum Mieten

Risotti, angeboten. Dreimal pro Woche kommt Fleisch und einmal Fisch auf den Tisch, ein spezielles Vegimenü gibt es auf Anfrage. Die Köchin legt zwar Wert auf saisonale und frische Produkte, auf Convenience-Food verzichtet sie jedoch nicht vollständig. So kann es ausnahmsweise vorkommen, dass mitten in der Erdbeerensaison Büchsenfrüchte auf den Tisch kommen. Das Frühstücksbüffet ist sehr reichhaltig, Nutella und Zwieback machen es auch für Kinder interessant.

EXTRAS
Unterhaltung zu finden ist in der Casa SoledAria kein Problem: An warmen Sommerabenden bietet sich die mit einer Pergola bedeckte und von alten Häusern umgebene Terrasse aus Steinplatten zum Verweilen bei einem kühlen Bier oder einem Glas Wein an. Tierliebhaberinnen statten den beiden neugierigen, struppigen Eseln auf der Weide nebenan einen Besuch ab und bei Regenwetter treffen sich die Gäste zum Billardspiel in der Hotelbar.

VOR ORT
Cavigliano liegt am Eingang des Val Onsernone, ein unglaublich schönes, wildes und sehr steiles Tal mit kleinen, am Hang klebenden Dörfern, wo sich Wandermöglichkeiten in allen Schwierigkeitsgraden anbieten. Eine abwechslungsreiche Halbtagestour führt auf einem sanft ansteigenden Maultierpfad von Loco durch Kastanienwälder auf die ausladende Alp Campo und den Passo Garina. Auf der Nordseite nach dem Pass fühlt man sich landschaftlich jäh in die Anden versetzt. Durch dunkle, dichte Buchenwälder geht es auf einem teilweise steilen Bergpfad hinunter ins Maggiatal nach Aurigeno (total ca. 4 Stunden). Auf der anderen Seite der Maggia fährt der Bus zurück nach Ponte Brolla – Locarno.

ANGEBOTE IM ORT
- Wandern
- Klettern
- Fahrradfahren
- Shiatsu, Fußreflex- und Körpermassagen
- Baden in der Melezza
- Teatro Dimitri in Verscio

MUT ZUR SELBSTÄNDIGKEIT

»Schon beim ersten Besuch dieses Hauses wussten wir: Das wollen wir!«, erzählt Helene Kellerhals, die im Herbst 1998 zusammen mit Rosmarie Widmer den Betrieb vom Schweizerischen Arbeiterhilfswerk (SAH) übernommen hat. Nachdem beide Frauen bereits mehrere Jahre bei einem großen Gastrounternehmen tätig waren, hat sie der Wunsch gepackt, selbst etwas auf die Beine zu stellen. Es war ein langer und nicht immer ebener Weg von einer festen Anstellung zur Selbständigkeit, doch er hat sich offensichtlich gelohnt.

Angefangen hat es mit einer Ausschreibung Anfang 1998 zu Kauf und Übernahme des Betriebs. Darin wurde der Wunsch geäußert, dass das Haus nach den Prinzipien des SAH weitergeführt wird: sozial sowohl für Mitarbeitende als auch für Gäste und ökologisch. Obwohl die erste Besichtigung eigentlich eher abschreckend war – schlechtes Wetter und ein überfülltes Haus –, waren doch die Ausstrahlung und die Möglichkeit, eigene Ideen zu verwirklichen, ausschlaggebend für den Entscheid zur Bewerbung. »Ein Bauchentscheid ist es im ersten Moment schon gewesen«, meint Helene Kellerhals. »Ich habe mich selbst nicht mehr erkannt. Früher habe ich jeweils alle Eventualitäten geprüft und wollte auf Nummer Sicher gehen.«

Für die Bewerbung musste erst einmal ein Konzept erstellt werden: »Wie wollen wir den Betrieb überhaupt führen, was beibehalten und was ändern?« Um sich vom früheren Betrieb etwas abzugrenzen, änderten die beiden Frauen, wenn auch nur geringfügig, den Namen: Solidarità wurde zu SoledAria. Es war klar, dass sie gewisse Qualitätsverbesserungen anstreben wollten: kein überbelegtes Haus mehr, dafür mehr Offenheit und Aufmerksamkeit für die Gäste.

Schon sehr früh musste die Preispolitik festgelegt werden. Als Grundlage diente ein Businessplan mit Zielgruppe, Eckwerten und angestrebter Auslastungsziffer. Unangenehm war für beide Frauen, dass weniger

Balkon mit wunderschöner Aussicht auf Tessiner Steindächer

Stellenprozente zu vergeben waren. Deshalb galt es, mit den bisherigen Mitarbeitern und Mitarbeiterinnen über Arbeitszeitreduktionen zu verhandeln. Zudem mussten deren Arbeitsverträge für das kommende Jahr bereits abgeschlossen werden, bevor die Initiantinnen den Kaufvertrag in der Hand hatten.

Die Frage der Finanzierungsmöglichkeiten gestaltete sich schwieriger als erwartet. »Bei der Suche nach Fremdkapital hätten wir den Vorzug gerne einer regional ansässigen Bank gegeben. Die Tessiner Banken sind jedoch nicht mehr bereit, Kredite an Gastronomie- und Hotelbetriebe zu vergeben«, erzählt Helene Kellerhals. Gesellschaftsformen wie ein Kollektiv oder eine Genossenschaft kamen aber für die beiden Frauen nicht in Frage, die eigene Selbständigkeit stand für sie im Vordergrund. Noch gerade rechtzeitig haben die Frauen in Erfahrung gebracht, dass bei der Gründung einer Aktiengesellschaft ihre Pensionskassengelder nicht ausbezahlt werden. Damit wäre ein wichtiger Teil des benötigten Eigenkapitals verloren gegangen. Schließlich erhielten sie von der Alternativen Bank Schweiz (ABS) die besten Konditionen, zudem boten auch der Kanton Tessin und die Schweizerische Gesellschaft für Hotelkredit Unterstützung an.

Als dann alles abgesichert und die Übernahme über die Bühne gegangen war, blieb bis zur Eröffnung der Saison 1999 noch ein halbes Jahr Zeit, die Gebäude sanft zu renovieren: Die Rezeption wurde offener und heller gestaltet, die Wände bekamen im ganzen Haus frische Farbe und die elektrischen Installationen wurden erneuert. Wo sie konnten, packten die beiden Frauen selbst an: »Die Schwierigkeit während der ganzen Vorbereitungszeit war, sich vorzustellen, wie der Betrieb nachher aussieht und wovon die Gäste am meisten profitieren können.« Das Eröffnungsdatum wurde schon früh festgelegt. Es fand ein großes Fest mit einem Auftritt von Nina Dimitri statt, so war das

Terrasse mit südlichem Flair

Haus bereits am ersten Tag voll. »Das war im Nachhinein das einzig Richtige«, meint Helene Kellerhals, »so musste einfach alles fertig sein und es blieb keine Zeit zum Hintersinnen.«

»Die ersten Erfahrungen haben unsere Erwartungen voll erfüllt«, meint Helene Kellerhals. »Das Echo der Gäste zeigt uns, dass wir die richtigen Schwerpunkte gesetzt haben. Und dass das Team der MitarbeiterInnen so tatkräftig und ideenreich mitwirkt, freut uns ganz besonders.« Auch Überraschungen blieben nicht aus: Die Esel etwa, ursprünglich vor allem zur Unterhaltung der Gäste angeschafft, haben sich als ökologische und zudem äußerst effiziente Rasenmäher erwiesen.

Trotz aller Erfolge ist an ein Zurücklehnen nicht zu denken, es fallen immer wieder neue Aufgaben an. So soll das Kursangebot ausgebaut und die Kontakte zu ähnlich gesinnten Betrieben verbessert werden. »Und kürzlich haben wir die alten Fahrräder durch neue Mountainbikes ersetzt. Vorher haben wir immer gehofft, dass niemand sie mieten will – uns war nie ganz wohl dabei, so gefährlich war es mit ihnen herumzufahren«, ergänzt Helene Kellerhals lachend.

SASS

ORT DER KRAFT

650 m ü. M.

SAN NAZZARO

DA GRÜM

TESSIN

KONTAKT

Sass da Grüm
6575 San Nazzaro
Tel. 091 794 28 50
Fax 091 794 28 51
www.sassdagruem.ch

Wer genug hat von Stress, Hektik und der Welt im Allgemeinen, nicht aber auf einen gewissen Komfort verzichten möchte, kann sich auf Sass da Grüm zweifellos wunderbar erholen. Das Hotel liegt adlerhorstmäßig über dem Lago Maggiore mit Sicht auf Locarno und ist nur zu Fuß über einen Wanderweg durch einen alten Kastanienwald erreichbar. Das Gepäck befördert man am besten mit dem Materialseilbähnchen.

Sass da Grüm soll dank besonderen Erdstrahlen ein

PREISE
Die Übernachtung im Doppelzimmer mit Vollpension kostet Fr. 125.– bis Fr. 175.– pro Person. Kinder von 2 bis 16 Jahren bezahlen je nach Alter 30% bis 60% des Zimmerpreises.

19 Zimmer mit 40 Betten

ÖFFNUNGSZEITEN
Ende März bis Ende Oktober

MOBILITÄT VOR ORT
VELO
Ente Turistico, Vira
Rent a Bike, Bahnhöfe in Cadenazzo, Locarno oder Tenero

MOBILITY CARSHARING
2 x Bellinzona, 2 x Lugano

ÖFFENTLICHE VERKEHRSMITTEL
Bahnlinie Bellinzona–S.Nazzaro–Luino, ca. 5 Kurse täglich
3 Postautolinien: S. Antonio–Cadenazzo–S. Nazzaro–Dirinella, ca. 10 Kurse
Magadino–Vairano–Gerra, ca. 8 Kurse
Magadino–San Nazzaro–Indemini, 2 bis 4 Kurse
Schiffslinie Locarno–S.Nazzaro–Brissago (Anfang April bis Mitte Oktober), ca. 6 Kurse

Ort der Kraft sein. Die sehr esoterisch aufgemachte Hotelwerbung täuscht aber etwas über die angenehme, überhaupt nicht missionarische Stimmung hinweg. Auch wer nichts mit Esoterik am Hut hat, fühlt sich durchaus wohl hier.

ANREISE
Von Bellinzona mit der Bahn bis San Nazzaro. Dort wird man (wenn man sich vorher rechtzeitig anmeldet) abgeholt und nach Vairano gebracht. Von da aus geht es dann aber zu Fuß weiter, etwa 15 Minuten durch den Kastanienwald auf die Sass da Grüm. Für das Gepäck steht eine Materialseilbahn zur Verfügung. Reisezeit: Bellinzona–San Nazzaro ca. 20 bis 30 Minuten (umsteigefrei oder 1-mal umsteigen), ca. 15 Verbindungen täglich.
Gepäcktransport: Reisegepäcktransport bis San Nazzaro gewährleistet. Am einfachsten aber ist hier der Transport per Post, so wird das Gepäck direkt zum Hotel geliefert.

INNENANSICHTEN
Die Zimmer sind hell, mit viel Holz und Parkettböden ziemlich gediegen ausgestattet und verfügen über einen Balkon. Nicht sehr schön sind die Rattanmöbel, die weder farblich noch stilistisch ins Haus passen. Streiten kann man sich auch über den ästhetischen Wert der vielen selbst gemalten Mandalabilder, die überall aufgehängt sind.

KULINARISCHES
Zur Begrüßung gibts erfrischenden, selbst gebrauten Holundertrunk, was nach der Anreise zu Fuß besonders willkommen ist. Es gibt jeweils ein Vollwertmenü, Fleisch ausschließlich auf Wunsch. Am Freitag kommt von Zeit zu Zeit frischer Fisch aus dem Lago Maggiore auf den Tisch.
Die Brennnesselsuppe ist fein und cremig, dem Egli merkt man an, dass er vor kurzer Zeit noch im Lago

TAXI
Royal Taxi, S. Nazzaro und
Cadenazzo
King Taxi, Bellinzona

INFRASTRUKTUR
· kleiner Swimmingpool
· Meditationswiese
· Ruhewiese mit Aussicht über den Lago Maggiore
· Kursangebot: Meditation, Kochen, Handlesen, Tarot etc.
· spezielle Kinderwochen, Kindermenü
· tägliche Meditation
· Massage

ANGEBOTE IM ORT
· Wandern
· Dolcefarniente als Mittel zur seelischen und körperlichen Genesung und Erholung

schwamm, die hausgemachte Cassata mit Dörrfrüchten ist perfekt.
Auf der Weinkarte finden sich Bioweine aus dem Tessin, aus Italien und Frankreich.
Das Frühstücksbuffet ist reichhaltig und originell, mit verschiedenen Flöckchen, Nüssen und Früchten, etwa 16 Teesorten, Honig, Reismilch und selbst gebackenem Brot. Dazu steht immer ein anderes Tagesgetreide mit entsprechendem Symbolgehalt und Energieoptimierungsfunktion auf dem Tisch.

EXTRAS
Ein Freizeitgestaltungsangebot auf Sass da Grüm ist abgesehen von Kursen und Meditationen nicht vorhanden. Der Ort soll auf einen wirken können, ohne dass man sich dem Konsumrausch hingeben muss. Einmal pro Tag leitet Peter Mettler zur Meditation an. Allerdings muss niemand daran teilnehmen, der nicht will.

VOR ORT
Für Architekturpilger bietet sich ein Ausflug auf den Monte Tamaro an. Dort steht auf der Alpe Foppa die sehenswerte Kirche S. Maria degli Angeli von Mario Botta. Leider ist der Standpunkt etwas ungeschickt gewählt, zwischen Skilifthäuschen und Selbstbedienungsrestaurant kommt beim besten Willen keine besinnliche Stimmung auf.
Von Sass da Grüm gelangt man in einer etwa 6-stündigen Wanderung auf den Monte Tamaro.

KRAFTFELDER
Wir sind schon einige Stunden unterwegs, durch Buchen- und Kastanienwälder hoch über dem Lago Maggiore. Bald sollten wir ihn erreicht haben, den im Hotelprospekt angepriesenen Ort der Kraft. Und richtig – vor uns öffnet sich eine Lichtung. Umgeben von alten Bäumen liegt die Wiese fast kitschig idyllisch in der Abendsonne. Etwa zehn Leute stehen mit erhobenen Armen im Kreis und meditieren. Eine Szene, die bei

uns Klischeevorstellungen über Esoterik wach ruft.
Wir legen die letzten paar Meter bis zum Hotel zurück, gespannt, was uns dort erwartet. Ein Großteil unserer Vorurteile zerschlägt sich jedoch sofort wieder. Das Hotelierehepaar Mettler schwebt nicht, wie wir es zumindest erwartet hatten, ein paar Zentimeter über dem Boden und das Hotel wird von keiner Räucherstäbchenwolke eingenebelt. Auch ist weit und breit keine Möchtegern-Uriella in Sicht. Einfach freundlich, unkompliziert und sympathisch wirkt das Ganze.
Was es mit dem Ort der Kraft auf sich hat, erfahren wir dann von Peter Mettler, dem Entdecker des Ortes der Kraft und Hotelier von Sass da Grüm. Er hat sich in den 80er Jahren als Lüftungs- und Heizungstechniker mit der Installation von Alternativheizsystemen ein kleines Vermögen verdient. Dieses Geld investierte Mettler auf der Sass da Grüm in ein altes Rustico mit Umschwung. Der Handwerker erledigte einen Großteil der Renovationsarbeiten selber. Allerdings zwangen ihn heftige Rückenschmerzen immer wieder zu Pausen. Er sorgte sich, dass er in diesem Zustand nicht weiterbauen könne, und fragte sich bereits, wie er denn das Rustico wieder loswerden würde. Einmal dann, als ihn die Schmerzen wieder überwältigten, legte er sich unter einen Kastanienbaum – eine, zwei Stunden lang – und schlief schließlich ein. Als er wieder erwachte, war das Wunder vollzogen: Schmerz und Zukunftssorgen waren wie weggeblasen und kehrten nie wieder.
Peter Mettler ist nicht der Einzige, dem wundersame Heilungsprozesse widerfahren sind auf der Sass da Grüm. Für den einen wurden die Krücken überflüssig, bei anderen verflüchtigte sich die Migräne, Zuckerkranke konnten auf ihre tägliche Insulinspritze verzichten. So lag der Entscheid des Ehepaars Mettler nahe, diese Heilkräfte nicht für sich alleine zu beanspruchen, sondern der Allgemeinheit zur Verfügung zu stellen.
Das Hotel Sass da Grüm entstand.
Messbar ist am Ort der Kraft offenbar eine erhöhte Strahlung vom Untergrundgestein. Eine vom Erdstrah-

lungsspezialisten Max Aeberli verfasste Expertise erklärt, dass auf dem ovalen Ort der Kraft fünf selten gemessene Strahlungen positiv auf den Menschen einwirken. Einerseits sind es verschiedene Mineralien, die magnetische oder elektrische Wellen aussenden, andererseits ist auch die kosmische Strahlung erhöht. Zwei weitere Strahlungsexperten bestätigen unabhängig voneinander, dass die festgestellten Werte für die Schweiz einzigartig seien, und behaupten, dass der Ort ein großes Heilungspotenzial besitze. Naturwissenschaftlich beweisen kann man die Heilkräfte der Sass da Grüm allerdings nicht. Die Geschichten von wundersamen Heilungen müssen den skeptischeren Gemütern genügen.
Tatsache ist offenbar, dass viele Leute die Sass da Grüm als Ort der Kraft wahrnehmen und sich dort wohl fühlen. Egal ob man daran glaubt oder nicht: Schön und erholsam ist es auf jeden Fall hoch über dem Lago Maggiore. Und die Walderdbeeren aus dem Garten schmecken ganz einfach gut, auch ohne zu wissen, dass sie besonders energiegeladen und deshalb gesund sein sollen.

HOTEL PENSION
GEMÜTLICHE UND SYMPATHISCHE FERIENPENSION MIT CHARME

1120 m ü.M.

CHEMIN

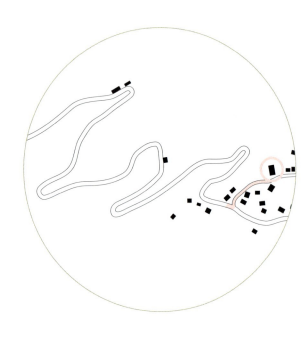

BEAU-SITE

WALLIS

KONTAKT
Hôtel-Pension Beau-Site
1927 Chemin sur Martigny
Tel. 027 722 81 64
beau-site@chemin.ch
www.chemin.ch

Einige Jahrzehnte zurückversetzt darf sich der Gast des Hôtel Beau-Site schon fühlen, schließlich legt der Hotelier Urs Vuillemier auch Wert darauf, den Charme der Jahrhundertwende möglichst zu konservieren und gewisse örtliche Traditionen zu bewahren. Auch wenn dies oft mehr Arbeitsaufwand bedeutet. Dafür werden Kuriositäten wie der von Hand betriebene Pass zwischen Küche und Esssaal erhalten. Das Dorf Chemin trägt auch das Seine zu einem erholsamen Aufenthalt bei: Ruhig gelegen und umgeben von Wald ist es ein idealer Ort, um sich wohl zu fühlen.

PREISE

Die Übernachtung im Doppelzimmer mit Halbpension kostet Fr. 70.– bis Fr. 88.– pro Person; Rabatt für Kinder bis 12 Jahre

28 Betten in 15 Ein- bis Vierbettzimmern

ÖFFNUNGSZEITEN

ganzjährig geöffnet

MOBILITÄT VOR ORT

VELO
Hotel: 2 Faltvelos (gratis für Hotelgäste), können problemlos im Bus transportiert werden. Weitere: Rent a Bike, Bahnhof Martigny

MOBILITY CARSHARING
2 x Montreux, Sion

ÖFFENTLICHE VERKEHRSMITTEL
Postautolinie Martigny–Chemin (ca. 5 Kurse pro Tag)

TAXI
Piller Taxi, Martigny
Taxis Alpina, Le Châble
Perrodin & Métral SA, Le Châble
Arcar, Salvan

ANREISE

Mit dem Zug von Lausanne oder Brig bis Martigny. Vor dem Bahnhof fährt 3- bis 6-mal pro Tag ein Bus nach Chemin, bei der Endstation Chemin-Dessus aussteigen. Das Hotel liegt direkt an der Straße, knapp 100 m vor der Haltestelle.
Reisezeit: Lausanne–Chemin-Dessus ca. 1 Std. 25 Minuten (1-mal umsteigen), ca. 5 Verbindungen täglich; Brig–Chemin-Dessus ca. 1 Std. 30 Minuten (1-mal umsteigen), ca. 5 Verbindungen täglich.
Gepäcktransport: Reisegepäcktransport bis Martigny gewährleistet, je nach Postautochauffeur auch bis Chemin sur Martigny (auf Anfrage beim Hotel sorgt man für den Transport).

INNENANSICHTEN

Werbung wird heute nicht mehr wie in den 20er Jahren mit dem damals noch eher außergewöhnlichen Salle de bain gemacht. Der Zimmerkomfort ist aber nach wie vor der gleiche geblieben: formschöne, alte Keramiklavabos in allen Gästezimmern, Dusche und WC, allerdings neueren Datums, auf der Etage. Regelmäßig sanft renoviert, haben die Räume alle den Charme aus der Bauzeit von 1912 behalten, mit gestrichenen Holzwänden, Tapeten oder gekalkten Wänden und unbehandelten Riemenböden. Die Gästezimmer sind individuell mit alten Möbeln bestückt, mit viel Liebe fürs Detail. Der Nachteil des Alten liegt auf der Hand: Das Haus ist ringhörig; lärmempfindliche Gäste können sich aber in den Badezimmern mit Ohropax bedienen. Solid ist die Treppe aus Granit, herausgehauen aus einem Findling in der Nähe des Hauses.

KULINARISCHES

Es ist Tradition, dass im Wallis kein Waadtländer Wein getrunken wird. Der Gast sucht ihn deshalb auch im Beau-Site vergeblich auf der Karte. Dafür gibt es einige Tropfen aus dem nahen Rhonetal zu probieren, davon viele aus biologischem Anbau. In der Küche steht

INFRASTRUKTUR
- Bibliothek/Spielzimmer
- Klavierzimmer
- Kinderbetten, -sitze
- naturnaher Garten mit Trockensteinmauern und Kinderspielplatz
- 2 Fahrräder zum Ausleihen

ANGEBOTE IM ORT
- Der Weg »Anciens bisses de Saxon« führt mehrere Kilometer entlang ehemaligen und zum Teil restaurierten Wasserleitungen, die der Versorgung der Alpschaften dienten.
- wunderbare Aussicht in die drei Täler Val de Bagnes, Val du Trient und ins Rhonetal
- Fahrradfahren

Hotelier Urs Vuillemier persönlich, er kocht feine, meist vegetarische Vollwertgerichte; pro Woche kommt aber auch ein- bis zweimal Fleisch auf den Tisch. Der mit Koriander marinierte Seitan (Produkt aus Weizeneiweiß) an einer süßsauren Sauce und der Gemüsereis sind liebevoll angerichtet. Und wenn der Gast nach dem Auftragen des Hauptgangs à la Nouvelle Cuisine befürchtet, er kriege nicht genug – es folgt noch eine ganze Platte davon. Auch das Frühstücksbuffet wird schön präsentiert und von Tag zu Tag variiert: Es finden sich darauf Köstlichkeiten wie Miel de Chemin, Walliser Biobirnenmost, Mandelmilch oder etwa ein Dutzend verschiedene Kräuterteesorten.

EXTRAS

Ein wahres Bijou des Beau-Site ist die Gaststube und ehemalige Dorfbeiz direkt neben dem Eingang: im schlichten Bistrostil gehalten, einige alte Werbeplaketten an den gelb getünchten Wänden und mit einer kleinen Bar, die zudem als Rezeption dient. An kühleren Tagen wird der Bagnard, ein Ofen aus Speckstein aus dem nahe gelegenen Val de Bagnes, eingeheizt; ein Prunkstück mit den Initialen der Hotelerbauer aus dem Jahre 1912, auf das die Einheimischen mit Recht stolz sind.

Die ewige Baustelle beim Hotel Beau-Site: Trockensteinmauern

VOR ORT

Nach ca. 45 Minuten Fußmarsch gelangt man vom Hotel Beau-Site zum Einstieg des »Sentier des mines«. Der Rundweg führt auf ca. 4 km durch die Geschichte des ehemaligen Bergbaus am Mont Chemin. Informationstafeln, allerdings ausschließlich auf Französisch, berichten über den Vorgang des Eisenerzabbaus, über Verhüttung und Auswirkungen auf die Umgebung. Auch für Gäste mit weniger Französischkenntnissen gibt es einiges zu entdecken, wie alte Stollen oder Wägelchen, die zum Transport des Erzes dienten. Der Weg ist gut gekennzeichnet, wenn auch die Wegführung mit den zahlreichen Abzweigungen etwas verwirrend ist.

EINE KONTINUIERLICHE BAUSTELLE

»Über unsere Trockenmauern haben wir nicht gesprochen – es ist seit drei Jahren eine kontinuierliche Baustelle vom Beau-Site«, schreibt mir der Hotelier Urs Vuillemier eine Woche nach meinem Besuch. Neugierig, was es damit auf sich hat, rufe ich ihn an.

Urs Vuillemier ist es ein Anliegen, den Ort möglichst so zu erhalten, wie er einmal war. »Vom Bürofenster aus sah ich eine alte Steinmauer auf der anderen Straßenseite, die immer mehr verfiel.« Da sie den Nachbarn gehörte, sprach er sie darauf an. Ihnen war dies aber bisher gar nicht aufgefallen. Urs Vuillemier wollte verhindern, dass da eines Tages plötzlich ein Betonmäuerchen steht. Deshalb machte er sich auf die Suche nach Spezialisten, die solche Steinmauern wieder aufbauen können. Per Zufall hörte er von der Stiftung Umwelteinsatz Schweiz, die sich auf die Restaurierung und den Bau von Trockenmauern spezialisiert hat.

Seit Jahrhunderten werden Trockenmauern zur Abgrenzung von Weiden gebaut, meist aus Mangel an Holz, wegen zu steinigem Untergrund oder weil die Wiesen voller Steine sind. In steilem Gelände, wie zum Beispiel in Rebbaugebieten, dienen Trockenmauern auch als Stützmauern für angelegte Terrassen und um die

Altehrwürdiger Esssaal

Hangerosion zu verringern. Abgesehen davon, dass Trockenmauern ein fester Bestandteil unserer Kulturlandschaft sind, bieten sie auch Unterschlupf für unzählige Kleinlebewesen wie Schlangen, Eidechsen, Vögel und Wirbellose. Durch die extremen Bedingungen, die an solchen Standorten herrschen, nämlich wenig Wasser und eine intensive Sonneneinstrahlung, überleben dort nur Pflanzen, die sich solchen Verhältnissen anpassen können.

Das Bauen von Trockenmauern erfordert viel Zeit und Arbeit. So schafft ein erfahrener Trockenmaurer pro Tag gerade mal zwei bis vier Laufmeter einer meterhohen Mauer. Ist eine Mauer einmal fertig gestellt, muss sie jährlich auf Schäden überprüft und unterhalten werden. Beschädigte Mauern gilt es komplett ab- und wieder korrekt aufzubauen.

Über viele Jahrhunderte hinweg gehörten diese Arbeiten zu den regelmäßigen Tätigkeiten der Bauern in den weniger arbeitsaufwändigen Jahreszeiten. Heute werden aber viele Trockenmauern in der Schweiz nicht mehr unterhalten und verfallen langsam. Vielerorts haben die pflegeleichteren Betonmauern die Trockenmauern abgelöst.

Die Stiftung Umwelteinsatz Schweiz hat beschlossen, sich für den Wiederaufbau und den Unterhalt der Trockenmauern zu engagieren. Sie plant, vermittelt und betreut Einsätze von Freiwilligen und bildet Leute aus, die im Landschafts- und Gartenbau tätig sind. Bevor sie aber so weit war, musste sie das Know-how über die Bautechnik zusammentragen. Keine leichte Aufgabe, denn es gibt nicht mehr viele Leute, die dieses Handwerk noch beherrschen. Wie eine robuste Mauer aus unbehauenen Steinen ohne ein Gramm Mörtel oder Zement gebaut wird, ist eine Wissenschaft für sich. Die Suche nach Spezialisten hat die Stiftung quer durch Europa bis nach Schottland geführt, wo diese Handwerkskunst heute noch gepflegt wird.

Seit 1997 kommt jeden Frühling eine Gruppe der Stiftung Umwelteinsatz Schweiz für eine Woche nach Chemin, um die verfallenen Trockenmauern rund um das Hotel Beau-Site zu restaurieren. »Ich komme für Kost und Logis der Leute auf und besorge die Steine. Diese haben wir in den ersten beiden Jahren in der Umgebung zusammengesucht. Das war aber sehr

Postkarte von 1912

aufwändig. Letztes Jahr bezogen wir sie deshalb aus dem Steinbruch der Gemeinde.«
Mit dieser Aktion leistet Urs Vuillemier einen kleinen, jedoch wichtigen Beitrag, den Charakter von Chemin zu erhalten. »Die Reaktionen in der Nachbarschaft und in der Gemeinde waren sehr positiv«, erzählt er. »Viele erkundigten sich, wie ich das realisiert hätte, und wollten Unterlagen.« Der Hotelier hofft, im Frühling 2000 die letzten Mauern in Angriff nehmen zu können und damit der vierjährigen Baustelle ein vorläufiges Ende bereiten zu können.

QUELLE:
Stiftung Umwelteinsatz Schweiz (Hrsg.): Trockenmauern. Anleitung für den Bau und die Reparatur. Steffisburg, 1996

HOTEL
EINFACHES, SYMPATHISCHES FERIENHOTEL IM LÖTSCHENTAL

1380 m ü.M.

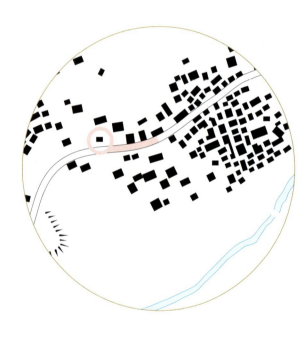

KIPPEL

BIETSCHHORN

WALLIS

KONTAKT
Hotel Bietschhorn
3917 Kippel
Tel./Fax 027 939 18 18

Das Hotel Bietschhorn ist klein, einfach, günstig, familiär und sympathisch. Die Gästebucheinträge bezeugen, dass man vor allem der familiären Atmosphäre, der freundlichen Bedienung Tschellos und des guten, von Herbert gekochten Essens wegen wiederkommt. Und weil die Übernachtung preiswert ist, sind im Winter viele Familien sowie junge Snowboarder anzutreffen. Auch Einheimische kommen regelmäßig vorbei, sei es zu einem kurzen Schwatz oder, wie bei unserem Besuch, um ein Körbchen Heidelbeeren zu bringen.

PREISE

Die Übernachtung im Doppelzimmer mit Halbpension kostet Fr. 78.– pro Person.

10 Zimmer mit 17 Betten, Einer- bis Dreierzimmer

ÖFFNUNGSZEITEN

je ein Monat Betriebsferien nach Ostern sowie von Mitte November bis Mitte Dezember
Restaurant: Montag Ruhetag

MOBILITÄT VOR ORT

VELO
Killy Sport, Wiler
Bike Shop Yoyo, Blatten

MOBILITY CARSHARING
Brig, Sion

ÖFFENTLICHE VERKEHRSMITTEL
Postautolinie Goppenstein–Kippel–Blatten (Lötschen), 16 bis 20 Verbindungen pro Tag

TAXI
Leander Jaggi, Kippel
Hotel Edelweiss, Blatten

ANREISE

Von Bern oder Brig mit dem Intercity nach Goppenstein, von da mit dem Postauto bis Kippel Post. Das Hotel liegt gleich auf der anderen Straßenseite. Abholdienst ab Goppenstein nur abends, wenn kein Postauto mehr fährt.
Reisezeit: Bern–Kippel ca. 90 Minuten (1-mal umsteigen), 14 Verbindungen täglich; Brig–Kippel 40 bis 50 Minuten (1-mal umsteigen), 16 Verbindungen täglich.
Gepäcktransport: Reisegepäcktransport bis Kippel gewährleistet.

INNENANSICHTEN

Die Zimmer sind klein und relativ dunkel, einfach, aber gemütlich. Die Möbel sind alle aus Holz, die Wände ebenfalls und auf dem Boden liegen Spannteppiche. Sympathisch ist das »Bettmümpfeli«, ein Apfel vom Baum vor dem Haus. Die Zimmer verfügen in der Regel über fließend Wasser. Dusche und WC befinden sich auf der Etage. Die Gaststube ist, wie eine Schweizer Gaststube eben ist: ziemlich beladen mit allerlei Krimskrams. Zur Unterhaltung dient eine vielseitige und lesenswerte Zeitschriftenauswahl.

KULINARISCHES

»An einem solchen Ort wie hier muss man auf der Speisekarte für jedes Gästesegment etwas anbieten. Die Kundschaft, die ausschließlich biologisches Essen will, ist hier zu klein«, erklärt Küchenchef Herbert. So findet sich von vegetarischen Spezialitäten wie indischem Linsencurry über Forelle aus der Region bis zu Kalbssteak an Morchelsauce alles auf seiner Speisekarte. Halbpension ist natürlich auch möglich, da lässt er sich jeweils spontan etwas einfallen, je nach aktuellem Angebot. Dass Gemüse und Getreide zum größten Teil aus biologischem Anbau kommen, wird nicht an die große Glocke gehängt. Aber dass das Fleisch von glücklichen Tieren stammt, erfahren wir.
Beim Frühstück bedienen sich die Gäste selbst. Es

INFRASTRUKTUR
- Aufenthaltsräume mit Pool-Billard, »Töggelikasten«, Spielsachen, Bücher und TV
- Kinderbetten, -sitze; Kindermenü
- Gartenterrasse mit Obstbäumen
- Schlitten zum Ausleihen

ANGEBOTE IM ORT
- Skifahren/Snowboarden auf der Lauchernalp
- Langlauf
- Ski-/Schneeschuhtouren
- Schlitteln
- Wandern und Bergsteigen (auch geführte Touren)
- Mountainbiking
- Tennis

finden sich einige Spezialitäten wie ca. 6 Sorten selbst gemachte Konfitüre, hausgemachtes Joghurt oder Biomost im Angebot.

EXTRAS
Nach einer langen Wanderung oder einem Tag im Schnee ist besonders der Güfferstee zu empfehlen. Die Spezialität aus dem Heimatdorf von Küchenchef Herbert im Sensebezirk wird aus Most, Rotwein und Lindenblütentee hergestellt und mit Zimt, Anis und Zucker gewürzt. Je nach Saison wird der Güfferstee kalt oder warm getrunken. Sogar die Einheimischen sollen ihn sehr schätzen!

VOR ORT
Bei einem Besuch in Kippel lohnt sich ein kurzer Abstecher in den alten Dorfteil rund um die Kirche. Enge Gässchen, alte, sonnengebräunte Lötschentaler Wohnhäuser und Speicher. Dort befindet sich auch das Lötschentaler Museum mit Informationen zur Geschichte des Tales und einer halbjährlich wechselnden Sonderausstellung.

VOM ERKLIMMEN SCHWINDELNDER HÖHEN
»Die steilen Felsen auf beiden Seiten verloren sich in brodelnden Wolken, die uns jede Fernsicht nahmen.« Nicht jede Erstbesteigung eines Alpengipfels wurde ein voller Erfolg. Nachdem bereits zwei Versuche, das Bietschhorn im Lötschental zu besteigen, fehlgeschlagen waren, spielte beim dritten Mal das Wetter nicht mit. Der Initiant der Expedition war, wie so oft bei Erstbesteigungen im Alpenraum, der Geistliche des Tales, Prior Felix Lehner. Nach seinen zwei Fehlschlägen konnte er 1859 den Engländer Leslie Stephen dafür gewinnen, mitzugehen. Der Mathematik- und Theologieprofessor aus Oxford und Vater von Virginia Woolf hatte schon einige Erstbesteigungen hinter sich. Er galt als einer der größten Pioniere des Golden Age, der von unzähligen alpinistischen Großerfolgen der

Engländer geprägten Zeit in den 50er und 60er Jahren des 19. Jahrhunderts.

Die Erstbesteigung des Montblanc 1786 durch die Einheimischen Balmat und Paccard gilt als die Geburtsstunde des modernen Alpinismus. Von da an folgten Erstbesteigungen im ganzen Alpenraum Schlag auf Schlag. Bei den ersten Expeditionen standen vor allem naturwissenschaftliche Interessen im Vordergrund. Ausgerüstet waren die damaligen Alpinisten mit Seilen, Leitern, Bergstock, Eisaxt und einer Art von Steigeisen. Dazu kamen umfangreiche wissenschaftliche Geräte, die mit einer Vielzahl von Trägern und zum Teil auch Lasttieren transportiert wurden. Als einer der Ersten stieg 1829 der Glaziologe Franz Joseph Hugi mit acht Trägern vom Petersgrat hinunter nach Kippel. Seine groß gewachsenen, bärtigen und mit seltsamen Utensilien ausgerüsteten Begleiter flößten einigen Lötschentalern Furcht ein. Eine anderthalbstündige Diskussion mit dem Prior war nötig, bis die Fremden im Pfarrhaus von Kippel Obdach bekamen. Damals war es gang und gäbe, dass Auswärtige beim Dorfpfarrer Logis erhielten, da es noch kaum Herbergsbetriebe gab.

Die Erstbesteigungen in der Mitte des Jahrhunderts schließlich waren ganz vom wissenschaftlichen Druck befreit. Reine Abenteuerlust und sicher auch das Streben nach nationalem Prestige gaben vor allem Engländern den Antrieb zu alpinistischen Höchstleistungen. In diesem Zeitraum besuchte auch erstmals eine nennenswerte und stetig steigende Zahl von Touristen das Lötschental. Vorher hatte die Bevölkerung weitgehend abgeschieden gelebt. Verkehrsmäßig war Lötschen schlecht erschlossen und touristische Infrastrukturen fehlten.

Die Truppe, mit der sich Stephen am 15. August 1859 auf den Weg zum Gipfel des Bietschhorns machte, bestand aus dem Prior Felix Lehner, seinem Neffen Ignaz Lehner, den Gemsjägern Johann und Joseph Siegen und deren Vetter Joseph Ebener. »Eine seltsame Gesellschaft! Sie waren alle festlich angezogen: Frack und Zylinder! Oder wenigstens trugen sie solche Nachahmungen dieser Folterinstrumente der Zivilisation, wie sie im Lötschental üblich sind. Die schäbige Vornehmheit der Gesellschaft stand in einem merkwürdigen Gegensatz zur wilden Landschaft ringsum. Und mit unserem geistlichen Führer, angetan mit Shorts und Schiffchenhut, sah es eher so aus, als gingen wir irgendwo zu einer Versammlung des Christlichen Vereins junger Männer, als dass wir unterwegs wären zur Besteigung eines neuen Bergs.« Stephen beklagt sich in seinen Memoiren über die Redseligkeit der einheimischen Führer: »Meine Führer steigerten sich in

Schlafen im Hotel Bietschhorn

eine derart hitzige Konversation hinein, dass sie immer wieder absitzen mussten, um die Sache richtig auszutragen. Während dieser Pausen gingen dann jeweils kleine Fässchen mit Wein um.« Der alte Pfarrer Lehner hatte Mühe mitzukommen, schließlich kehrte er mit seinem Neffen um.

»Nun begann der gefährlichere Teil der Fahrt. Die Felsen, in denen wir jetzt kletterten, zogen steil aufwärts, manchmal als scharfe, ausgesprochene Grätchen, manchmal auch in breiteren Wänden, die Schneeflecke trugen. (…) Hinter uns flogen und knatterten die Steine die Felsen hinab, gelegentlich donnerten Lawinen, dann wieder einzelne Geschosse, die in unregelmäßigen Sprüngen über den Schnee und das Eis zu Tal sausten.« Vom Prior, der sich allenfalls unterhalb der Gruppe hätte befinden können, nahmen sie an, »dass er sich wohl in Sicherheit bringen würde«. So erreichten sie den Gipfel kurz nach Mittag. Enttäuscht, dass die Sicht verhangen war, bauten sie sich zum Zeitvertreib Steinmännchen. Als sich der Nebel auch nach einer Stunde noch nicht lockerte, machten sie sich an den Abstieg. Nun hatte Stephen Mühe: »Ich war ganz und gar nicht im Training und merkte schon bald, dass meine Beine begannen, sich selbständig zu machen, und Bewegungen ausführten, wie es ihnen passte; das ist aber durchaus nicht empfehlenswert.«

Talfähndersetzung in Kippel vor dem (noch relativ jungen) Hotel Bietschhorn am 24. April 1932

Um ihn zu stützen, hielt ihn Ebener auf dem Abstieg am Schneegrat am Rockzipfel fest. Relativ undankbar hält Stephen später fest, dass er »ständig von einem überjährigen und des artikulierten Sprechens offenbar nicht fähigen Einheimischen nach hinten umgerissen wurde«. In einem steinigen Hang gaben seine Beine endgültig nach und Stephen lag »plötzlich auf dem Rücken und fuhr mit Zugsgeschwindigkeit über eine liebliche Mischung von Fels und Eis zu Tal«. Ein spitzer Stein brachte ihn schließlich wieder zum Stillstand. Als sie Kippel abends todmüde erreichten, setzte der Prior Lehner Stephen einen Teller Suppe mit Kohlstrünken vor, mit der Bemerkung, heute sei eben Fasttag. »Ich wollte seine Gefühle nicht verletzen und musste das Zeug also heimlich der Katze geben.« Insgeheim hoffte der Engländer, dass sich im Lötschental »bald ein unternehmender Wirt findet, der etwas besser für die Reisenden sorgt.« Sein Wunsch ging aber erst zehn Jahre später in Erfüllung: 1868 öffnete schließlich das erste Hotel im Tal im Weiler Ried seine Tore – ebenfalls mit dem Namen Bietschhorn, allerdings über 50 Jahre früher als dasjenige in Kippel.

QUELLE:
Bellwald, Werner: Zur Geschichte des Tourismus in Lötschen. Das Hotel in Ried. Festschrift zum 120-jährigen Jubiläum des Hotels/Restaurant Nest- und Bietschhorn in Ried, Lötschental (Schweiz). 1986

LES GRANGES

HOTEL

MAKROBIOTISCHES UND FAMILIENFREUNDLICHES
HOTEL MIT VIEL UMSCHWUNG

1060 m ü. M.

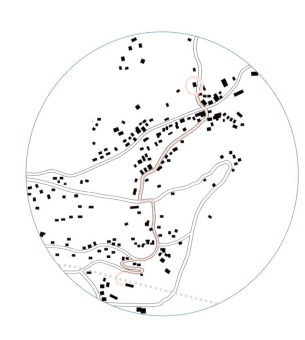

BALANCE

WALLIS

KONTAKT

Hotel Balance
1922 Les Granges
Tel. 027 761 15 22
Fax 027 761 15 88
info@vegetarisches-hotel.ch
www.vegetarisches-hotel.ch

Das erste Hotel mit makrobiotischer Küche der Schweiz liegt in Les Granges, einem kleinen Dorf oberhalb von Martigny. Das hundertjährige Haus mit knarrenden Dielen beherbergt in erster Linie Familien und KursteilnehmerInnen, vorwiegend LiebhaberInnen vegetarischer Küche. Das Hotel bietet viele Möglichkeiten zur Entspannung und zur aktiven Erholung an: einen großen Spielplatz, Biopool, Wellness-Einrichtungen, Massage, gesunde Ernährung sowie viele Ausflugsziele in der unmittelbaren Umgebung.

PREISE

Die Übernachtung im Doppelzimmer mit Halbpension kostet Fr. 98.– bis Fr. 128.– pro Person. Ermäßigung für Kinder bis 13 Jahre im Zimmer der Eltern 30% bis 70%, je nach Alter

23 Zimmer mit 42 Betten; Einzel-, Doppel- und Familienzimmer

ÖFFNUNGSZEITEN

ganzjährig geöffnet

MOBILITÄT VOR ORT

VELO
Hotel: 1 normales Velo, 3 Mountainbikes
Weitere: Rent a Bike, Bahnhof Martigny

MOBILITY CARSHARING
2 x Montreux, 3 x Vevey

ÖFFENTLICHE VERKEHRSMITTEL
1 Regionalbahnlinie Martigny–Salvan–Le Châtelard/Chamonix, ca. 15 Kurse pro Tag
1 Regionalbus Salvan–Les Granges–Van-d'En-Haut (fährt nur Ende Juni bis Ende August und Sa/So im September), ca. 6 Kurse pro Tag

ANREISE

Von Lausanne oder Brig mit dem Schnellzug bis Martigny. Von da mit dem Montblanc-Express Richtung Chamonix bis Salvan. Les Granges liegt etwas oberhalb von Salvan, zu Fuß geht man den Pfad gleich beim Bahnhof hoch und anschließend einfach der Straße entlang (siehe Wegweiser). Les Granges erreicht man so nach etwa 20 bis 30 Minuten. Um zum Hôtel Balance zu gelangen, durchquert man den ganzen Ort, es liegt am rechten oberen Ende. Auf Anfrage werden die Gäste auch vom Bahnhof Les Marécottes (eine Station weiter als Salvan) abgeholt.
Reisezeit: Lausanne–Les Marécottes ca. 75 Minuten (1-mal umsteigen), ca. 13 Verbindungen pro Tag; Brig–Les Granges ca. 1 Std. 40 Minuten (1-mal umsteigen), ca. 14 Verbindungen pro Tag.
Gepäcktransport: Reisegepäcktransport bis Les Marécottes gewährleistet; restlicher Weg auf Anfrage beim Hotel.

INNENANSICHTEN

Die Zimmer im Dachstock wurden kürzlich speziell für Familien umgebaut: mit einer Galerie für die Kinder, eigenem Badezimmer und zum Teil mit einem kleinen Balkon. Die Gästezimmer der unteren Stockwerke sind relativ klein und einfach eingerichtet, dafür haftet allen noch der Charme aus vergangenen Zeiten an: knarrende Böden, mit altem Holz getäferte Wände und aus der Bauzeit des Hotels stammende Schränke.

KULINARISCHES

Im Hôtel Balance kommen Vegetarierinnen und Anhänger der makrobiotischen Küche voll auf ihre Rechnung (siehe auch »Das Salz der Suppe«). Fleisch kommt nie auf den Tisch, dafür Gerichte aus Weizeneiweiß und Getreide, viel frisches Gemüse und Salat aus biologischem Anbau. Für eingefleischte MakrobiotikerInnen wird das entsprechende Frühstück serviert: eine darmaktivierende Misosuppe (Miso ist ein Fermentations-

1 Lokalbus Salvan–Les Granges–Les Marécottes, außerhalb Saison ca. 6 Kurse, während Saison ca.12 Kurse pro Tag; im Winter ist dieser Bus gratis

TAXI
ABC-Boesiger et Barman, Salvan und Les Marécottes
Arcar, Salvan

INFRASTRUKTUR
- Kurse in Shiatsu, Yoga und Kochen; Kräuterwochen
- Seminarraum
- Fernseh-/Spielzimmer
- Sauna und Whirlpool
- Fußreflexzonenmassage, Massage nach aryuvedischer Art, Shiatsu, etc.
- Bibliothek mit Literatur zu Gesundheit, Ernährung, Heilkräutern, Anthroposophie
- großer Garten mit Spielplatz, Hühnern; Kräutergarten mit über 60 Kräutern
- Fahrräder zum Mieten
- Schneeschuhe zum Mieten; Schlitten zum Ausleihen

ANGEBOTE IM ORT
- kleineres Skigebiet in Les Marécottes
- Schlitteln
- Ski- und Bergtouren
- Wandern; Waldlehrpfad
- Fahrradfahren
- Tennis
- Schwimmen

produkt aus Getreide, Soja, Salz und Wasser) und Porridge. LiebhaberInnen eines eher konventionellen Frühstücks müssen aber nicht hungern, sondern bedienen sich mit selbst gebackenem Mohnbrot, Joghurt oder Getreideflocken.

EXTRAS
Das Wasser im so genannten Biopool hinter dem Haus ist zwar etwas trüb, dafür aber garantiert chlorfrei. Gereinigt wird es ausschließlich durch natürliche Abbauprozesse, indem es einen Kreislauf durch ein mit diversen Wasserpflanzen angesetztes Biotop durchläuft. Sonnenkollektoren sorgen zudem dafür, dass der Pool im kühlen Bergsommer angenehm warm ist.

VOR ORT
Ein spektakulärer Weg von Les Granges Richtung Lac de Salanfe führt durch die Gorge du Dailley. Diese Schlucht wurde 1895 erstmals für die Touristen zugänglich gemacht, beim Bau der Straße ins Vallée du Van 1940 wurde der Weg aber wieder zerstört. Vor ein paar Jahren wurde er in Fronarbeit der Gemeindebewohner und mit kräftiger Unterstützung des Hôtel Balance wieder instand gestellt.

DAS SALZ DER SUPPE
»Ihr habt gerade einen ungünstigen Tag erwischt, die Kürbissuppe von vorgestern war viel würziger und schmackhafter als die Suppe heute«, teilen uns die beiden Tischnachbarn aus Köln mit, die bereits seit einer Woche im Hôtel Balance logieren. Ein erstes Probieren bestätigt uns, dass hier mit wenig Salz gekocht wird. Zum Glück stehen auf dem Tisch Sojasauce und Sesamsalz zum Abschmecken bereit. »Sesamsalz schmeckt auch nicht schlecht«, denken wir und würzen kräftig nach.
Das Hôtel Balance bezeichnet sich als das erste Hotel mit makrobiotischer Küche in der Schweiz. Der Begriff Makrobiotik kommt aus dem Griechischen und bedeu-

tet »großes Leben«. Er soll ausdrücken, dass eine makrobiotische Lebensweise die Perspektive des Menschen erweitert und seine Wahrnehmung verfeinert.
Das Ernährungskonzept der Makrobiotiok baut auf dem Prinzip von Yin und Yang auf. Die Lebensmittel werden in »mäßig bis extrem Yin« und »mäßig bis extrem Yang« eingeteilt. Yin-betonte Nahrungsmittel sind »leichtere« wie Zucker, tropische Früchte und Gewürze, Alkohol sowie Arzneimittel und Drogen, die ein Gefühl des Abgehobenseins vermitteln. Yang-betont sind »schwerere« Lebensmittel wie Hartkäse, Fleisch, Eier oder zu viel Salz, die zu übermäßiger Anspannung führen. Der mittlere Bereich wird von der Pflanzenwelt eingenommen. Die Lehre besagt, dass extrem ausgerichtete Lebensmittel gemieden und die mäßig betonten von beiden Polen in einem ausgeglichenen Verhältnis eingenommen werden sollten. Deshalb besteht makrobiotisches Essen in erster Linie aus Getreide und Gemüse; Fleisch und Milchprodukte werden gemieden. Der Hotelier und Teilzeitkoch des Hôtel Balance, Roland Eberle, betont aber, dass in seiner Küche nicht streng nach makrobiotischen Vorschriften gekocht wird – sehr zum Leidwesen von eingefleischten MakrobiotikerInnen, aber zur Erleichterung derjenigen Gäste, für welche diese Küche ungewohnt ist. Im Balance wird zwar kein Fleisch angeboten, auf Tierprodukte wird

Schlafzimmer mit viel Holz

Feierlich gedeckter Speisesaal

jedoch nicht gänzlich verzichtet. So kommt der Kartoffelgratin in zwei Varianten auf den Tisch, einmal mit Eiern der hauseigenen Hühner, einmal ohne.
Großen Wert legt Roland Eberle aber auf die Qualität der Ausgangsprodukte, sie sind das A und O seiner Küche. So kommt in seinem Betrieb nur biologisch angebautes und dem saisonalen Angebot entsprechendes Gemüse und Obst auf den Tisch, wenn möglich sogar aus biologisch-dynamischer Produktion. Selbstverständlich wird alles frisch und à la minute zubereitet, Tiefkühlen ist für ihn absolut tabu. Überhaupt kommt an Konserviertem höchstens in Frage, was im Hause selbst eingemacht oder getrocknet wurde.
Für Roland Eberle enthält das Essen nicht nur diejenige Energie, die sich in Kilojoule ausdrücken lässt, sondern auch diejenige, die in Form von Liebe und Engagement bei der Zubereitung und beim Anrichten hineingesteckt wird. Seiner Meinung nach sollte man dem Essen anmerken, wie die Stimmung des Kochs oder der Köchin ist. »Zum Beispiel heute hätten die Gäste spüren sollen, dass für uns ein sehr trauriger Tag ist.« Dass just an diesem Tag eine langjährige Mitarbeiterin den Betrieb aus persönlichen Gründen abrupt verlassen musste und allen die Tränen zuvorderst standen, haben wir als Neulinge zwar nicht mitgekriegt. Aber offenbar hatte die Suppe nicht umsonst zu wenig Würze.

RECKINGEN

HOTEL
ALTE WALLISER SAGEN UND KNEIPPEN
IM FAMILIENFREUNDLICHEN FERIENHOTEL

1320 m ü. M.

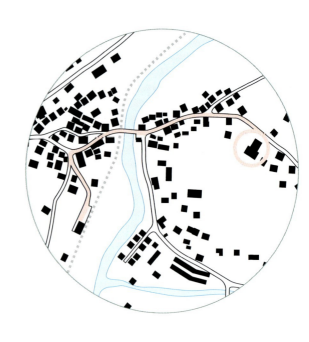

GLOCKE

WALLIS

KONTAKT
Hotel Glocke
3998 Reckingen
Tel. 027 974 25 50
Fax 027 974 25 55
hotel.glocke@bluewin.ch
www.glocke.ch

Gründe für einen Besuch des Hotels Glocke gibt es viele: angenehme, gepflegte und doch familiäre Atmosphäre, ausgezeichnete Vollwertküche, großzügige Zimmer, vom Hotelier Bernhard Schmid erzählte Walliser Sagen, Gesundheitsberatung und Wellness-Einrichtungen oder die großartige Landschaft des Obergoms. Da viele Gäste immer wieder zur gleichen Jahreszeit kommen, kennt man sich mittlerweile. Eine vielseitige Auswahl an Gesellschaftsspielen sorgt zudem dafür, dass abends lieber gemütlich zusam-

PREISE
Die Übernachtung im Doppelzimmer mit Frühstück kostet Fr. 66.– bis Fr. 78.– pro Person. Zuschlag für Halbpension Fr. 25.–. Für Kinder von 6 bis 16 Jahren kostet die Übernachtung im Familienzimmer mit Frühstück Fr. 15.– bis Fr. 25.–, je nach Alter.

4 Einzel-, 10 Doppel- und 4 Familienzimmer

ÖFFNUNGSZEITEN
Betriebsferien im April, Mai und November

MOBILITÄT VOR ORT
VELO
Hotel: 8 Mountainbikes und 5 Kindervelos, für Hotelgäste gratis
weitere: Hagen Sport, Gluringen

MOBILITY CARSHARING
Andermatt, Brig

ÖFFENTLICHE VERKEHRSMITTEL
Bahnlinie Brig–Reckingen–Göschenen, ca. 18 Kurse täglich

TAXI
Walpen Taxi, Blitzingen

men- als vor dem Fernseher gesessen wird. Ein sehr guter Betrieb!

ANREISE
Reckingen liegt an der Furka-Oberalp-Linie (FO) zwischen Brig und Göschenen. Von Bern oder Lausanne fährt man mit dem IC bis Brig und steigt dort in die FO um, von Zürich steigt man in Göschenen der FO Richtung Brig zu. Vom Bahnhof Reckingen geht man zuerst Richtung Dorf, bei der ersten Kreuzung leicht rechts und über die alte Holzbrücke (Wegweiser). Von da ca. 300 Meter weiter dem Sträßchen nach, bis das Hotel zur Rechten auftaucht. Auf Anmeldung wird man auch abgeholt.
Reisezeit: Bern–Reckingen (via Brig) ca. 2¾ Stunden (1-mal umsteigen), ca. 13 Verbindungen täglich; Zürich–Reckingen (via Göschenen) ca. 2¾ bis 3¼ Stunden (1- bis 2-mal umsteigen), ca. 8 Verbindungen. Gepäcktransport: Reisegepäcktransport bis Reckingen gewährleistet; restlicher Weg auf Anfrage beim Hotel.

INNENANSICHTEN
Der moderne Rohholzbau des Hotels Glocke ist dem traditionellen Baustil des Obergoms angepasst und fügt sich sehr gut in die Landschaft. Die Hoteliersfamilie Schmid hat das Haus 1987 nach baubiologischen Kriterien gebaut. Die Außenwände der Gästezimmer sind aus Holz, die Zwischenwände weiß getüncht und die Böden bestehen aus Riemenparkett oder Ton – sehr schön und gemütlich. Die Zimmer sind großzügig ausgestattet, alle mit Dusche und WC, Radio, Telefon und Sofaecke, die meisten auch mit einem Balkon.

KULINARISCHES
In der Glocke wird Wert auf eine einfallsreiche, saisonale Vollwertküche gelegt. Jeden Tag kann zwischen einem vegetarischen und einem Fleischmenü gewählt werden: geschnetzeltes Kalbfleisch im Windbeutel an einer Weißweinsauce mit Reis oder mit Hirse gefüllter

INFRASTRUKTUR
- Walliser Abend: Hotelier Bernhard Schmid erzählt alte Walliser Sagen und spielt auf dem Walliser Hackbrett (1x pro Woche)
- Langlauf-, Gesundheits- und gestalterische Kurse
- Aufenthaltsraum mit Bar, Billard und verschiedenen Gesellschaftsspielen
- Fernsehzimmer/kleine Bibliothek
- Hobbyraum/Spielzimmer
- Kinderbetten, -sitze: Kindermenü
- behindertengerechte Einrichtungen
- großer Garten mit Terrasse, Pétanque, Ping Pong und Kinderspielplatz
- Fahrräder zum Ausleihen

ANGEBOTE IM ORT
- Langlauf
- Natureisbahn
- Schlitteln
- Wandern & Bergsteigen
- Fahrradfahren
- Schwimmbad
- Minigolf

Wirz an einer Rosmarinsauce zum Beispiel. Zur Vorspeise wird vielleicht Linsenparfait und ein grüner Salat an einer feinen Sauce, zur Nachspeise eine Spezialität der deutschen Köchin, Vanilleeis mit roter Grütze, serviert. Alles wird ausgezeichnet zubereitet und schön angerichtet. Gepflegter Service.

Das Frühstück steht dem Abendessen in keiner Weise nach: Früchte-, Sauerteig- und Dinkelbrot sowie mehrere Konfitüresorten sind selbst gemacht, aber auch Müesliliebhaber und -liebhaberinnen kommen nicht zu kurz. Der Gästebucheintrag von zwei Kalifornierinnen belegt es. Die beiden Frauen übernachteten zufälligerweise im Hotel Glocke, da die eine nach einer ausgedehnten Velotour vor Müdigkeit vom Fahrrad fiel: »Thank goodness we did – it's the best breakfast in the world!«

EXTRAS
Im Keller steht den Gästen eine ganze Palette an Wellness-Einrichtungen zur Verfügung: Sauna, Dampfbad, Kneippbäder, und wer sich anmeldet, kann sich auch massieren lassen. Betriebsführerin Hanny Schmid ist zudem diplomierte Kneipp-Gesundheitsberaterin und gibt ihr Wissen gerne an ihre Gäste weiter. Sie plant das Angebot noch weiter auszubauen.

VOR ORT
Das Obergoms ist ein ideales Langlauf-, Wander- und Velogebiet. Man radelt, läuft oder wandert einfach so weit man mag und fährt anschließend wieder mit dem Zug zurück. Große Höhenunterschiede hat man nicht zu befürchten, je nach Kondition nimmt man eher den leicht ansteigenden Weg Richtung Furkapass oder die abfallende Route talabwärts. So einfach ist das.

D' HOHBACHSPINNERI
Alte Walliser Sage nach Bernhard Schmid
Die Alp Hohbach liegt am Ende des Hohbachtals südöstlich von Reckingen und wird seit Jahrhunderten

im Sommer von den Reckinger Bauern bewirtet. Von der Alp Hohbach kann man weiter Richtung Nufenen- und Griesspass wandern.

Friener heint d'alte Lit immer va der Hohbachspinneri giprichtut. Mi müess schich das scho vorstellä, wie das fer die Püüru gsi ischt, wenn pletzli as Tagsch d'Hohbachspinneri, wie usum Bodä gstampft, da uf der Alpa isch gsi. Schi, die Pürlini, wa doch uf vil Chäs, uf güeti Milch agwisä sind gsi ... u de uf z'mal dischi Hohbachspinneri, wa mitsch im Summer ihres Uwäsä gitriebu het. Äs sigi es uheimlichs Lüege gsi, wie dischi Alpchnächtgini di Spinneri gseh hend. Än alti Häx, nummu Hüt uber de Chnoche, nummu scho bim alotzä va discher Fröuw sigä einum die Griime der Riggu embir gigramut. Der ganz Tag sigi schi da an ihrum Spinnurad ghockät. D'Spinneri sälber heigi niemerum äppis d's Leid gita, aber de di schwarz tiflisch Chatza, wa näbsch ihra gigrüpput het mit de tiflische Öigu.

Chüm sigi discher Chatza äs Stuck Veh in d'Neechi chu, heige Chatza ä Satz gnu und dum Veh in de Hals gibissu. Und e Tag, viellicht äu zwei Täg später sigi de das Tier, wie mu uf Ditsch seit, verreckt.

De güeti Püüru sigi dermit viel va ihrum Eigutum kapuut gigangu. Schi heigi nimme gwisst was machu, schi heint gibättut, sind zum Pfarrherr gigangu, heint schich in der Chilcha uf de Chnew fascht d'Hosä durchgriibä, aber alls isch fer nix gsi. Im negschtu Summer ischt die Spinneri mit ihrer Chatza wieder da gsi.

Äs Tagsch heintsch vernu, dass d'Sittu unnena ä so än Kaputschiner Pater gäbe, viellicht chänne der ihne hälfu.

Är het schi empfangu, het ne züegloset und ne dische Vorschlag gmacht:

»Iehr miesst a ne vier Eggä va Hohbach äs gsägnets Chriz üfstelle. Derzüe miesst iehr inner Stalukapälla vier heiligi Mässe la läsu.«

Das alls heint die Püürä gmacht und va da isch d'Hohbachspinneri verschwundu.

Und die vier Chrizi, die ständ jetz no. Wenn iehr emal

Baubiologisch gebaute Zimmer

nach Hohbach gähnd, gseht mu alli vier Chriz und va jedum Chriz üs gseht mu die andru dri Chriz.
Und was i jetz no verzellu tüe ischt ke Lugi. Inne fufzger Jahre sige än jungä Purscht vam Dorf Sännu uf Hohbach gsi. Wa är Endi Summer va der Alpa embri ins Tal cho ischt, het är de Püüru verzellt, är gägi de ds negschtus Jahr nimme nach Hohbach, wennsch nit zletscht Chriz wa fählä tiegi wieder üfstellä tient.
Dische Summer heigi nämlich d'Hohbachspinneri wieder ihres Uwäse welle triibe. Sitär lotzund die Püüre immer, dass alle Chrizi üfgstellt sind.

DIE HOHBACHSPINNERIN
Alte Walliser Sage nach Bernhard Schmid
Früher erzählten die alten Leute oft von der Hohbachspinnerin. Man muss sich vorstellen, wie es für die Bauern war, wenn eines Tages die Hohbachspinnerin plötzlich auf der Alp Hohbach wie aus dem Boden gestampft auftauchte. Sie, die Bauern, die doch auf

viel Milch und Käse angewiesen waren ... und dann auf einen Schlag diese Hohbachspinnerin, die da mitten im Sommer ihr Unwesen trieb. Es war ein unheimlicher Augenblick, als diese Alpknechte die Spinnerin erblickten.

Eine alte Hexe, nur Haut und Knochen, nur schon beim Anblick dieser Frau lief einem ein kalter Schauer über den Rücken. Den ganzen Tag saß sie an ihrem Spinnrad. Die Spinnerin selbst fügte niemandem ein Leid zu, hingegen die schwarze Katze mit den teuflischen Augen, die immer neben ihr kauerte.

Kaum kam ein Stück Vieh in die Nähe dieser Katze, machte sie einen Sprung und biss das Vieh in den Hals. Und einen Tag oder vielleicht auch zwei Tage später war das Vieh, auf Deutsch gesagt, verreckt.

Den guten Bauern wurde damit ein großer Teil ihres Eigentums zerstört. Sie wussten nicht mehr was tun, sie beteten, gingen zum Pfarrherr und scheuerten sich auf den Knien in der Kirche fast die Hosen durch. Aber es nützte nichts. Im nächsten Sommer war die Hohbachspinnerin mit ihrer Katze wieder auf der Alp.

Eines Tages vernahmen die Bauern, dass es unten in Sitten einen Kapuzinerpater gab, der ihnen vielleicht helfen könnte.

Der Kapuzinerpater empfing sie, hörte sie an und gab ihnen folgenden Ratschlag: »Ihr müsst an allen vier Ecken der Hohbachalp ein gesegnetes Kreuz aufstellen. Dazu müsst ihr in der Stallkapelle vier heilige Messen lesen lassen.«

Dies alles befolgten die Bauern und von da an war die Hohbachspinnerin verschwunden.

Die vier Kreuze stehen heute noch. Wenn ihr einmal auf die Hohbachalp geht, seht ihr alle vier Kreuze, und von jedem Kreuz aus sieht man die drei anderen Kreuze. Und was ich jetzt noch erzähle, ist keine Lüge. In den fünfziger Jahren war ein junger Bursche Senn auf Hohbach. Als er Ende Sommer von der Alp ins Tal hinunterkam, sagte er zu den Bauern, das nächste Jahr gehe er nicht mehr auf die Hohbachalp, wenn nicht das

Spielen im Aufenthaltsraum

letzte Kreuz, das fehle, wieder aufgestellt werde. Diesen Sommer habe nämlich die Hohbachspinnerin wieder ihr Unwesen treiben wollen. Seit damals achten die Bauern immer darauf, dass alle Kreuze aufgestellt sind.

HOTEL RESTAURANT
FERIENHOTEL FÜR GEHOBENERE ANSPRÜCHE

1900 m ü. M.

SAAS FEE

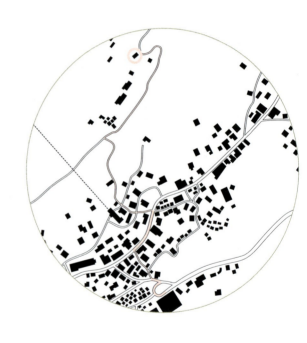

HOHNEGG

WALLIS

KONTAKT

Ferieneck Hohnegg
3906 Saas Fee
Tel. 027 957 22 68
Fax 027 957 12 29
hohnegg@saas-fee.ch
www.hohnegg.ch

Etwas oberhalb des Dorfes Saas Fee abseits des großen Rummels liegt das Hotel Hohnegg. Wer auf eine erstklassige biologische Küche steht, nicht auf hohen Komfort verzichten will und über das nötige Budget verfügt, ist hier richtig. Dementsprechend besteht die Gästeschar auch eher aus »Dinkies« (double income, no kids) und der gut verdienenden Mittelschicht. Etwas günstiger, aber immer noch teuer, sind die Ferienwohnungen in den dazugehörenden »Bio-Chalets«. Sie verfügen ebenfalls über jeglichen

PREISE

Die Übernachtung im Doppelzimmer mit Frühstück kostet je nach Saison Fr. 90.– bis Fr. 135.– pro Person und Tag. Aufpreis für Halbpension Fr. 44.– für ein 3-Gang-Menü, bzw. Fr. 54.– für ein 5-Gang-Menü; Kinder im Zimmer der Eltern bis 5 Jahre gratis, für 6- bis 16-jährige mit 50% Ermäßigung.

8 Doppelzimmer, Bio-Chalets, Appartements

ÖFFNUNGSZEITEN
ganzjährig geöffnet

MOBILITÄT VOR ORT
VELO
Hotel: 6 City- und Mountainbikes für Hotel- und Chaletgäste gratis
Weitere: Anthamatten Sport, Saas Fee

MOBILITY CARSHARING
Brig

denkbaren Komfort, sind aber ausschließlich aus Materialien aus der Umgebung gebaut: aus massivem Lärchenholz und Stein.

ANREISE

Saas Fee erreicht man mit dem Postauto ab Brig. An Samstagen während der Hauptsaison verkehren bereits ab Goppenstein direkte Busse (reservationspflichtig, aber sehr zu empfehlen, da sie die Reise etwa um eine Stunde verkürzen). Der Kurort ist autofrei, was aber beileibe nicht verkehrsfrei heißt! Unzählige kleine (und ungewohnt leise!) Elektrofahrzeuge kurven in den engen Gassen herum. Ein Telefonanruf vom Busbahnhof ins Hotel genügt und sofort wird man gratis und franko abgeholt – mit dem Elektromobil selbstverständlich.
Reisezeit: Bern–Goppenstein–Saas Fee 2½ bis 3 Stunden (1-mal umsteigen), ca. 12 Verbindungen pro Tag; Lausanne–Saas Fee ca. 3 Stunden (1-mal umsteigen), ca. 13 Verbindungen pro Tag.
Gepäcktransport: Reisegepäcktransport bis Saas Fee gewährleistet; restlicher Weg auf Anfrage durch Hotel.

INNENANSICHTEN

Das Haus stammt aus den 60er Jahren und wurde Anfang der 90er Jahre renoviert. Die Zimmer sind alle individuell eingerichtet, zum Teil im Rustikostil mit Holzschnitzereien und Wandmalereien, zum Teil mit pastellfarbenen Polstermöbeln und Teppichen – über Geschmack lässt sich ja bekanntlich nicht streiten. Alle Zimmer sind mit Telefon, Fernseher, Minibar, modernstem Bad und WC, z.T. sogar mit Whirlpool ausgerüstet.

KULINARISCHES

Das Restaurant ist öffentlich und steht nicht nur Hotelgästen zur Verfügung. Das Essen im Hohnegg lässt keine Wünsche offen: Entweder lässt man sich vom Küchenchef Markus Ries mit einem 3- oder 5-Gang-Menü überraschen oder man wählt etwas aus der fantasievollen Karte aus. Zur Halbpension gibt es zum

ÖFFENTLICHE VERKEHRSMITTEL

Im Winter verkehren zwei Pendelbusse innerhalb des Dorfes

2 Postautolinien: Brig–Visp–Saas Fee, 17 bis 19 Kurse; Saas Fee–Saas Grund–Goppenstein (nur samstags von Ende Juni bis Mitte Oktober, Mitte Dezember bis Ende April), 3 Kurse pro Tag, unbedingt reservieren

TAXI

Elektro-Shuttlebus von Kirche Saas Fee zurück ins Hotel von 15 bis 18 Uhr (gratis)
Taxi im Hotel auf Anfrage
Zenter Reisen, Saas Fee
Imseng, Saas Fee
Anselm Baumann, Saas Fee

INFRASTRUKTUR

- tägliche »Hohnegg-Post« mit Ausgehtipp, Wandervorschlag, Abendmenü, Wetterprognose
- Sauna
- Solarium
- Whirlpool
- Fitnessraum
- große Gartenterrasse mit Pingpong, Liegestühlen
- Ausleihe von Fahrrädern und Schlitten
- Skiraum mit Skiservice
- Kinderbetten/-sitze
- Spielzimmer mit Spielsachen

Beispiel eine Apfelcurrysuppe, äußerst zartes Rindsgeschnetzeltes mit Blumenkohl an »Brotbrösmeli« und Vollreis. Wer eine anstrengende Bergtour hinter sich hat und Zuchetticarpaccio sowie die mit Käse überbackenen Gnocchi nicht verpassen will, wählt das 5-Gang-Menü. Natürlich gibt es immer auch eine eigenständige vegetarische Variante.

Äußerst reichhaltig gestaltet sich auch das Frühstücksbuffet. Originell und empfehlenswert sind die selbst gemachten Konfitüren aus Kürbis, Löwenzahn- oder Holunderblüten.

EXTRAS

Im hauseigenen Laden werden verschiedene Bioprodukte verkauft, die auch im Betrieb Verwendung finden. Wer etwas vom Frühstücksbuffet mit nach Hause nehmen will, kann sich mit unzähligen Konfitüren eindecken, und wer den Champagner mit Goldmelisse auch den Gästen zu Hause servieren möchte, kann den hausgemachten Sirup kaufen. Für Wandervögel sind auch Landkarten und andere nützliche Accessoires zu erstehen.

VOR ORT

Weshalb man für den Ökopfad gleich zwei Bergbahnen nehmen muss, lassen wir für einmal undiskutiert… (Aber Tatsache ist, dass man in Saas Fee zu Fuß kaum auf einen Hügel kommt, auf den nicht schon eine Bahn hinführt.) Der Weg beginnt bei der Bergstation Hannig und endet auf dem Spielboden. Auf Informationstafeln werden Themen wie Energie, Wasser, Gletscher, Flora und Fauna, Alpwirtschaft, Verkehr und Tourismus angesprochen. Eine detaillierte Informationsbroschüre kann zudem beim Verkehrsverein bezogen werden.

G.A.S.T. FÜR GÄSTE

Es waren wohl die knappen Bodenressourcen und die engen Gässchen, die den Gemeinderat von Saas Fee nach der Fertigstellung der Straße durchs Saastal 1951

ANGEBOTE IM ORT
- diverse Winter- und Sommersportmöglichkeiten
- Freizeitzentrum mit Schwimmbad, Wellness, Fitness, Badminton, Tennis
- Golf, Minigolf
- Kino
- Saaser- und Bäckermuseum

dazu bewogen, das Dorf autofrei zu halten. Der ganze Innerortsverkehr wickelt sich noch immer zu Fuß, per Velo, mit Pferdekutschen und Elektromobilen ab. Was damals eher aus Not beschlossen wurde, ist heute ein wirksames Marketinginstrument von Saas Fee.
Auch andere Ferienorte der Schweiz wie Mürren oder Zermatt konnten die Autos von ihren Dörfern fernhalten – oft weil sie nur mit einer Luft- oder Standseilbahn erschlossen sind. Seit 1986 vermarkten diese Ferienorte ihre Autofreiheit gemeinsam unter dem Namen G.A.S.T., der Gemeinschaft Autofreier Schweizer Tourismusorte.
G.A.S.T. versteht die Autofreiheit als »größtmöglichen Verzicht auf Verbrennungsmotoren im örtlichen Verkehr«. Doch am Dorfausgang oder an der Talstation der Luftseilbahn ist es mit der Idylle meist vorbei. In Saas Fee benützt nur gerade einer von fünf Feriengästen die öffentlichen Verkehrsmittel zur An- und Abreise. Damit steht der autofreie Ferienort bei weitem nicht besser da als andere, nicht autofreie Fremdenverkehrsorte der Schweiz. Riesige Parkinganlagen mit 4000 Parkplätzen stehen am Dorfeingang der Mehrheit der Gäste zur Verfügung, die mit dem Privatauto anreisen.
Das bringt nicht nur vor Ort Probleme. In Stalden, wo sich die Straße nach Zermatt und Saas Fee teilt, nimmt der Durchgangsverkehr zuweilen unerträgliche Ausmaße für die Anwohner an. An Wochenenden fahren Tausende von Feriengästen aus ganz Europa mit ihren Autos durch das Dorf in Richtung der beiden autofreien Orte. Dazu kommt, dass, wer mit dem Auto in die Berge fährt, mit An- und Abreise bereits über 90 % des gesamten Energiebedarfs des Ferienaufenthalts verbraucht. G.A.S.T. empfiehlt seinen Feriengästen zwar die An- und Abreise mit öffentlichen Verkehrsmitteln. Offensichtlich reicht aber die Empfehlung alleine nicht. Neue Konzepte zur Verlagerung des motorisierten Verkehrs auf öffentliche Transportmittel sind gefragt. Nun will Saas Fee mit dem Projekt »New Mobility Saas Fee« neue Wege beschreiten. Damit befasst sich das Netzwerk für Sanfte Mobilität

im europäischen Tourismus NETS. G.A.S.T. ist Gründungsmitglied dieses EU-Projekts, das verschiedene Partner aus den Bereichen Tourismus, Verkehr und Umwelt hat. Ihr gemeinsames Hauptziel ist die Verbesserung von Umwelt- und Lebensqualität für Gäste und einheimische Bevölkerung. Reiseveranstalter, Tourismusorte und Verkehrsunternehmen arbeiten zusammen für eine sanfte Freizeitmobilität und entwickeln umweltfreundliche Mobilitätsangebote. Für die G.A.S.T.-Orte ist diese Mitgliedschaft wichtig. Sie ermöglicht Erfahrungsaustausch im europäischen Raum und eine länderübergreifende Zusammenarbeit. Das macht Sinn, da schließlich über 40% der Hotelgäste in der Schweiz aus Europa – ohne Schweiz – kommen.

NETS unterstützt deshalb das Projekt »New Mobility Saas Fee« zur Förderung der Anreise mit Bahn und Bus. Das zukunftsweisende Projekt wird in enger Zusammenarbeit mit SBB, Postauto, Post, Hotelplan Niederlande und Europcar realisiert. Konkrete Ansatzpunkte sind Verbesserungen beim Gepäcktransport mit öffentlichen Verkehrsmitteln, bei der Mobilität vor Ort sowie bei der An- und Abreise.

Gästebefragungen zeigen, dass die Hauptgründe gegen die Benützung öffentlicher Verkehrsmittel der umständliche Gepäcktransport sowie die eingeschränkte Mobi-

Himmlische Träume…

lität in der Ferienregion sind. Wer im Hohnegg übernachtet, wird zwar samt Gepäck von der Post mit dem Elektromobil ins Hotel chauffiert. Das gehört zum Service des Betriebs. Wer das Gepäck aber auf der Bahn- und Busfahrt nicht selbst schleppen will, muss es beim Bahnhof aufgeben und am Zielort bei der Postautostation wieder abholen. Dies ist umständlich und unattraktiv; insbesondere wenn man die Wahl hat, die Koffer vor dem Haus ins Auto ein- und vor dem Hotel, resp. beim Parkplatz, wieder auszuladen. Damit man sich bis zur Ankunft im Hotel nicht mehr ums Gepäck kümmern muss, sollen Reisende mit Bahn und Bus deshalb die Möglichkeit eines Haus-zu-Haus-Transports haben. In einem Testlauf wird im Rahmen von »New Mobility Saas Fee« ab Februar 2000 ein Gratisgepäcktransport von den Bahnhöfen Basel, Bern und Luzern bis ins Hotel nach Saas Fee angeboten. Und wer aus den jeweiligen Agglomerationen das Gepäck von zu Hause abholen lassen möchte, soll dies zu einem günstigen Preis tun können.

Ist der Gast an Ort, muss auch die Mobilität in der Ferienregion gewährleistet sein. Dafür sind attraktivere Verkehrsverbindungen unabdingbar: Postautos nach Saas Grund und Saas Almagell im Halbstundentakt etwa und Busse, die bis 22 Uhr verkehren. Um die Lücken der öffentlichen Linien abzudecken, wird das Angebot mit Carsharing und Mietautos ergänzt.

Ein weiteres Pilotprojekt ist mit den Niederlanden vorgesehen. Um die Gäste zum Umsteigen auf öffentliche Verkehrsmittel zu bewegen, müssen ÖV-Angebote auch bei Reisebüros präsenter sein. In Zusammenarbeit mit Hotelplan Holland und Image-Travel Holland sollen im Rahmen von »New Mobility Saas Fee« sanfte Mobilitätsangebote für holländische Gäste entwickelt werden. Denn »gerade verkehrsberuhigte Orte und die Möglichkeit zur An- und Abreise mit öffentlichen Verkehrsmitteln sind bei den Holländern hoch im Kurs«, meint Marnix Vietor von der Niederländischen Alpenplattform. Ein Anreiz können zum Beispiel Pauschalangebote sein, die Bahnanreise von den Niederlanden nach Saas Fee, Gepäcktransport, Unterkunft sowie Wander- oder Skipässe beinhalten und als Pakete bei den Tour Operators gebucht werden können.

Das Pilotprojekt wird vorerst von verschiedenen Partnern finanziert. Auf die Dauer müssen aber für den Gratisgepäcktransport neue Finanzierungsmöglichkeiten gefunden werden. »Es ist fast nicht denkbar, dass diese Kosten die Gemeinde übernimmt. Die Kosten müssen wir wohl oder übel auf den Gast überwälzen«, meint Claude Bumann, Gemeindepräsident von Saas Fee. Allerdings halb so schlimm, er rechnet mit Kosten von 20 Rappen pro Logiernacht. Und wer heute mit dem Auto anreist, kriegt mit der Kurkarte auch Vergünstigungen im Parkhaus. »Mit dem Gratistransport für das Gepäck wird der Benutzer des öffentlichen Verkehrs mit dem Autoanreisenden gleichgestellt«, folgert Claude Bumann daraus.

Ob mit oder ohne Auto unterwegs – unbestritten ist, dass Feriengäste einen Aufenthalt ohne Autolärm und -gestank schätzen. Für viele sicher ein Grund, gerade deswegen einen der G.A.S.T.-Orte aufzusuchen. Auch wenn Ruhe und saubere Luft erst am Dorfeingang einkehren, so können ein paar Tage Aufenthalt in einem autofreien Ort doch etwas bewirken. So wird einem – wenn vielleicht auch nur für ein paar Tage, bis man wieder ins eigene Auto steigt – abseits von Hektik, Lärm und Stress wieder einmal bewusst, wie stark das eigene Leben vom Privatverkehr beeinflusst und dominiert wird. Und wenn in Zukunft auch noch der Gepäcktransport von Haus zu Haus klappt, gibt es vielleicht beim nächsten Mal einen Grund mehr, das Auto zu Hause in der Garage stehen zu lassen...

QUELLEN:
www.soft-mobility.com
SGU-Info 3/99. Zeitschrift der Schweizerischen Gesellschaft für Umweltschutz SGU. Oktober 1999

DOMINIK SIEGRIST arbeitet als Geograf im Alpenbüro Netz und an der Hochschule Rapperswil. Im Rotpunktverlag erschien von ihm 1999 der thematische Schneeführer »Winterspuren. Mit Tourenski, Snowboard und zu Fuß unterwegs in bedrohter Landschaft«.

DER STOFF, AUS DEM DIE TRÄUME SIND

LANDSCHAFTSORIENTIERTER TOURISMUS

»Landschaft« heißt der Stoff, aus dem die Träume des Tourismus sind. Historische Stadtlandschaften mit schmalen Gassen zwischen alten Häusern atmen einen Hauch vergangener Zeiten und laden Liebes- und andere Paare zum Flanieren ein. Naturnahe See- und Flusslandschaften mit ihren Sand- und Kiesbänken ziehen Jung und Alt zum Lagern und Baden in den erfrischenden Fluten an. Erhabene, felsumwobene und vergletscherte Naturlandschaften im Hochgebirge faszinieren Genießerinnen und Sportliche. Vom Mensch gestaltete und belebte Kulturlandschaften, in denen jahrhundertealtes Wirtschaften sichtbar wird, locken Gäste zu mehr oder weniger sportlichen Ausflügen ins Wander- und ins Veloland Schweiz.

Gästebefragungen der letzten Jahre bestätigen ausnahmslos, dass eine intakte Landschaft zu den wichtigsten Urlaubsbedürfnissen der Touristinnen und Touristen gehört. In der UNIVOX-Befragung liegt die Attraktivität der Landschaft bei den Top Ten der Bedürfnisse sogar auf dem ersten Platz. Über vier Fünftel der befragten Gäste in der Schweiz bezeichneten die Attraktivität der Landschaft als wichtig zur Befriedigung ihrer Urlaubsbedürfnisse. Weitere Untersuchungen belegen, dass viele Gäste bereit sind, für die Erhaltung von schönen und einladenden Ferien- und Freizeitlandschaften tiefer ins Portemonnaie zu greifen. Die Bereitschaft reicht von fünfzig Franken bis weit über hundert Franken pro Jahr, die viele zusätzlich für eine intakte Landschaft zu zahlen bereit wären.

Weil das Denken unserer Gesellschaft oft nicht über Franken und Rappen hinausgeht, versuchen ForscherInnen den Wert von Freizeitlandschaften auch in Geldwert zu berechnen. Noch liegen für den Schweizer Tourismus keine definitiven Zahlen vor. Doch die Tatsache, dass pro Jahr allein im «landschaftsintensiven» Alpentourismus rund 38 Milliarden Franken Umsatz erzielt werden, deutet auf die große Dimension dieser Zahlen hin. Deshalb täten Regionalpolitiker,

Kurdirektoren, Hoteliers und Bergbahnverantwortliche tatsächlich gut daran, sich mehr für den Schutz und die Erhaltung ihrer kostbaren Landschaften stark zu machen.

Es ist weit mehr als ein Marketing-Gag, dass die Tourismuswerbung die Schönheit der Landschaften für ihre Zwecke nutzt. In den Ferienkatalogen prangen schon lange keine skiliftdurchsetzten Pistenhänge mehr. Vielmehr leuchten von den Plakatwänden heute erhabene und intakte Landschaften und werben für Ferien in Switzerland. Schweiz Tourismus und Graubünden Ferien betreiben erfolgreich PR mit der schönen Landschaft als Basis für erfüllenden Aktivurlaub. Und das Wallis setzt auf das bewährte Matterhorn, den mächtigen Aletschgletscher und auf liebliche Seitentäler. So investiert die Werbung Millionen, denn sie weiß: Intakte Landschaften gehören zu den Megatrends im Tourismus.

Seit Jahren betonen Gemeindepräsidenten, Bergbahnunternehmer und Tourismusverantwortliche, wie wichtig ihnen die intakte Landschaft sei, stelle sie doch das wichtigste Kapital für ihre Branche dar. Doch oft genug folgt solchen Deklarationen nicht das entsprechende Handeln. Die heutige Realität im Tourismusland Schweiz ist ernüchternd: Weiterhin werden schleichend, aber auch im großen Stil wertvolle Landschaften zerstört. Durch neue Appartementbauten und Ferienhäuser nimmt die Zersiedlung der Urlaubsregionen ihren Gang. Aus- und Neubauten von Straßen zerschneiden weite Gebiete. Nicht zuletzt sind es zahlreiche kleinere Infrastrukturen, z.B. für Trendsportarten, die einmalige Berglandschaften entwerten.

Die meisten Verantwortlichen in Tourismusregionen, aber auch viele Politiker, die die Interessen des Fremdenverkehrs auf kantonaler und nationaler Ebene vertreten, opfern ihre Landschaften allzu leichtfertig einem eindimensionalen Renditedenken. Ein Beispiel für die Nichtbeachtung der Interessen von Natur und Landschaft ist das Qualitätsprogramm des Schweizer

Tourismus, dessen Gütesiegel die Umwelt nicht berücksichtigt. Würden zu dieser Frage nicht nur die Anbieter, sondern alle Schweiz-Gäste befragt, votierten diese für den Einbezug der Umwelt. Doch da wir nicht gefragt werden, schauen wir als KonsumentInnen allzu oft an der einseitigen Interessenpolitik vorbei und akzeptieren die Haltung der Tourismusmacher als gottgegeben. Doch insbesondere dann, wenn von Seiten des Tourismus für landschaftszerstörende Investitionen mit »Gästebedürfnissen« argumentiert wird, sollten wir eigentlich hellhörig werden.

Es bestehen genügend Möglichkeiten, sich für mehr Landschaft und weniger Beton einzusetzen, ohne dass man viel Zeit dafür opfern müsste: Auch in den Ferien darf man ganz einfach seine Meinung sagen, ohne sich den Stempel des »Besserwissers aus der Stadt« aufdrücken zu lassen. So z.B. im eigenen Hotel, gegenüber dem Verkehrsverein oder bei der Bergbahn. An einigen Orten bestehen Gästevereinigungen, die sich für Kurorts- und Gästeinteressen einsetzen, wo man Mitglied werden kann. In Arosa z.B. wehrt sich der Verein Vivarosa gegen den Bau einer Skigebietsverbindung mit der Lenzerheide. Als wirkungsvoll erweist es sich immer wieder, für die Lokalzeitung kurze Leserbriefe oder Artikel zu verfassen. Generell ist der Tourismus auf alle Arten kritischer Öffentlichkeitsarbeit sehr sensibel, da diese für negative Schlagzeilen sorgen kann.

Der landschaftsorientierte Tourismus will den Ferienlandschaften keine Schutzglocke überstülpen. Vielmehr soll eine echte nachhaltige Nutzung die Zukunft absichern und die Verbesserung der regionalen Wertschöpfung die Lebensmöglichkeiten erhalten. Deshalb werden im Rahmen des landschaftsorientierten Tourismus spezifische, landschaftsverträgliche Angebote entwickelt. Dazu gehören populäre Aktivitäten wie z.B. Wandern und Trekking, Velofahren, Biken oder Schwimmen. Im Winter gehören dazu auch Winterwandern, Ski- und Schneeschuhtouren oder Skifahren in kleinen Skigebieten. Zum landschaftsorientierten Tourismus passt auch eine umweltbewusste Hotellerie. Wer in einem Ökohotel absteigt, beweist bereits mit seiner Ferienwahl, dass ihm die Erhaltung der Landschaft wichtig ist.

Die Ökohotels setzen sich für eine maßvolle touristische Entwicklung in ihrer Region ein. Landschaftszerstörende Eingriffe werden abgelehnt. Dies gilt ebenso für Großinvestitionen, die das soziokulturelle Gleichgewicht des Urlaubsortes gefährden können (z. B. neue Skigebiete, Großüberbauungen).

Die Ökohotels fördern den Absatz von Produkten von Bauern und Gewerbetreibenden aus der eigenen Region, z.B. auf der eigenen Speisekarte. Mit dem Kauf von regionalen Produkten tragen die Gäste zur Erhaltung von sinnvollen Arbeitsplätzen bei. Die Erhaltung der regionalen Landwirtschaft bildet die Grundlage, dass attraktive Kulturlandschaften auch in Zukunft gepflegt werden.

Die Ökohotels setzen auf erneuerbare einheimische Ressourcen, z. B. auf Holz, Biomasse und Sonne. Wird zum Heizen das Holz aus den Wäldern der Region verwendet, trägt dies zur Schaffung von Arbeitsplätzen bei. Diese ökologisch sinnvolle Zusammenarbeit ermöglicht z. B. die bessere Pflege des Bergwaldes.

Die Ökohotels fördern die Anreise mit dem öffentlichen Verkehr und leisten dadurch einen wichtigen Beitrag zur Verbesserung der Umweltbilanz des Tourismus. Die Gäste erhalten Gelegenheit zu einem aktiven Beitrag zum Klimaschutz. Das behütet wiederum die Landschaft vor der Zerstörung (z. B. durch Naturkatastrophen, Schneemangel).

PHILIPPE WYSS,
Planungsbüro Jud

MOBILITÄT IM URLAUB

Ferien sind etwas sehr Wertvolles. Man möchte sich entspannen, Distanz nehmen vom Alltag, aber auch Neues entdecken und ausprobieren. Warum also nicht in den Ferien neue oder auch altbewährte Mobilitätsformen entdecken? Warum nicht beispielsweise für die Anreise ins Hotel auf das eigene Auto verzichten und die Vorzüge von PubliCar ausprobieren, dem in einigen eher dünn besiedelten Gegenden der Schweiz neu eingeführten, taxiähnlichen Dienst der Postautounternehmen? Und das Gepäck per Bahn oder Post transportieren lassen? Oder Carsharing (der moderne Ausdruck für Autoteilet) mit dem einfachen Zugang zu rund 1300 Fahrzeugen in der Schweiz kennen lernen? Dieses Kapitel über Mobilität gibt einige Tipps, wie Ferien (fast) ohne Auto einfach und bequem genossen werden können. In der Beschreibung der Hotels sind zudem weitere Informationen über die Mobilitätsmöglichkeiten vor Ort aufgeführt: Velomietmöglichkeiten, Mobility-Carsharing-Standorte, Bahn- und Buslinien sowie Taxi- und Alpentaxiunternehmen.

REISEGEPÄCKTRANSPORT

Gepäck kann man für Fr. 10.– pro Stück an allen bedienten Bahnhöfen und Postautohaltestellen aufgeben. Gruppen und Familien mit Familienkarte bezahlen Fr. 8.– pro Stück. Am besten geben Sie Ihr Gepäck einen Tag vor der Abreise auf. Das Maximalgewicht pro Stück beträgt 25 kg.

Am Bahnhof erfährt man auch, bis wohin es offiziell transportiert wird resp. ab wo man eine neue Lösung suchen muss. Hotels, die etwas weit weg von öffentlichen Verkehrsmitteln liegen, bieten oftmals einen Gepäcktransport ab Bahnhof oder Postautohaltestelle an.

Eine andere, manchmal einfachere Variante ist der Versand per Post, denn das Gepäck wird direkt ins Hotel geliefert. Man kann sein Gepäck auf jede Poststelle bringen. Eingeschrieben und versichert bis Fr. 1000.– betragen die Preise dieses Transports pro

Gepäckstück (Preise Januar 2001):

2–5 kg	Fr. 7.–
5–10 kg	Fr. 10.–
10–20 kg	Fr. 15.–
20–30 kg	Fr. 22.–

Will man das Gepäck bis Fr. 3000.– versichern lassen, kostet dies jeweils Fr. 2.– mehr.

PUBLICAR

Postauto Schweiz bietet für eher dünn besiedelte Gebiete einen relativ neuen Transportservice an, der bisher bei den Kunden großen Anklang gefunden hat. Der PubliCar ist eine Mischung aus Postauto und Taxi: Er fährt auf Abruf und nach Bedarf. Bestellen kann man den PubliCar per Telefon (0800 55 30 60), die Zentrale übernimmt die Disposition der Fahrzeuge, welche die Kunden vor der Haustür abholen und ans Ziel innerhalb des PubliCar-Gebietes bringen. Bei Bedarf wird auch ein weiterer PubliCar auf die Strecke geschickt.

Der Service funktioniert ohne fixe Linien und Haltestellen und folgt auch keinem Fahrplan.

In den Kleinbussen mit 8 bis 15 Sitzplätzen kann man mitfahren, wenn man irgendein für die entsprechende Strecke gültiges Ticket hat. Zusätzlich wird dann noch ein Grundtarif von 3 Franken erhoben: für einen taxiähnlichen Service wahrlich ein günstiger Preis.

Neben ökonomischen Vorteilen weist diese Transportart gegenüber klassischen Postautos auch ökologische Vorteile auf: Statt mit einem 25-plätzigen Bus fast leer auf fixen Routen zu verkehren, fährt der PubliCar nur dann und dort, wo es gewünscht wird.

Anfang des neuen Jahrtausends gibt es in der ganzen Schweiz 14 PubliCar-Regionen, je zur Hälfte in der Romandie und in der Deutschschweiz. In den Hotelkapiteln wird der PubliCar unter der Rubrik »Öffentliche Verkehrsmittel« erwähnt.

WEITERE INFORMATIONEN

Tel. 0800 55 30 60 oder unter www.post.ch

ALPENTAXI

Das Alpentaxiverzeichnis wurde von der Vereinigung Mountain Wilderness Bern zusammengestellt. Aufgeführt im Verzeichnis sind Unternehmen in verschiedenen Orten der Schweizer Alpen und Voralpen, welche Transportdienste für kleinere und größere Gruppen anbieten. Ziel dieses Verzeichnisses ist es zu zeigen, wie und wo Berg- und Wandertouren ohne Privatauto durchgeführt werden können, denn der Transport vom Bahnhof zum Ausgangsort für die Tour ist mit einem Alpentaxi möglich.

Hotels, in deren Nähe ein Alpentaxi seine Dienste anbietet, haben einen entsprechenden Hinweis.

Das AlpenTaxiverzeichnis kann bei folgender Adresse bestellt werden:
Mountain Wilderness Schweiz
Postfach 148
8057 Zürich
www.mountainwilderness.ch

CARSHARING – NUTZEN STATT BESITZEN

Die Idee ist bestechend, zeitgemäß und ökologisch zugleich: Anstatt ein Auto zu besitzen, welches im Schnitt 23 Stunden pro Tag herumsteht, kann man eines zu einem günstigen Preis mieten, wenn man es wirklich benutzen will. Das erspart einem nicht nur die hohen Anschaffungskosten, sondern auch die Produktionsenergie (graue Energie). Zudem hat sich gezeigt, dass NutzerInnen von Carsharing-Autos mit der Zeit immer weniger Auto fahren und immer mehr öffentliche Verkehrsmittel nutzen. Die Idee überzeugt so viele Leute, dass die Genossenschaft Mobility CarSharing, welche schweizweit Carsharing-Autos anbietet, enorme Wachstumszahlen aufweist:
1993 waren es noch knapp 3000 KundInnen, 1997 etwa 17 000 und Anfang Jahr 2000 bereits 30 000 KundInnen. Die Zahl der Carsharing-Autos ist in dieser Zeit von etwa 150 auf rund 1200 Autos angestiegen. Die Genossenschaft Mobility CarSharing Schweiz ist 1997 aus dem Zusammenschluss der Genossenschaften ATG-AutoTeilet Schweiz und ShareCom entstanden. Die ersten Schritte wurden 1987 von 30 Idealisten gemacht. Mit der Fusion im Jahr 1997 ist ein gesamtschweizerisches Unternehmen entstanden, welches heute rund 120 Mitarbeiterinnen und Mitarbeiter hat.

Für wen lohnt sich Carsharing? Wenn Sie weniger als 15 000 km pro Jahr mit dem Auto unterwegs sind und Mobility mit dem öffentlichen Verkehr kombinieren, sparen Sie bis zu Fr. 250.– pro Monat im Vergleich zum Privatwagen. Und man hat nicht nur »normale« Autos zur Verfügung, sondern eine ganze Palette: vom Kleinstauto über das Cabriolet bis zum Zügelbus.
Das größte Angebot an Carsharing-Fahrzeugen besteht heute in Städten und Agglomerationen, insbesondere der Deutschschweiz. Aber es gibt auch immer häufiger die Möglichkeit, in der West- und Südschweiz und in ländlicheren Gebieten ein Auto zu mieten. Dies macht es auch für Ferien im Hotel attraktiv.
Das Schloss Wartegg in Rorschacherberg hat sogar einen Carsharing-Standort direkt beim Hotel. Das Auto steht speziell Hotelgästen zur Verfügung.

WEITERE INFORMATIONEN
Mobility CarSharing Schweiz
Mühlenplatz 10–11
6000 Luzern 5
Tel. 041 248 22 22
Fax 041 248 22 23
info@mobility.ch
www.mobility.ch

HÖHERE WEIHEN FÜR BIORÜEBLI & CO.

CHRISTOF DIETLER, Bio Suisse

Bioprodukte sind in der Schweizer Gastronomie noch keine Selbstverständlichkeit. Schwung erhielten biologisch Kochen und das entsprechende Marketing durch Systemgastronomiebetriebe wie SV-Service oder Coop und durch den hohen Stellenwert von Bio im Lebensmitteleinzelhandel. Nun entdecken aber auch diverse Einzelgastronomen Bio – darunter auch Spitzenköche. Der biologische Landbau hat in der Schweiz eine lange Tradition. Bezogen auf die Gesamtzahl der Landwirtschaftsbetriebe blieb der Biolandbau allerdings bis vor wenigen Jahren marginal. Immerhin war es möglich, Ende der 70er Jahre ein gemeinsames Label zu kreieren, welches bis heute Bestand hat: die Knospe. Die Bioszene der Schweiz hat also seit 20 Jahren einen einheitlichen Marktauftritt unter einem einzigen Markenzeichen. Gegen außen erschienen die Biobetriebe geeinter, als sie es untereinander waren. Und das war gut so.

Die Knospe wird in Lizenz vergeben, vorerst an die Landwirtschaftsbetriebe, später dann auch an Verarbeitungsbetriebe von Biorohstoffen, und seit 1998 können nun auch Gastrobetriebe die Knospe erlangen.

Der erste Anlauf mit der zertifizierten Knospe-Küche war noch kein durchschlagender Erfolg. Zu hoch war der Anteil an Knospe-Produkten angesetzt – zu klein demzufolge der Anteil an EU-Bioprodukten. Das erwies sich im kleinen Land Schweiz als kaum realisierbar. Deshalb sind die Knospe-Normen für Gastrobetriebe überarbeitet worden.

DAS HERZ DER GÄSTE GEWINNEN

Der Gastrobetrieb kann sich entweder für die Deklaration Knospe-Komponenten-Küche oder für die Knospe-Küche entscheiden. Das Restaurant mit Knospe-Komponenten-Küche deklariert beispielsweise »Wir verwenden für unsere Menüs folgende Knospe-Rohstoffe: Rindfleisch, Karotten, Kartoffeln«. Diese Nahrungsmittel dürfen nicht aus konventioneller Produktion stammen.

Die Knospe-Küche hingegen ist sehr viel anspruchsvoller, beruht sie doch auf der grundsätzlichen Umstellung auf Bioprodukte: Mindestens 50 Prozent der Rohstoffe (Einkaufswarenwert, ohne Getränke) muss in Knospe-Qualität sein; die konventionellen Produkte dürfen höchstens 30 Prozent ausmachen und müssen zudem »erlaubte« Produkte sein, welche auf der so genannten weißen Liste aufgeführt sind. Die Differenz zwischen Knospe-Produkten und konventionellen besteht aus EU-anerkannten Bioprodukten. Fleisch muss durchwegs in Knospe-Qualität sein, regional begründete Ausnahmen für Fleischspezialitäten sind möglich, müssen aber deklariert werden. In jedem Fall sind nur traditionelle Verfahren der Zubereitung erlaubt, also keine Mikrowelle. Bestrahlte und gentechnisch veränderte Produkte sind verboten.
Bei Wein, Bier, alkoholfreien Getränken, Kaffee und Tee muss mindestens je ein Getränk in Bioqualität vorhanden sein. Die verlangte Überprüfbarkeit des Wareneinkaufs setzt in der Buchhaltung ein dreifaches Warenkonto (konventionell, EU-Bio, Knospe) voraus. Die Warenflüsse müssen mindestens ein Jahr zurück verfolgt werden können.

START MIT EINEM DUTZEND KNOSPE-KÜCHEN
Gegenwärtig (Januar 2000) führen ein Dutzend Schweizer Restaurants die Knospe-Küche. Unter diesen Betrieben sind renommierte Häuser wie das Baseltor in Solothurn, das Obertor in Winterthur oder der Jägerhof in St. Gallen. Ganz bewusst hat die Bio Suisse daher ihre kleine Gastro-Offensive beim Spitzenkoch Georges Wenger im jurassischen Le Noirmont gestartet. Der Schweizer Koch des Jahres 1998 kocht schon seit Jahren mit verschiedenen Bioprodukten, betont dies aber nicht speziell. Er empfängt seine Gäste in der französischsprachigen Schweiz. Bio und ökologische Argumente sind im frankophonen Teil der Schweiz noch stärker als in der Deutschschweiz nur in Kombination mit gesteigertem Genuss «verkaufbar».

WEITERE INFORMATIONEN
Bio Suisse
Missionsstraße 60
4055 Basel
Tel: 061 385 96 10
Fax: 061 385 96 11
bio@bio-suisse.ch

COOP UND SV-SERVICE ALS TRENDSETTER

Für Coop war nach dem Start mit Knospe-Produkten in den Regalen das Einführen von Bioprodukten in den eigenen Restaurants ein Schritt mit strategischer Bedeutung: Der Kunde soll Bioprodukte überall im Coop finden. Mittlerweile bieten nicht weniger als 120 Coop-Restaurants Biokomponenten oder ganze Biomenüs an. Dazu kommen Betriebe, die Backwaren oder andere Frühstückskomponenten in Bioqualität anbieten. Für den Hauptverantwortlichen der Coop-Gastronomie, Hans Thurnheer, ist klar: »Der Erfolg gibt uns Recht: Wir konnten jedes Jahr in der Gastronomie im zweistelligen Prozentbereich wachsen. Bio ist für uns ein wichtiges Verkaufsargument geworden.« 600 Tonnen Gemüse werden in den Selbstbedienungsrestaurants pro Jahr verkauft. Die Coop-Köche machen allerdings »nur« den so genannten Finish. Gerade in der Gastronomie kann sich die Biobewegung den Convenience-Produkten nicht entziehen.
Bio beginnt also die Gastroszene nachhaltig zu beleben. So wird auch der Swissair-Fluggast einige Bioprodukte auf dem Teller vorfinden. Mit »Bio nach Rio« sozusagen. Für die Bio Suisse allerdings noch kein Grund abzuheben. Außer bei Coop ist das Ausmaß quantitativ immer noch bescheiden, wie das Dutzend zertifizierter Küchen zeigt. «Unsere beiden Modelle für Restaurants sind sehr anspruchsvoll und dies soll auch so bleiben. Ein kontinuierliches Wachstum mit sorgfältiger Kommunikation ist uns lieber als groß propagierte Eintagsfliegen«, kommentiert Cordelida Galli, Marketingleiterin der Bio Suisse, die aktuelle Entwicklung.

»STEINBÖCKE« ALS LABEL FÜR NACHHALTIG AUSGERICHTETE UNTERNEHMEN

Eine gesunde Gesellschaft mit einer kraftvollen Wirtschaft in einer lebensfähigen natürlichen Umwelt – dies ist in anderen Worten das Ziel nachhaltiger Entwicklung. Zur Förderung einer solchen nachhaltigen Wirtschaft im Alpenraum wurde das Konzept der »Steinbock«-Auszeichnung geschaffen: Steinböcke sind das neue Nachhhaltigkeitslabel, welche der Verein Ökomarkt Graubünden an schweizerische Betriebe vergibt. 1 bis 5 Steinböcke erhalten Betriebe, welche alle Bereiche von nachhaltiger Entwicklung in ihrer Tätigkeit konsequent beachten und somit nebst den wirtschaftlichen auch die ökologischen und sozialen Aspekte wirkungsvoll bearbeiten. Die Auszeichnung umfasst sowohl das Managementsystem wie auch die erzielte Leistung. Sie geht also im Bereich der Nachhaltigkeit weit über die bestehenden Normen (ISO 14001, 9001, QQ, etc.) hinaus.

Als erste Branche wurden die Steinböcke für Hotelbetriebe ausgearbeitet. Die ersten Hotels wurden 1994 zertifiziert.

Die Steinböcke sind eine Qualitätsauszeichnung. Damit kann ein Betrieb den erreichten Stand an Kunden und weitere Interessierte mitteilen und gleichzeitig die Nachhaltigkeitsorientierung in der internen Kommunikation weiter verstärken. Ein zertifizierter Betrieb darf seine Steinböcke mit Stolz in seinen Dokumenten, Prospekten usw. verwenden.

Eine Zertifizierung wird auf der Grundlage einer Selbstdeklaration der Betriebe von einer unabhängigen Fachperson beantragt. Eine Zertifizierung gilt für jeweils 3 Jahre, anschließend muss sie erneuert werden oder sie verfällt. Das Reglement zur Verleihung der Steinböcke wird vom Verein Ökomarkt erlassen und ist öffentlich. Der Verein Ökomarkt überwacht und garantiert die Einhaltung der Regeln. Er ist dazu ermächtigt auch entsprechende Kontrollen im Betrieb (inkl. Befragung von Personal und Gästen bei Bedarf) vorzunehmen.

STEFAN FORSTER, Weinhandlung Cavino in Stäfa

BIO-WEIN SETZT SICH DURCH

Das Biosegment in der Lebensmittelbranche gewinnt zunehmend an Bedeutung. Immer mehr KonsumentInnen achten bei ihrer Ernährung auf naturgerechte Produktion, die ohne den Einsatz der chemischen Keule und ohne den Zusatz von Fremdstoffen auskommt. Auch im Weinbau steigt die Nachfrage nach biologischen Produkten.

Die Weinrebe, zum Teil über 2000 Jahre kultiviert und veredelt, ist eine genügsame Pionierpflanze. Sie braucht nur spärlich nährstoffreichen Humus und ist nicht auf viel Niederschlag angewiesen. In unseren Breitengraden mit gemäßigtem, feuchtem Klima wächst die Rebe sehr schnell. Unsere ertragreichen Böden liefern alle Energie in das vegetative Wachstum der Rebe. Sie würde aber ohne den Rebschnitt und die »Erziehung« durch den Menschen nur spärlich Früchte liefern.

Die traditionellen Rebsorten sind hochgezüchtete und veredelte Kulturpflanzen, die sehr krankheitsanfällig sind. Der Einsatz von Spritzmitteln ist nicht zu umgehen. Vor allem Pilzkrankheiten, Fäulnis und verschiedene Schädlinge werden mit Hilfe von Chemie bekämpft. Dies beeinträchtigt aber die Existenz von verschiedenen Nützlingen. Langfristig wird vor allem das natürliche Gleichgewicht des Bodens zerstört, der unfruchtbar wird und schließlich nur noch als Sondermüll deklariert werden kann. Der Boden spielt aber im Weinbau eine zentrale Rolle. Das Terroir (Bodenzusammensetzung, auf dem die Rebe wächst) ist eine entscheidende Komponente für die Aromen im Wein. In der Schweiz wurde diese Tatsache jahrelang vernachlässigt und oft ausschließlich auf die Karte »hohe Erträge« gesetzt. Auch die heutigen Edelrebsorten züchtete man unter diesem Gesichtspunkt. So genannten Unkräutern wurde mit Herbiziden der Garaus gemacht, dem Ertrag mit Kunstdünger nachgeholfen und die in unserem Klima und durch die hohen Erträge oft fehlende Reife wurde mit Rübenzucker kaschiert. Hat ein Winzer, eine Winzerin nur hohe Erträge im

Kopf, dann wird nie – Bio hin oder her – ein Spitzenwein aus deren Keller kommen.

Wie in anderen Bereichen der Landwirtschaft ist nun aber auch im Weinbau eine Umkehr zu einer naturnäheren Produktion festzustellen. Noch vor 15 Jahren verkündete die Schulmeinung, eine Begrünung der Rebberge sei nicht möglich, weil diese den Reben das Wasser und die Nährstoffe entziehe. Diese Ansicht hat sich mittlerweile aber als falsch herausgestellt. So sind heute nackte, von Herbiziden kahl gefegte Böden zumindest in der Deutschschweiz nur noch selten anzutreffen. In den Großweinregionen Europas wird aber nach wie vor kräftig mit Herbiziden und Fungiziden »g'sprützt und giftlet«.

DER BIOWEINBAU

Vorbei sind die Zeiten, als in den 70er Jahren seltsame Freaks das Feld des biologischen Rebbaus besetzten und zum Teil ebenso seltsame Weine produzierten. Zweifellos aber waren sie die Wegbereiter der naturnahen Weinproduktion. Heute ist der Biowein etabliert und in den einschlägigen Weinführeren überproportional mitten unter den renommiertesten Gütern der Erde vertreten. Im »Guide Hachette« (französischer Weinführer) werden 1998 französische Biowinzer doppelt so oft genannt, wie es ihrem Anteil an der Weinbaufläche entspräche.

Man hört aber immer noch die undifferenzierte Aussage von Weinpäpsten, dass ein Biowein gar nicht produziert werden könne. Sie berufen sich dabei vor allem auf die Tatsache, dass auch im Bioweinbau Kupfer und Schwefel eingesetzt werden müssen. Diesen Aussagen liegt ein zweifelhaftes Naturverständnis zu Grunde. Der Rebbau und die Weinproduktion sind ein menschliches Kulturprodukt. Es gibt kein Zurück zur heilen Welt der Natur, zur Wildnis. Vielmehr versucht der Bioweinbau ein intaktes, sich selbst regelndes, aber vom Mensch gesteuertes Agroökosystem wieder zu etablieren. Weg von der trostlosen Monokultur und ohne den Einsatz von chemisch-synthetischen Düngern und Pestiziden wird der Rebberg nicht isoliert als Ertragslieferant betrachtet, sondern in seinem ganzen ökologischen Zusammenhang mit der Umgebung. Im Bioweinbau stehen heute aber nicht nur das Ökosystem Rebberg, die Artenvielfalt und die Bodenfruchtbarkeit im Mittelpunkt. Auch im Keller bei der Vinifikation wird auf naturnahe Qualität vertraut. Mit Aufzuckerung und Verschnitt wird nicht operiert, eine sanfte Filtration und ein möglichst geringer Anteil an Schwefel zur Konservierung sollen die natürlichen Aromen zur Entfaltung bringen.

RENAISSANCE DER RESISTENTEN

Das Grundproblem des biologischen Anbaus sind im Rebberg der falsche und der echte Mehltau. Beide Pilzkrankheiten wurden am Ende des vergangenen Jahrhunderts aus Amerika eingeschleppt. Seit dieser Zeit werden Kupfer und Schwefel zur Bekämpfung des Mehltaus eingesetzt. Heute stehen dem konventionellen Weinbau verschiedene synthetische Fungizide zur Verfügung, die vom Bioweinbau abgelehnt werden. Biowinzerinnen und -winzer versuchen vorerst die Widerstandskraft der Rebe durch angepasste Anbautechnik (Sorten- und Standortwahl, luftige Erziehung) und biologische Bodenpflege (vielartige Begrünung) zu erhöhen. Sind diese Maßnahmen ausgereizt, so werden Gesteinsmehle und Pflanzenpflegemittel (auf pflanzlicher Basis) eingesetzt. Die Wirkung all dieser biologischen Hilfsmittel ist aber in Jahren mit großem Mehltaudruck beschränkt. Aus diesem Grund sind Kupfer und Schwefel im biologischen Weinbau ergänzend zugelassen. Einen Ausweg aus diesem Kupfer-Schwefel-Dilemma könnten die Hybriden oder interspezifischen Rebsorten weisen. Als der Mehltau über den Großen Teich nach Europa kam, wurden Kreuzungen aus europäischen und amerikanischen Rebsorten, die weitgehend mehltauresistent waren, entwickelt. Viele dieser Kreuzungen wiesen aber einen aufdringlichen

Foxton auf (»Chatzeseicherli«), was sie für den Ausbau zu Spitzenweinen ungeeignet scheinen ließ. Maréchal Foch und Léon Millot gehören zu den interspezifischen Sorten der ersten Stunde. Seit den 80er Jahren erleben die resistenten Rebsorten im Zuge der Biobewegung eine Renaissance. 40 Hektaren sind mittlerweile in der Schweiz mit Hybriden bepflanzt. Dank neuer Kreuzung und der wissenschaftlichen Unterstützung durch die Forschungsanstalt für Reb- und Obstbau in Wädenswil haben die Weine auch qualitativ mächtig zugelegt. Viele BiowinzerInnen lassen ihre Finger trotzdem davon, vor allem aus qualitativen, ethischen und Imagegründen. Die klassischen Sorten sind mit ihrer zum Teil tausendjährigen Geschichte mit Traditionen und Mythen behaftet, während beispielsweise die interspezifische Sorte Regent auf eine knapp 20-jährige Geschichte als Bastard zurückblicken kann.

BIOWEIN UND DER MARKT

Wenn der Trend anhält, wird sich in Zukunft der Markt für Biowein immer unübersichtlicher präsentieren. Manch eine vergessene Region sieht im Biosegment eine echte Marktchance. Aber auch manch clevere Weinhandlung setzt auf gewinnbringendes Biomarketing. Die Zahl der verschiedenen Labels und damit die Verunsicherung wird weiter zunehmen. Beim Thema Biowein klinken viele KonsumentInnen ihr Hirn aus und kaufen blind. Bio ist oft die Sehnsucht nach einer heilen Welt. Dieses moralische Schwarzweißdenken greift aber eindeutig zu kurz. Die Knospe von der VSBLO, das Demeter-Label, das italienische AIAB oder das französische Nature&Progrès-Label sind, trotz unterschiedlicher Kriterien, gute und vertrauenswürdige Zertifikate. Letztendlich aber zählt das Vertrauen in den Winzer und die Winzerin immer mehr als das, was auf der Flasche steht. In Zukunft wird es eine wachsende Zahl von Weingütern geben, die zwar ökologisch arbeiten, sich aber nicht dem unübersichtlichen Label-Salat unterordnen wollen. Es wird deshalb

vermehrt auch die Weinhandlung sein, die ihren Kunden und Kundinnen die ökologische Produktion und den fairen Handel garantieren muss.
Die meisten Qualitätsweingüter schränken ihren Ertrag rigoros ein und verwenden weder Herbizide, Pestizide noch Fungizide. Künstliche Düngemittel sind verpönt, außer einer natürlichen Gründüngung werden nur gerade der eigene Trester und der Rebschnitt als Bodenverbesserer verwendet. Die kontrollierte Bioweinproduktion unterscheidet sich von der engagierten Spitzenweinproduktion nur gering. Zum konventionell produzierten Durchschnittswein nach alter Schule sind die Qualitätsunterschiede hingegen nach wie vor sehr groß. Kein Spitzenwinzer und keine Spitzenwinzerin will die Aromavielfalt durch irritierende Fremdstoffe einschränken. Düfte wie Honig, Vanille, Kaffee, Kakao, Teer, Moschus, Morcheln, frische Steinpilze, Gewürznelke und Karamel stehen für höchsten Lustgewinn. Ohne rigorose Rücksichtnahme auf mikrobiologische Zusammenhänge, auf den Einfluss selbst von Spurenelementen, seien es Blütenpollen anderer Pflanzen, auf den Einfluss des Terroirs oder eben auch auf den negativen Einfluss chemischer und natürlicher Hilfsmittel und Dünger kann kein Wein das Nirwana der Aromen je erreichen.
Große Weine kann man nicht gegen die natürlichen Voraussetzungen machen, sondern nur unter stetiger Rücksichtnahme auf die komplexen ökologischen Prozesse im Rebberg und bei der Vinifikation. Dem ökologischen Weinbau – Biolabel hin oder her – gehört die Zukunft des Qualitätsweines!

INSTITUT FÜR BAUBIOLOGIE, ZÜRICH

BAUBIOLOGIE

WAS IST GESUNDES WOHNEN?

Die Bauökologie untersucht Umweltbelastung und Energiebedarf von in Gebäuden verwendeten haustechnischen Systemen und Baumaterialien. Die Baubiologie geht einen Schritt weiter. Sie berücksichtigt zusätzlich die gesundheitlichen Auswirkungen des Bauens. Kernpunkt der Baubiologie im engsten Sinne ist das Schaffen eines gesunden und behaglichen Raumklimas. Indem umweltgefährdende und giftige Materialien vermieden und Stoff- und Energieflüsse minimiert werden, soll ein ökologisches Gleichgewicht entstehen. In eine ganzheitliche Betrachtung werden alle umweltrelevanten Baustoffeigenschaften einbezogen, vom Energieverbrauch der Rohstoffgewinnung bis hin zum fertigen Endprodukt. Aber erst ein verschwindend kleiner Teil der im Bauwesen verwendeten Materialien und Chemikalien wurde daraufhin untersucht, ob sie Krankheiten auslösen können. Allein der Umstand, dass einige Baustoffe Bestandteile aufweisen, die als krebserregend eingestuft werden, zwingt zu erhöhter Vorsicht. Auch Allergien sind oftmals auf bestimmte Zusätze in Baustoffen zurückzuführen.

BAUBIOLOGISCHE MASSNAHMEN

Um das Raumklima zu verbessern, können folgende baubiologische Maßnahmen ergriffen werden:
In Innenräumen sollten vorwiegend natürliche Materialien verwendet werden: Als Dämm- und Isolationsstoffe eignen sich zum Beispiel Zellulose, Schafwolle, Flachs, Kokosfaser oder Kork. Wandanstriche aus mineralischen oder Dispersionsfarben sowie Lacke und Lasuren auf Naturharzbasis geben keine schädlichen Lösungsmittel in die Umwelt ab. Als Böden eignen sich Parkett, Linoleum oder Kork, allerdings jeweils ohne Kunststoffversiegelung. Naturfaserteppiche sind ebenfalls empfehlenswert, Wollteppiche hingegen enthalten fast immer Schädlingsbekämpfungsmittel.
Bei der Einrichtung sind Möbel aus massivem, einheimischem Holz zu bevorzugen. Das Holz sollte möglichst

WEITERE INFORMATIONEN
Institut für Baubiologie SIB
Militärstraße
8004 Zürich
Auskünfte zu Fragen der Baubiologie, Bauökologie und
zu gesundem Wohnen:
Tel. 0848 84 00 48
(Tessin Tel. 0848 89 90 90)
Auskünfte zu Weiterbildungskursen: Tel. 01 299 90 40

unversiegelt und unlackiert sein sowie nur mit natürlichen Wachsen und Ölen behandelt werden (Vorhänge und Möbelpolster sind oft chemisch behandelt). Grünpflanzen können Nährboden für Schimmelpilze sein, deshalb werden als Raumschmuck zum Beispiel eher besondere Steine, Kristalle, Glas- und Keramikwaren oder Holzfiguren empfohlen.

Der Mensch ist den Einflüssen natürlicher elektrischer Felder seit jeher ausgesetzt, diese sind in der Regel aber nicht schädlich. Durch elektrische Geräte und Leitungen entsteht hingegen Elektrosmog, der Schlafstörungen, Müdigkeit und Konzentrationsstörungen verursachen kann. Um Elektrosmog zu vermeiden, ist es angebracht, möglichst wenig elektrische Geräte in den Gästezimmern zu haben. Der Mindestabstand zur schlafenden Person sollte einen Meter betragen, aufgepasst heißt es zum Beispiel bei Radioweckern in Kopfnähe. Mit der Stand-by-Funktion von Fernsehern wird weder die elektromagnetische Strahlung ausgeschaltet noch Strom gespart. Hier nützt nur vollständiges Ausschalten.

Die Innengestaltung der Räume trägt wesentlich zum Behaglichkeitsempfinden des Menschen bei. Dazu gehört sowohl die Verkleidung von Wänden, Decken und Fußböden als auch die Farbgestaltung. Blaue Farbtöne vermitteln z.B. den Eindruck von Kühle, rötliche Töne von Wärme.

Genügender Luftwechsel (drei- bis fünfmal tägliches Stoßlüften) führt zu einer geringeren Belastung der Raumluft durch Fremdstoffe. Für ein gutes Raumklima sorgen auch die Kontrolle der Luftfeuchtigkeit (nicht höher als 50%), das Verwenden von Zedernholz oder Lavendelsäckchen statt Mottenkugeln sowie das Anbieten von Nichtraucherräumen im Restaurant.

ANDRÉ STÄHLI, Verein für naturnahe Garten- und Landschaftsgestaltung

WAS IST EIN NATURGARTEN?

Die Verbreitung von Naturgärten und natürlichen Lebensgemeinschaften an Straßen, Wegen und Plätzen erhöht die Artenvielfalt im Siedlungsraum. Denn auch Siedlungen können attraktive Lebensräume für einheimische Tiere und Pflanzen sein. Beim Anlegen und bei der Pflege von Naturgärten werden wo immer möglich die natürlichen Prozesse wie Kreisläufe und natürliche Gegebenheiten des Standorts einbezogen: Sonnige, schattige, trockene oder feuchte Nischen im Garten werden so genutzt, dass passende Lebensräume für einheimische Pflanzen- und Tierarten entstehen können. Die Bepflanzung des Naturgartens wird deshalb nicht nur als Rabatte begriffen, wo zu jeder Jahreszeit Pflanzen zu blühen haben. Vielmehr sollen damit einheimische Pflanzengesellschaften gefördert werden, welche, wie in der Naturlandschaft auch, die Lebensgrundlage für bestimmte Tierarten bilden. Somit können Lebensräume wie zum Beispiel Wildhecken, fette und magere Wiesen, Flächen mit Waldschlagsvegetation, Feuchtstandorte mit Teichen, Wassergräben oder Tümpeln und Trockenstandorte aus Kies gezielt gefördert werden.

Einen hohen ökologischen Wert können Elemente aus der Kulturlandschaft aufweisen, wie zum Beispiel Trockenmauern aus Naturstein zeigen: Auf und in solchen Mauern lebt eine Vielzahl von Kleintieren und Echsen, aber auch spezialisierten Pflanzen. Da Trockenmauern zudem einen großen gestalterischen Wert besitzen, trifft man sie in vielen Naturgärten an. Mauern lassen sich nicht nur aus Natursteinen, sondern auch aus verschiedensten Ausgangsstoffen fertigen, sei es Lehm oder gar Abbruchmaterial. Wie alle verwendeten Materialien sollten sie aber umweltfreundlich sein und später umgenutzt oder schadlos entsorgt werden können.

Da Naturgärten auf die wirklichen Bedürfnisse ihrer Benutzer abgestimmt werden, können sie ganz verschiedene Gesichter aufweisen. Durch ihre Konzeption ermöglichen sie uns darüber hinaus, Naturnähe zu

WEITERE INFORMATIONEN
Verein für naturnahe Garten- und
Landschaftsgestaltung VNG
Höhenstraße 19
9320 Arbon
Tel./Fax 071 440 12 24
vng.gl@vng.ch
www.vng.ch

erfahren: Lebensgemeinschaften von Pflanzen und Tieren in ihrem gemeinsamen Lebensraum, unserem Garten, zu erleben, die Natur vielleicht besser zu verstehen und zu würdigen, uns als Teil eines Ganzen zu empfinden. Sind Naturgärten zudem untereinander gut vernetzt, d. h. es bestehen Verbindungen zwischen den Gärten, so können sie neben dem Nutzen für uns Menschen auch für die Natur und ihre Vielfalt bedeutungsvoll sein.

Der Naturgarten braucht eine begleitende Pflege, die zwar nicht von zu viel Ordnungssinn beseelt sein muss und Veränderungen zulässt. Um Stoffkreisläufe zu schließen, bleiben Schnittgut und Laub in einem Naturgarten möglichst auf dem Grundstück liegen; sei es als Totholzhaufen, Kompost oder als Gras- und Heuhaufen in den Hecken. Anfallendes Regenwasser sickert in Wiesenmulden, Gräben oder Gruben in den Boden. Wichtig sind deshalb wasserdurchlässige Wege und Plätze, beispielsweise mit Kiesbelägen oder Pflästerungen aus Natur- oder auch Betonsteinen. Ohne Pflege wächst der Naturgarten in kürzester Zeit zu. Damit kann er für die Natur durchaus wertvoll bleiben. Für den Menschen jedoch verliert er an direktem Wert, da der Garten als solcher nicht mehr genutzt werden kann.

MATTHIAS MEIER

ERNEUERBARE ENERGIEN

Unter erneuerbaren Energien – auch regenerative Energien genannt – versteht man einerseits die nicht fossilen Energieträger, die auf der Erde vorhanden sind, wie Windkraft, Wasserkraft und Biomasse (Holz, Gras, Biogas). Andererseits stellt auch die direkte Strahlungsenergie der Sonne eine Quelle erneuerbarer Energie dar.

Der Bruttoenergieverbrauch der Schweiz belief sich 1998 auf einen Betrag von rund 1,2 Millionen Terra Joule. Davon stammten rund 190 000 Terra Joule (17 %) aus der Produktion mit erneuerbaren Energieträgern. Den größten Anteil unter den erneuerbaren Energien lieferte die Wasserkraft mit 154 000 Terra Joule, gefolgt von der Energiegewinnung aus Holz (inkl. Holzkohle) mit 21 000 Terra Joule. Die übrigen erneuerbaren Energien (Sonnen-, Windenergie etc.) lieferten weitere 11 000 Terra Joule.

Das Potential der erneuerbaren Energien wird heute bei weitem nicht voll genutzt. Der Hauptgrund dafür liegt in der oftmals kostspieligen Umwandlung der in den erneuerbaren Energieträgern enthaltenen Energie in eine für den Menschen brauchbare Form. Im Folgenden sind vier Techniken zur Gewinnung von erneuerbaren Energien beschrieben: die Nutzung von Windenergie, die Photovoltaik, Sonnenkollektoren und Wärmepumpen.

Bei der Nutzung von Windenergie wird die kinetische Energie von Luftströmungen in die Drehbewegung eines Rotors umgewandelt. Dieser treibt einen Generator an, welcher elektrischen Strom produziert. An guten Windstandorten liegt der Stromproduktionspreis von Windkraftanlagen im Bereich von neuen Wasserkraftwerken (20 bis 30 Rp./kWh). Geeignete Standorte für Windkraftanlagen liegen in der Regel über 800 m. ü. M. und sollten im langjährigen Mittel eine Windgeschwindigkeit von über 4 m/s aufweisen.

Bei der Photovoltaik wird Licht in elektrische Energie umgewandelt. Photovoltaikanlagen bestehen aus Solarmodulen und diese wiederum aus Solarzellen.

WEITERE INFORMATIONEN
InfoEnergie Beratungsstelle
Nordwestschweiz AG, BE, BL,
BS, SO, VS (D), FR (D)
Schachenallee 29, 5000 Aarau
Tel. 062/834 03 03
Fax 062/834 03 23
beratung@infoenergie.ch
www.infoenergie.ch
Homepage mit vielen weiteren
Links zum Thema

InfoEnergie Beratungsstelle
Ostschweiz
AI, AR, GR, GL, SH, SG, TG, ZH
c/o FAT, 8356 Tänikon
Tel. 052/368 34 85
Fax 052/368 34 89

InfoEnergie Beratungsstelle
Zentralschweiz
LU, NW, OW, SZ, UR, ZG
Weissenbrunnenstr. 41
8903 Birmensdorf
Tel. 01/737 14 45
Fax.01/737 03 17

Solarzellen sind Halbleiterelemente – meistens aus Silizium, die eintreffende Lichtquanten (Photonen) in elektrischen Gleichstrom umwandeln. Die energie- und kostenoptimale Lösung für die Erzeugung von Solarstrom sind in der Regel so genannte Netzverbundanlagen, d.h. der aus einer Solaranlage erzeugte Strom wird über einen Wechselrichter in das lokale Elektrizitätsnetz eingespiesen.

Im Gegensatz zu den beiden vorhergehend beschriebenen Techniken produzieren Sonnenkollektoren keinen elektrischen Strom, sondern wandeln Sonnenstrahlung in Wärme um, die für Warmwasser und zu Heizzwecken eingesetzt werden kann. Sonnenkollektoren bestehen aus einem Absorber, in der Regel ein schwarz beschichteter, mit Kanälen durchzogener Metallkörper, der die Sonnenstrahlung absorbiert und darin zirkulierendes Wasser erhitzt. Geschützt wird der Absorber durch eine Glasabdeckung. Zusätzlich verhindert eine Wärmedämmung den Verlust der eingefangenen Energie. Betrieben werden Sonnenkollektoren in Kombination mit einer Zusatzheizung, zum Beispiel einer Holzschnitzelfeuerung, um auch bei schlechtem Wetter den nötigen Wärmekomfort zu ermöglichen. Ende 1997 waren in der Schweiz rund 350 000 m^2 Sonnenkollektoren installiert (0,05 m^2 pro Person). Die Dachfläche der Schweiz (ca. 400 000 000 m^2) würde genügen, um den gesamten Wärmebedarf des Landes zu decken.

Wärmepumpen werden wie Sonnenkollektoren zur Heizung und Warmwasserproduktion eingesetzt. Dabei wird Wärme aus der Außenluft, dem Grundwasser, aus einem Gewässer oder dem Erdreich entnommen und auf Heiztemperaturniveau angehoben. Dies entspricht der umgekehrten Funktionsweise eines Kühlschrankes. Der Betrieb einer Wärmepumpe ist zwar mit elektrischem Stromverbrauch verbunden, mit einer Einheit Strom können aber je nach Wärmequelle zwischen zwei und fünf Einheiten Wärme erzeugt werden.

BEWUSST WASCHEN UND REINIGEN

MARKUS AERNI, Held AG

Umweltverträglichkeit in der Gastronomie: ein Fremdwort? Keineswegs! In immer mehr Schweizer Hotelbetrieben wird der schonende Umgang mit der Natur zu einem wichtigen Thema. Die Umwelt gehört schließlich auch unseren Gästen!

Bei einer kürzlich durchgeführten Umfrage bei Schweizer Hotelbetrieben lautete die zentrale Frage: Welchen Beitrag leisten Sie beim Waschen und Reinigen zur Schonung der Natur? Die Antworten der Hoteliers zeigen, dass die Umwelt durchaus berücksichtigt wird. Einerseits können in vielen Betrieben die Gäste bestimmen, wann die Frottee- und Bettwäsche gewechselt werden soll. Andererseits gibt es Betriebe, die sich vom Waschmittellieferanten eine individuelle Waschanleitung erarbeiten lassen. So kann das Waschmittel optimal eingesetzt werden. Es zeigt sich klar, dass ein sinnvoller Einsatz von Reinigungsprodukten nicht nur die Umwelt, sondern auch das Portemonnaie schont. Einige Betriebe schulen denn auch ihr Personal gezielt, so dass sie die richtigen Produkte am richtigen Ort in der erforderlichen Menge einzusetzen wissen. Weiter werden Produkte mit problematischen Inhaltsstoffen wie Lösungsmittel oder Farbstoffe vermieden und Mehrwegverpackungen bevorzugt. Bei Hotels, die nicht an eine öffentliche Kläranlage angeschlossen sind, ist die rasche und vollständige Abbaubarkeit von Reinigungsmitteln unabdingbar.

Was kann denn nun wirklich unternommen werden beim Putzen und Waschen, so dass nicht nur die Wäsche und das Hotel, sondern auch die Umwelt sauber bleibt?

KONKRETE MASSNAHMEN BEIM WASCHEN:
- Bei der Wahl des Waschmittels darauf achten, dass dieses keine problematischen Stoffe (z. B. Duftstoffe auf Basis polyzyklischer Moschusverbindungen, Enzyme von gentechnisch veränderten Organismen) beinhaltet und rasch biologisch abbaubar ist. Auskunft dazu geben zum Beispiel Warentests.

WEITERE INFORMATIONEN
Held AG
3613 Steffisburg
Tel. 033 439 00 30 oder
033 439 00 33
info@held-clean.ch
www.held-clean.ch

- Von den Lieferanten der Waschmittel und der Geräte soll Beratung oder Schulung angefordert werden: Information zur Handhabung der Geräte und Maschinen (Wasseranschlüsse: Warm- und Kaltwasser, Abstimmung der Waschprogramme auf die besonderen Bedürfnisse, Wartungsvorschriften). Eine Anpassung der Dosierung an die Wasserhärte und eine genau auf die Textilien und die Verschmutzung abgestimmte Waschanleitung sind unerlässlich. Textilkunde mit der Bedeutung der Zeichen (insbesondere beim Waschen von Gästewäsche) trägt viel zur Optimierung von Waschmittelmenge und Waschresultat bei.
- Die Waschmittel entsprechend der mit dem Lieferanten erstellten Waschanleitung anwenden und dosieren: Basiswaschmittel und Zusätze (Bleichmittel, Waschverstärker etc.) je nach Verschmutzung dazugeben. So werden auch die Textilien geschont.

MASSNAHMEN BEIM REINIGEN:

- Auch hier gilt: Von den Lieferanten der Geräte und der Reinigungsmittel soll Beratung oder Schulung angefordert werden, Information zur Handhabung der Geräte und zum Verwendungszweck der Reinigungsmittel (Reinigungs- oder Hygieneplan für alle Bereiche, geeignete Dosiermöglichkeiten, praktische Anwenderflaschen mit Pumpzerstäuber etc.).
- Es ist sinnvoll, zwischen Tagesreinigung und Unterhaltsreinigung zu unterscheiden. Die Tagesreinigung wird meist von Hand gemacht und erfordert deshalb sowohl umweltfreundliche wie auch gesundheitsschonende Produkte. Also sollte auch hier darauf geachtet werden, dass keine problematischen Lösungs- und Konservierungsmittel oder Farbstoffe enthalten sind und dass sie leicht biologisch abbaubar sind. Bei der Reinigung mit Maschinen sind bezüglich Produkteökologie eher Kompromisse zu machen, da nichtschäumende Produkte nötig sind oder beschichtete Böden behandelt werden müssen.

ABFALLREDUKTION UND -ENTSORGUNG

ANNETTA STEINER, Praktischer Umweltschutz Schweiz PUSCH

Seit dem 1.1.2000 dürfen in der Schweiz Siedlungsabfälle nicht mehr deponiert werden. Sie müssen geeigneten Verbrennungsanlagen zugeführt werden. Lange Zeit wurden die Kosten der Abfallentsorgung über Steuergelder finanziert. Mit dem Umweltschutzgesetz wurden die Gemeinden verpflichtet, verursachergerechte Gebühren zu verlangen. Wer weniger Abfall produziert, bezahlt also auch weniger. Damit haben sich die Stoffflüsse in den letzten Jahren stark verändert. In manchen Kantonen fällt bereits die Hälfte der Abfälle separat gesammelt für die Wiederverwertung an. Trotzdem müssen noch ca. 200kg/Person verbrannt werden (1988 waren es noch bis zu 400kg/Person).

ABFALLENTSORGUNG

In der Hotellerie lohnt es sich, ein Abfallkonzept für den Betrieb zu erstellen. Wo fallen welche Abfälle in welchen Mengen an? Wie sollen diese gesammelt werden? Wer ist dafür verantwortlich? Wieviel kostet die Abfallbewirtschaftung und was lässt sich mit welchen Maßnahmen einsparen? Entsprechend kann ein Entsorgungskonzept erstellt und die Infrastruktur angepasst werden. In einem Hotel sind eventuell mehrere Altpapiersammelbehälter für Zeitungen nötig, aber nur eine zentrale Aluminiumsammlung, da Aluabfälle selten anfallen. In der Küche werden die Abfälle den Verwertungsmöglichkeiten angepasst: Gehen Speisereste in die Schweinefütterung, werden sie der regionalen Kompostvergärungsanlage zugeführt oder betriebsintern kompostiert? Je nach Verwertung sind die Sammelanweisungen verschieden.

ABFALLVERMEIDUNG

Jedes Produkt hat seine ökologische Geschichte. Es belastet die Umweltfaktoren Boden, Wasser und Luft nicht nur bei seiner Entsorgung, sondern primär bei der Gewinnung der Rohstoffe, der Produktion und bei den Transporten.

[1] zur Produktion aufgewendete Energie
[2] aus der Broschüre «Auf den Spuren der grauen Energie» der Stiftung PUSCH

Allein die graue Energie[1] einzelner Produkte ist beeindruckend. So stecken z.b. in einem weißen A4-Blatt Papier ca. 60 W Prozess- und Transportenergie. Damit würde eine Glühbirne eine Stunde lang brennen. Für ein Recyclingpapier ist der Energieaufwand nur noch halb so groß. Ein sparsamer und bewusster Umgang mit Papier führt in jedem Betrieb zu beträchtlichen Energieeinsparungen.

Weitere Beispiele veranschaulichen den ökologischen Wert einzelner Produkte[2]:

Produkt	graue Energie	entspricht z. B.
Weißblechdose	2,6 MJ	laufender Computer während 4 h
Tetrapackung	1.5 MJ	20 Minuten kochen am Elektroherd
1 kl. Konfitürenverpackung (Alu)	0.6 MJ	2 Stunden mixen
1 Staubsauger	650 MJ	180 h staubsaugen
1 kg Spargeln (Kalifornien, Flugtransport)	150 MJ	100 h kochen am Gasherd
1 kg Spargeln (Frankreich)	13 MJ	9 h kochen am Gasherd

Solche Zahlen verdeutlichen, dass Abfallvermeidung und bewusster kritischer Einkauf sehr viel mit Energie sparen zu tun haben. Einer ökologischen Produktebeschaffung ist in der Hotellerie deshalb großes Gewicht beizumessen. Dabei gelten folgende Grundsätze:
- Material und Herkunft beachten
- auf Qualität und Lebensdauer achten
- Reparierbarkeit von Produkten abklären (z.B. eines Staubsaugers)
- Modegags und kurzlebige Dekoration vermeiden (schnell wieder «out»)
- Offenausgabe/-ausschank (Getränke, Zucker, Konfitüre, Kaffeerahm), keine unnötigen Verpackungen, Mehrwegverpackungen (mit Lieferanten aushandeln)
- Problemstoffe vermeiden (schwermetall-, lösungsmittelhaltige Produkte etc.)

AUSFÜHRLICHE INFORMATIONEN

Praktischer Umweltschutz
Schweiz PUSCH
(ehemals Stiftung für Abfallverminderung SIGA/ASS und Vereinigung für Gewässerschutz und Lufthygiene VGL)
Postfach 211, 8024 Zürich
Tel. 01 267 44 11
Fax 01 267 44 14
mail@umweltschutz.ch
www.umweltschutz.ch

- Pflegen und Reparieren der Bausubstanz und Inneneinrichtung
- Wiederverwendung von Materialien und Produkten (z. B. Korkzapfen und Toilettenrollen zum Basteln)
- Tauschen und gemeinsames Benutzen von Dingen (z. B. mit andern Hotels)
- Mieten statt kaufen
- Kauf von Occasion- und Rezyklatprodukten (z.B. Recyclingtoilettenpapier)

GÄSTEINFORMATION

Es bewährt sich, die Gäste über getroffene Maßnahmen zu informieren. So werden sie motiviert, selber mitzumachen, erhalten fachliche Informationen und einen Einblick in das Umweltengagement der Betriebe.

ÜBER ÖKO-KREDITE UND ÖKO-GELD

GIAN CARLE,
SAM Sustainability Group

Das zukunftsträchtige Hotel ist umweltverträglich, wirtschaftlich und erschwinglich. Es verbraucht wenig Land, benötigt kaum Heizenergie, nutzt Sonne und Regen, es besteht aus unbedenklichen Materialien, gibt keine Schadstoffe an die Umwelt ab und steigert damit das Wohlbefinden der Gäste. Gesundes Wohnen und Leben im Einklang mit der Natur gilt aber als teuer. Die Fragen der Finanzierung eines ökologischen Hotels oder der Kosten einer Renovation, die nach bauökologischen Kriterien vorgenommen wird, sind wichtige Elemente bei der Bauentscheidung. Subventionen vom Staat und Ökokredite von Banken können die Baukosten senken.

FÖRDERKREDITE

Diverse Kantonalbanken gewähren ein Umweltdarlehen für Wohnbauten, die sehr effizient mit der Energie umgehen und die Minenergie-Anforderungen erfüllen. Leider gelten diese Darlehen nicht für Gewerbegebäude, Hotels können also nicht davon profitieren. Banken bieten aber auch für Gewerbebauten einige Finanzierungsinstrumente an, wenn auch nicht so zahlreich wie für Wohnbauten:

- Beispielsweise gewähren die Zürcher und die Basellandschaftliche Kantonalbank Gewerbebetrieben zinsgünstige Umweltdarlehen, wenn die gesetzlichen Bau- und Umweltvorschriften deutlich übertroffen werden. Davon sind auch ökologische Hotels betroffen. Die einzelnen Projekte werden von einem Umweltbeirat beurteilt.
- Mit dem Renovationskredit der Obwaldner Kantonalbank erhalten Gewerbebetriebe für Renovationen ab Fr. 50000.– für die Hälfte des beanspruchten Kredits während drei Jahren nach Fertigstellung der Renovationsarbeiten 1 % Zinsreduktion (bis max. Fr. 100000.–).
- Die Credit Suisse gewährt einen individuell angepassten Zinssatz, falls die ökologische Bauweise den Wert des Gebäudes steigert.

- Von den Förderkrediten der Alternativen Bank Schweiz (ABS) profitieren Projekte und Unternehmen, die menschen- und umweltverträglich produzieren und kulturelle oder gemeinschaftliche Zielsetzungen verfolgen.

Nicht nur Banken ermöglichen kostengünstigere Investitionen von umweltfreundlichen Betrieben. Die Behörden unterstützen mit Förderungsbeiträgen ebenfalls ökologisches Bauen und Renovieren. Mit dem am 1. Januar 1999 in Kraft getretenen eidgenössischen Energiegesetz sind für Beiträge zur Förderung erneuerbarer Energien neuerdings die Kantone zuständig. Allerdings verfügen längst nicht alle Kantone über die gesetzlichen Grundlagen, um Fördermittel zu gewähren, auch der Unterstützungsumfang variiert von Kanton zu Kanton sehr:
Verschiedene Kantone unterstützen die Installation von Photovoltaik- oder Sonnenkollektoranlagen mit unterschiedlich hohen Beiträgen. So werden zum Beispiel in den Kantonen Genf und Basel-Stadt bis zu 30 oder 40% der Anlagekosten übernommen.
Mit dem Energiegesetz vom Februar 1991 werden im Kanton Basel-Landschaft Gebäude mit niedrigem Heizenergiebedarf und mit vorbildlichen Haustechnikmaßnahmen (gutes Belüftungssystem, Holzheizungen und Wärmepumpen) gefördert. Die Kantone Freiburg und Zug subventionieren ebenfalls Holzheizungen. Werden Häuser energietechnisch saniert, so kann der Besitzer im Kanton Freiburg einen Teil der Kosten von der Kantonssteuer abziehen.
Im Kanton Wallis werden bei einem Neu- oder Umbau bei Einhaltung des Minenergie-Standards bis zu Fr. 50000.– ausbezahlt.

WEITERE BEITRÄGE
- Verschiedene Elektrizitätswerke sowie die Nordostschweizerischen Kraftwerke (NOK) unterstützen die Installation von Wärmepumpen im Versorgungsgebiet

der NOK mit einem Investitionsbeitrag. Die Beitragshöhe beträgt Fr. 250.– pro kW Wärmeleistung. Der Förderbeitrag ist auf maximal Fr. 25000.– pro Objekt limitiert.
- Investitionskosten lassen sich beim Bauen auch mit einem so genannten »Energy-Contracting« vermeiden. Dabei werden Planung, Finanzierung und Betrieb beispielsweise einer Photovoltaikanlage an professionelle und darauf spezialisierte Betriebe abgetreten, so genannte Contractors. Diese bieten dem Hotelbetrieb die Gesamtdienstleistung (Strom von einer Photovoltaikanlage, die auf dem eigenen Hoteldach steht) zu einem über mehrere Jahre festgesetzten Preis an. So werden technische und teilweise auch finanzielle Risiken ausgelagert. Langfristig festgelegte Strompreise gewährleisten transparente Energiekosten.
- Gezielte technische Maßnahmen können ebenfalls zu einer drastischen Senkung der Nebenkosten während des Hotelbetriebs führen. So senken zum Beispiel eine gute Isolierung des Hauses sowie Fenster mit einem tiefen Wärmedurchgangskoeffizienten die Betriebskosten.

SUSTAINABILITY – DIE ANLAGESTRATEGIE FÜR NACHHALTIGEN ERFOLG

Das Konzept der nachhaltigen Entwicklung hält auch in die traditionellen Finanzmärkte langsam, aber sicher Einzug. Das Zauberwort heißt Sustainability (Nachhaltigkeit). Wenn sowohl ökonomische als auch ökologische und soziale Kriterien in die Managementphilosophie einfließen, so profitieren nicht nur die Umwelt und die Arbeitnehmer, sondern auch die Aktionäre. Studien beweisen, dass nach Kriterien der Nachhaltigkeit geführte Unternehmungen mittel- bis langfristig erfolgreicher als ihre Konkurrenten sind. Diese Firmen erwirtschaften überdurchschnittlich hohe Erträge. Diese Tatsache wollen sich Sustainability-Fonds zu Nutze machen.

WEITERE INFORMATIONEN

»Zinsvergünstigungen und Förderungsbeiträge für nachhaltiges Bauen und Sanieren«. Broschüre zu beziehen über Energie 2000
»Nachhaltiges Bauen«
c/o Office Team
Bahnhofstraße 28
Postfach
6304 Zug
www.swissolar.ch/deutsch/politik_d.htm: Detaillierte Liste von Förderbeiträgen durch Kantone und Gemeinden

Damit sich eine Unternehmung für einen Sustainability-Fonds qualifizieren kann, muss sie verschiedene Kriterien erfüllen. Beinahe jede Bank hat in den letzten Jahren ihr eigenes Evaluationssystem entwickelt und dafür speziell ausgebildete »Sustainability Research Analysts« angestellt. Im deutschsprachigen Raum existieren rund 20 »Ökofonds«.

BILDNACHWEIS

Die Bilder auf den Aufschlagseiten zu jedem Hotel stammen, wenn nicht anders aufgeführt, von Roman Keller.

Weitere Bilder:
Seite 19, 21: Villa Lindenegg; 27, 28: Fam. Krebs-Pollak; 35: Werner Scheidegger; 36: Sabine Reichen; 43, 44: Auberge de l'Aubier; 51, 52: Peter Burkhart; 57, 58, 59: Schloss Ueberstorf; 63, 65: Rüttihubelbad; 66 Roman Keller; 73, 74: Stiftung Herzberg; 81: Hotel Erica; 87: Hotel Schützen; 93: Hotel Baseltor; 99, 100: Genossenschaft Kreuz; 107, 108: Seminarhaus Schöpfe; 113, 115, 116: Blaukreuz-Zentrum Lihn; 123, 124: Gasthaus Rössli; 131, 132: Haus Neukirch; 145: Ferien- und Bildungshaus Lindenbühl; 151: Sabine Reichen; 152: Hotel Gruebisbalm; 157, 158, 159: Frauenhotel Monte Vuala; 165, 168: Regula Kleger, Ruedi Albonico; 175, 177: Sternahaus; 181, 183: Stiftung Salecina; 189, 190: Chesa Pool; 197, 198: Riccardo Bischoff; 203, 205, 206: Christoph Jaag; 211, 212: Martin Müller; 217, 219, 220: Ucliva; 227: Acquacalda; 235, 238: Paul Gmür; 245, 246: F. Meyerhenn; 257, 259, 260: Urs Vuillemier; 267: Sabine Reichen; 268: BLS-Archiv; 274, 275: Alain Frachebourg; 281, 285: Thomas Andenmatten; 289: Alex Sauer: 299, 319: Simone Wüthrich

Reihe Naturpunkt

Dominik Siegrist
Pässespaziergang
Wandern auf alten Wegen zwischen Uri und Piemont.

220 Seiten, Broschur
Zürich 1996
Fr. 42.–/DM 42,–/öS 307,–
ISBN 3-85869-200-x

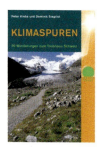

Peter Krebs und
Dominik Siegrist
Klimaspuren
Zwanzig Wanderungen zum Treibhaus Schweiz.

256 Seiten, Broschur
Zürich 1997
Fr. 42.–/DM 42,–/öS 307,–
ISBN 3-85869-201-8

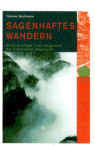

Thomas Bachmann
Sagenhaftes Wandern
Zwölf Ausflüge in die Gegenwart der Urschweizer Sagenwelt.

208 Seiten, Broschur
Zürich 1997
Fr. 39.–/DM 41,–/öS 299,–
ISBN 3-85869-202-6

François Meienberg
Glarner Überschreitungen
18 Wanderungen zu Geschichte und Gegenwart eines engen Tals.

288 Seiten, Broschur
Zürich 1999
Fr. 42.–/DM 45,–/öS 329,–
ISBN 3-85869-204-2

Dominik Siegrist
Winterspuren
Mit Tourenski, Snowboard und zu Fuß unterwegs in bedrohter Landschaft.

288 Seiten, Broschur
Zürich 1999
Fr. 42.–/DM 45,–/öS 329,–
ISBN 3-85869-186-0

Margrit und
Jürgen Wiegand
Querungen
Dreimal zu Fuß durch die Schweiz.

256 Seiten, Broschur
Zürich 2000
Fr. 42.–/DM 45,–/öS 329,–
ISBN 3-85869-203-4

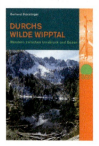

Gerhard Stürzlinger
Durchs wilde Wipptal
Wandern zwischen Innsbruck und Mauls.

240 Seiten, Broschur
Zürich 2001
Fr. 38.–/DM 39,–/öS 285,–

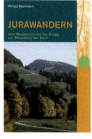

Philipp Bachmann
Jurawandern
Vom Wasserschloss bei Brugg zur Rhoneklus bei Genf.

288 Seiten, Broschur
Zürich 2001
Fr. 42.–/DM 42,–/öS 307,–

Wandern und Genießen

Ursula Bauer und
Jürg Frischknecht
Grenzschlängeln
Zu Fuß vom Inn an den
Genfersee. Routen, Pässe
und Geschichten.

432 Seiten, Broschur
4., vollständig überarbeitete
Auflage, Zürich 2000
Fr. 45.–/DM 45,–/öS 329,–
ISBN 3-85869-123-2

Die 47 Routen dies- und jenseits
der heutigen Schweizer
Landesgrenzen führen durch
jenen Teil des Alpenbogens, den
die Schweiz mit Österreich,
Italien und Frankreich teilt.

Zu jeder Tagesetappe wird eine
hintergründige Geschichte
präsentiert und auf Gasthäuser
hingewiesen, in denen man
besonders gut isst.

Ursula Bauer und
Jürg Frischknecht
Veltliner Fussreisen
Zwischen Bündner Pässen
und Bergamasker Alpen.

416 Seiten, Broschur
3., vollständig überarbeitete
Auflage, Zürich 2000
Fr. 45.–/DM 45,–/öS 329,–
ISBN 3-85869-136-4

Mit den »Veltliner Fussreisen«
lässt sich eine wenig bekannte
italienische Alpenprovinz
entdecken – und dies zu allen
Jahreszeiten.

Detailliert beschrieben werden
die Wanderungen und die
Alpenstädtchen, die man
passiert. Esstipps und Hintergründiges zur Gegend der 37
Etappen runden das Lesewanderbuch ab.

Ursula Bauer und
Jürg Frischknecht
Antipasti und alte Wege
Valle Maira – Wandern
im andern Piemont.

304 Seiten, Broschur
2. Auflage, Zürich 2000
Fr. 38.–/DM 39,–/öS 285,–
ISBN 3-85869-175-5

Das neue Buch von Ursula Bauer
und Jürg Frischknecht stellt das
abgelegene Valle Maira im südlichen Piemont, an der Grenze
zu den französischen Alpen, vor.

Enthalten sind alle nötigen
Informationen zu den verschiedenen Etappen des Mairawegs;
dazu wird jeweils eine Geschichte serviert. Klein-aberfein-Adressen mit ihrer regionalen Küche runden die Ferien
kulinarisch ab.

Auf den Spuren der Literatur

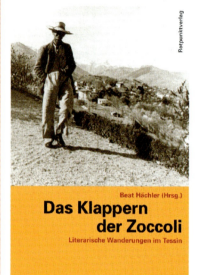

Beat Hächler (Hrsg.)
Das Klappern der Zoccoli
Literarische Wanderungen im Tessin.

528 Seiten, Broschur
2. Auflage, Zürich 2000
Fr. 42.–/DM 45,–/öS 329,–
ISBN 3-85869-196-8

Hermann Hesse, Max Frisch, Carl Spitteler, Emmy Hennings, Friedrich Glauser, Piero Bianconi, Plinio Martini und viele andere haben das Tessin im 20. Jahrhundert zur literarischen Landschaft gemacht. »Das Klappern der Zoccoli« folgt den Spuren ihrer Werke vom Bücherschrank in die Landschaft.

Dominique Strebel/
Patrik Wülser (Hrsg.)
Mordsspaziergänge
Kriminalliterarische Wanderungen im Kanton Bern

Ca. 250 Seiten, Broschur
Beigelegte CD mit Tondokumenten
Ca. Fr. 42.–, DM 45,–, öS 329,–
ISBN: 3-85869-229-8
Erscheint im September 2001

13 Mordsspaziergänge auf den Spuren von Friedrich Glauser (»Matto regiert«), Friedrich Dürrenmatt (»Der Richter und sein Henker«), Walter Vogt (»Schizogorsk«), Beat Brechtbühl (»Kneuss«) u.a.